HANS LOHNE

Mit offenen Augen durch Frankfurt

Handbuch
der Frankfurter Brunnen,
Denkmäler
und der Kunst am Bau

Verlag Waldemar Kramer in Frankfurt am Main

Alle Rechte vorbehalten!
© 1969 Dr. Waldemar Kramer, Frankfurt am Main
ISBN 3-7829-0014-6
Zweite erweiterte Auflage 1982
Druck von W. Kramer & Co. Druckerei-GmbH in Frankfurt am Main

Vorwort zur ersten Auflage

In Frankfurt lebten zu allen Zeiten Bürger, die durch Stiftungen die Entwicklung ihres Gemeinwesens gefördert haben. Viele Brunnen und Denkmäler verdanken solchen Stiftungen ihre Entstehung, so auch der Märchenbrunnen in der Untermainanlage. Er ist am 25. August 1910 eingeweiht worden. Als Bub von sechs Jahren — ich war damals gerade in die Schule gekommen — habe ich den Aufbau miterlebt. Meine Eltern wohnten in der Gutleutstraße 3, einem Hause, das die Kriege überdauert hat. Von dessen Balkon im zweiten Stock habe ich sowohl dem Brunnenaufbau zugesehen als auch den ausrückenden Einundachtzigern oft nachgesehen. Heute noch ist mir der Geruch der Schuhcreme in der Nase, der sich nach jedem Vorbeimarsch lange Zeit in der schmalbrüstigen Straße gehalten hat.

Ein anderes Denkmal, auch ein Brunnen, hat in den letzten Jahren seit dem Tage seiner Einweihung am 27. Oktober 1963 in Frankfurt die Gemüter besonders bewegt. Es ist der Marshall-Brunnen, errichtet zum bleibenden Gedächtnis an George C. Marshall, der als Außenminister der Vereinigten Staaten von Amerika das europäische Aufbauprogramm der amerikanischen Regierung bekanntgab. Der damals durch Marshall entstandene Plan hat unser Land nach dem unseligen zweiten Weltkrieg wieder zum Leben geführt. Auch diese Gedenkstätte verdankt ihr Werden einer Stiftung, die aus einer Anregung der Industrie- und Handelskammer Frankfurt am Main im Jahre 1959 entstanden ist. Die Bürger lehnen den Brunnen schlechthin ab. Ob diese Ablehnung berechtigt ist oder nicht, soll hier nicht geprüft werden, ist auch nicht Aufgabe dieses Handbuches. Sie läßt aber erwarten, daß sich unsere Mitbewohner durch Kunst ansprechen und aufrütteln lassen. Hoffen wir, daß sie — wie bisher so auch weiterhin — der Stadt bei der Pflege vorhandener Kunststätten die Treue halten und daß ihre Anteilnahme bei der Aufstellung weiterer Kunstwerke nicht erlahmt.

Viele Menschen sehen in dieser Stadt die Inkarnation von Wirtschaft, Handel und Verkehr. Sie nennen Frankfurt amusisch. Eine Stadt, die ihre Brunnen, Denkmäler und Gedenkstätten pflegt wie diese, die für Kunst am Bau in den letzten Jahren Millionenbeträge angelegt hat, deren Einwohner so rege gerade diesen Sektor verfolgen und beachten, eine solche Stadt ist nicht amusisch.

Der Sinn dieses Handbuches ist der, die Geschichte aller Brunnen, Denkmäler, Gedenkstätten und der Kunst am Bau zusammenzufassen und in Stichworten zu erläutern, damit die Einheimischen und die Gäste der Stadt nicht gedankenverloren an ihnen vorbeigehen, ohne sie auch nur eines Blickes zu würdigen. In diesem Jahrhundert sind schon mehrere Bücher zu Teilen der gestellten Themen geschrieben worden, so im Jahre 1904 von Anton Horne „Die wichtigsten öffentlichen Denkmäler von Frankfurt a. M.", 1921 von Siegfried Nassauer „Was die Frankfurter Brunnen erzählen", 1964 von Franz Lerner „Frankfurter Brunnen und Gewässer" und 1968 von C. W. Fischer „Merkwerdigkeite von de Sachsehäuser Brunne". Das Werk von Siegfried Nassauer ist wie die Arbeit von Anton Horne vergriffen. Franz Lerner hat nur die Brunnen beschrieben, zu denen Lilli Grün-Göttert entzückende Federzeichnungen beigesteuert hat. C. W. Fischer hat sich auf Sachsenhausen beschränkt. Im Krieg sind viele Brunnen zerstört worden. Soweit sie restauriert oder an anderer Stelle wieder aufgestellt werden konnten, wird dies in den folgenden Texten vermerkt. Viele Brunnen sind jedoch für immer verschwunden. Einer davon, der an die glanzvollen Tage der Schützenfeste der Jahre 1862 und 1887 erinnerte, der aus den Überschüssen dieser Feste von dem Bildhauer R. Eckart vor dem Zoo errichtete Schützenbrunnen, darf stellvertretend für alle genannt werden. Insofern ist heute eine erneute Bestandsaufnahme nicht nur zu vertreten, sondern erforderlich. Die Kunst am Bau fehlt bisher völlig.

Für viele wertvolle Hinweise und für tätige, sachliche Unterstützung bei meiner Arbeit bin ich allen beteiligten Stellen, der Frankfurter Stadtverwaltung, meinen früheren städtischen Kollegen, den Herren Regierungsdirektor Benz, Verwaltungsrat Daum, Obermagistratsdirektor Ebel, Palmengartendirektor Encke, Architekt Kirchberg, Magistratsoberschulrat Kober, Dr. Langer, Professor Dr. Lerner, Amtsleiter Peter, Gartenbaudirektor Sallmann, Oberbaurat Schubö, Werbeleiter Stausberg, Museumsdirektor Dr. Stubenvoll, Oberbaurat Ueter, Verwaltungsrat Wieser und Magistratsdirektor Zeiher, bei städtischen und anderen Gesellschaften den Herren Burger, Direktor Heun, Professor Holzinger, Jürgensen, Kiesbauer, Dr. Legner und Direktor Walter, bei kirchlichen und sonstigen Behörden den Herren Christ, Propst Goebels, Regierungsbaudirektor Schwedes, außerdem Herrn Georg Krämer, unserem am 2. 1. 1969 verstorbenen „Brunnendoktor", und Fräulein Hanna Lange dankbar verbunden. Miteinbeziehen darf ich meinen Verleger, der auf alle Wünsche verständnisvoll eingegangen ist. Der Staatlichen Landesbildstelle Hessen, dem Hochbauamt, dem Historischen Museum und dem Presse- und Informationsamt der Stadt, die aus ihren Beständen viele Bilder zur Verfügung gestellt und damit die Arbeit wesentlich gefördert haben, schulde ich großen Dank. Besonders nennen darf ich die Herren: Architekt Gerner, Baudirektor Goercke, Obermagistratsrat Nau und Pfarrer Peter. Ohne ihre Mithilfe und ohne die so fruchtbare Mitarbeit des Bildjournalisten Klaus Meier-Ude hätte die Arbeit nicht entstehen können. Nicht zuletzt gebührt meiner Frau Dank für ihre Mitarbeit.

Frankfurt am Main. im Herbst 1969   Hans Lohne

Vorwort zur zweiten Auflage

Das im Herbst 1969 in erster Auflage erschienene Handbuch ist von den Bürgern dieser Stadt mit freundlicher Anteilnahme aufgenommen worden. Es darf an dieser Stelle all denen, die Hinweise auf vermeintliche und wirkliche Versäumnisse oder Fehler gegeben haben, für die tätige Mithilfe in der Hoffnung gedankt werden, daß nun auch diese Auflage geneigte Leser findet. Es wirft sich sicherlich die Frage auf, warum nach nur etwas mehr als einem Jahrzehnt schon eine neue, verbesserte und erweiterte Auflage erscheinen muß. Eine Stadt ist ein lebendiges Gebilde, stets im Wandel begriffen, von seinen Bürgern gefordert und gestaltet. Es ist erstaunlich, diesen starken Wandel gerade in den letzten zehn Jahren zu verfolgen. Dabei soll hier nur auf einige wenige Ereignisse dieser Art hingewiesen werden. Da wäre wohl zuerst der Beschluß über den Wiederaufbau der Opernhausruine zu nennen; es wird ein Museumspark entstehen; geplant und zum Teil schon durchgeführt sind Fußgängerbereiche, die die ganze Stadt und Teile ihrer Vororte durchziehen beziehungsweise einmal durchziehen werden, Millionenprojekte, die das Gesicht der Stadt verändert haben und noch werden, so daß es dem Verlag wohl ansteht, eine zweite Auflage des Handbuches nicht nur zu wagen, sondern mit dieser den heutigen Gegebenheiten bewußt Rechnung zu tragen.

In dem Vorwort zur ersten Auflage des Handbuches war darauf hingewiesen worden, daß sich bereits eine Reihe von Schriften mit Brunnen, Denkmälern und Gedenkstätten dieser Stadt beschäftigt haben, daß aber „die Kunst am Bau" bisher völlig fehlte. Das Presse- und Informationsamt der Stadt Frankfurt am Main hat eine solche Broschüre inzwischen unter dem Titel „Kunst und Bau in Frankfurt am Main" herausgegeben. Fotos und Layout stammen von Gabriele Lorenzer. Den Text hat Dr. Günther Vogt geschrieben. Über „Die alten Frankfurter Brunnen" hat kürzlich Dr. Heinz Schomann ausführlich berichtet.

Auch diesmal — bei der zweiten Auflage — darf ich für freundliche Unterstützung, Hinweise und Ergänzungen Dank sagen, vor allem den Herren Stadtkämmerer Gerhardt, seinem Referenten Lercher und Obermagistratsdirektor Hesse, den Herren des Hochbauamtes, Architekt Kirchberg und seinen Mitarbeitern Burgard, Eikmeier, Mašek, Reitbauer, Schulmeyer und der Dame Werth, ebenso den Herren Dr. Herbst vom Amt für Wissenschaft und Kunst, Dipl.-Ing. Baum vom Evangelischen Regionalverband und Prof. Dr. Klötzer vom Stadtarchiv.

Frankfurt am Main, Juli 1981 Hans Lohne

Teil I

Brunnen

Affenbrunnen. Sehenswürdigkeiten für Einheimische und Anziehungspunkte für Fremde sind die Brunnen im apfelweingesegneten Stadtteil südlich des Maines, in Sachsenhausen. 1938 setzte man das Bildnis eines Pavians auf einen Sockel samt Brunnenschale vor das

Affentor. Im Krieg wurde er zerstört. Seit dem Jahre 1954 steht die Brunnenbegehung mit Bembel, Wurst und Brezel im Mittelpunkt des wiederaufgelebten Sachsenhäuser Volksfestes. Damals, 1954, entstand zuerst der Hirschbrunnen und in den Folgejahren jeweils ein anderer, also 1955 der Hintergaßbrunnen, dann der Paradiesbrunnen, der Dreikönigsbrunnen, der Affenbrunnen, der Artischocken- oder Klapperbrunnen, der Bäckerbrunnen, der Frau-Rauscher-Brunnen, 1962 der zum zweitenmal restaurierte Hirschbrunnen, mit dem gleichen Schicksal danach der Paradiesbrunnen, der Ritterbrunnen an Stelle des Hintergaßbrunnens. 1965 fand keine Brunnenweihe statt, 1966 entstand der Hintergaß- als Klappergaßbrunnen, 1968 kam der nochmals erneuerte Paradiesbrunnen, 1971 der Zunftbrunnen, 1973 der Fischbrunnen, 1974 der Riedhofbrunnen und schließlich 1976 der Carolusbrunnen. Den letzten Stand der Brunnen bringt das nachfolgende Alphabet bei dem jeweiligen Brunnen-Namen. Und nun zurück zum 1958 am Affentor wieder aufgestellten Affenbrunnen. Als Brunnenfigur dient ein auf einem viereckigen Pfeiler mit Fries sitzender Affe, ein prächtiger Mandrill. Der Schöpfer dieses Brunnens ist der Frankfurter Bildhauer Georg Krämer. Der Brunnensockel trägt die anzügliche, auf die Umgebung bezogene Inschrift:

> „En Aff, den haste schnell
> Drum komm zum Affequell
> Schluck Wasser wie en Fisch
> Dann biste widder frisch."

Die Baldemarsche Handschrift von 1350 nennt nach Battonn dieses Tor die Roderpforte und von dem nahen Eckhaus „Zum Affen" auch schon die Affenpforte. Das Tor fiel in der napoleonischen Zeit. Dafür erbaute man die beiden Wachtgebäude, zu denen der neue Brunnen in einer guten Beziehung steht, im Stil toskanischer Landhäuser der Renaissance.

Ursprünglich gab es in Frankfurt — wie auch anderen Ortes — nur Ziehbrunnen. Die Mängel und Nachteile der Ziehbrunnen liegen auf der Hand. Sie versperrten die Plätze, und bei Feuersbrünsten konnte das Wasser nicht schnell genug gefördert werden. Oft fielen Kinder in den Brunnen. Infolge von Verunreinigungen brachen Krankheiten aus. Alles dies drängte zur Einführung der Pumpenbrunnen. Zur beschleunigten Anlage dieser Art von neuen Brunnen trug die Stadtverwaltung dadurch bei, daß sie die Gewährung von Zuschüssen an die Brunnenverwaltungen, privaten Institutionen, von der Errichtung eben solcher Pumpenbrunnen abhängig machte.

Der Name des Bildhauers Georg Krämer wird in diesem Handbuch noch oft erscheinen. Er hat nicht nur, gestützt auf ein außergewöhnliches Einfühlungsvermögen in die Kunst der Schöpfer alter Brunnen, deren zerstörte Werke nach dem zweiten Weltkrieg in großem Umfang wiederhergestellt, sondern darüber hinaus durch eine Reihe von Eigenschöpfungen den Bestand unserer Brunnen und Denkmäler vermehrt, daneben Gedenktafeln, Gedenkmünzen, Grabmäler, Medaillen und Plaketten in großer Zahl geschaffen. Am 22. 2. 1906 in der Nachbarstadt, in Hanau, als Sohn eines Kunstschmiedes geboren, hat er zuerst in Hanau, dann in Offenbach und schließlich in Frankfurt am Main studiert. Im Jahre 1934 bezog er sein erstes Atelier im Städel. Seine letzte Wirkungsstätte lag nur wenige hundert Meter hiervon entfernt. Er stand über zehn Jahre der Frankfurter Künstlergesellschaft als verdienstvoller Vorsitzender vor. Krämer ist durch Arbeiten, die im ganzen Bundesgebiet zu finden sind, weit über Frankfurt hinaus bekannt und geachtet. Am 2. 1. 1969 ist er nach kurzer, schwerer

Krankheit – nicht nur für seine Freunde – viel zu früh gestorben. Dieser hochmusikalische, sensible Künstler, der Bach und Beethoven besonders verehrte, verkörperte ein Stück guter alter Frankfurter Tradition.

Altheddernheimer Brunnen. Heddernheim ist ein nördlicher Vorort von Frankfurt, der bis zum Jahre 1806 kurmainzisch war und deshalb heute noch überwiegend katholisch ist. Wohl daher erklärt sich manche Eigenheit der Einwohner, den „Käwwern", die ihren 1910 in die

Vor dem Hause Nr. 47   Im Park

große Stadt eingemeindeten Ort gern „Klaa Paris" nennen. Ihre Fastnacht feiern sie noch besonders betont und urwüchsig. Hier hat sich auch die Pumpe erhalten, die sich die Gemeinde im Jahre 1839 errichten ließ. 1950 wurde sie erneuert und anläßlich eines fröhlichen Festes ihrer Bestimmung wieder übergeben. Sie steht im dörflichen Kern des Vorortes in der Straße Alt-Heddernheim vor dem Hause

Nr. 47. Nur wenige Schritte davon, gegenüber dem Haus Nr. 30, steht in der gleichen Straße — im Park — ein zweiter ähnlicher Pumpenbrunnen.

Arbeits- und Sozialgerichts-Brunnen. Im Innenhof des Arbeits- und Sozialgerichtes, Adickesallee 36, ist im Jahre 1962 ein von dem Wiesbadener Bildhauer Erich Kuhn geschaffener Brunnen aufgestellt worden. Der Brunnen ist von der Eingangshalle aus einzusehen.

Artischocken- oder Klapperbrunnen. Er stand ursprünglich vor dem Haus Klappergasse 8. Dort wurde er 1959 von einem Fuhrwerk umgefahren und dann von Bildhauer Georg Krämer ausgebessert und neu aufgestellt. 1435 ist er erstmals als Ziehbrunnen, 1789 als Pumpenbrunnen erwähnt. Er besteht aus einem viereckigen Pfeiler mit einer Vase, in der sich eine Artischocke als krönender Abschluß befindet, mit einem Wasserhahn in Form eines Fisches über dem Becken. Heute — seit 1959 — steht der Brunnen vor der Frankensteiner- beziehungsweise Willemer Schule, Ecke Dreieichstraße und Willemerstraße.

Atlas- auch Kugelbrunnen. In einem Zinsbuch des 15. Jahrhunderts wird der Kugelbrunnen, der damals auf der Ostseite des Großen Kornmarktes zwischen der Barfüßergasse und der ehemaligen Kaltelochgasse stand, erstmals genannt. Nach der Brunnenrolle wurde im Jahre 1615 beschlossen, daß der abgehende Brunnenmeister der Nachbarschaft jedesmal ein Viertel besten Weines verehren soll. Etwa um das Jahr 1670 fing man an, unter die Kinder der Brunnengemeinschaft Brezeln zu verteilen. Entweder im Jahre 1778 oder 1788 wurde der Brunnen abgebrochen und durch eine Pumpensäule erneuert. Die Figur fertigte der Bildhauer Johann Michael Datzerath. Die Erneuerung des Brunnens kostete 847 Gulden und 53 Kreuzer, für damalige Zeiten ein schöner Betrag, der von nur wenigen Anliegern aufgebracht werden mußte. Die Brunnenfigur stellt den Sohn des Titanen Japetos, den Atlas, dar, wie er die Himmelskugel trägt. Die mit der klassischen Mythologie nicht vertrauten Anlieger nannten den Brunnen nur den Kugelbrunnen. Nach seiner Entfernung vom Barfüßereck wanderte er in den Garten des Bethanienkrankenhauses, von da im Jahre 1938, im Zuge der Altstadtsanierung, in den Kirschgarten, einem Hof zwischen der Großen und der Kleinen Fischergasse, wo er mit einigen Schäden den Krieg überdauert hat. Jetzt ziert er, nahe der Fahrgasse, am Weckmarkt — Garküchenplatz, den Innenhof der Neubauten der Frankfurter Siedlungsgesellschaft. Er trägt heute die Inschrift Kugelbrunnen.

Atzelbergbrunnen. Am Atzelbergplatz besteht eine Brunnenanlage aus Quellfontänen mit nur niedrigem Wasserauswurf und zwei Becken, von denen eines demnächst zugeschüttet und gärtnerisch genutzt werden soll.

Atlas- auch Kugelbrunnen

Bäckerbrunnen. Der Bäckerbrunnen ist ein einfacher Pfeiler mit aufgesetzten Quadern, mit Gesims und mit einer Vase. Wie die Inschrift überliefert, wurde die Brunnensäule, die bis zu ihrer Beschädigung im Kriege in der Elisabethenstraße, am Eingang der Paradiesgasse, stand, im Jahre 1794 errichtet und im Jahr 1887 zum ersten Male renoviert. Tatsächlich ist der Brunnen älter. Seine Geschichte reicht bis in das Mittelalter zurück. Im Jahr 1431 wird der Bäckerborn in einer Urkunde, die im Stadtarchiv liegt, zum ersten Mal erwähnt. Auch über die Aufstellung der Brunnensäule 1794 sind noch Akten vorhanden. Danach war der Bäckerbrunnen, wie die meisten Brunnen der Stadt, damals ein Ziehbrunnen. Da er sich in baufälligem Zustand befand und allerlei Gesindel, aber auch die Jugend, Unrat in den offenen Brunnenschacht warf, sahen sich die Brunnenmeister gezwungen, ihn abzudecken und eine Pumpe zu installieren. Die Anlieger waren jedoch nicht in der Lage, die Unkosten der Renovierung ganz zu übernehmen. Sie brachten nur 100 Gulden auf, der Rest von 150 Gulden mußte aus dem Stadtsäckel zugesteuert werden. Am 20. August 1960, aus Anlaß des 470. Sachsenhäuser Brunnenfestes, ist der von dem

Frankfurter Bildhauer Georg Krämer renovierte Brunnen im kleinen Innenhof des Hauses der Jugend, unweit von seinem früheren Standort, wieder aufgerichtet worden.

Bethmannparkbrunnen. Zwei sich kreuzende Fische, die Adolf Jäger im Dezember 1966 aus Bronze geschaffen hat, speien von einer Brunnensäule aus rotem Mainsandstein Wasser in ein rundes Wasserbecken im am Hessendenkmal gelegenen Bethmannpark.

Bockenheimer-Denkmal-Brunnen. Geheimer Sanitätsrat Dr. Jakob Hermann Bockenheimer (1837—1908) hat sich als Arzt Verdienste vornehmlich um arme Kranke erworben. Im Jahre 1866 gründete er die nach ihm benannte Chirurgische Klinik in Sachsenhausen, zuletzt Gutzkowstraße, Ecke Stegstraße. In dem angegliederten Ambulatorium konnte jeder unentgeltliche Behandlung finden. Der Bezirksverein Sachsenhausen hat diesen hochverdienten Arzt durch die Stiftung einer Bronzeplastik, die der Frankfurter Bildhauer August Bischoff geschaffen hat, 1932 geehrt. Den Brunnen aus Muschelkalk auf einem Zementsockel ziert eine Jünglingsfigur in Lebensgröße, ursprünglich in Bronze, mit Wasserschalen, die die Heilkraft darstellen. Die Figur

wurde zu Kriegszwecken 1942 entfernt und das Bassin beschädigt. Nach dem Kriege ist das Denkmal, nunmehr in Kupfer, erneuert worden und steht wieder auf dem Oppenheimer Platz in Sachsenhausen. Schießwütige haben dem Jüngling in den sechziger Jahren den linken Oberschenkel durchschossen. Bildhauer Kurt Zobel hat den Schaden im August 1976 behoben. Die ganze Anlage ist im Jahr 1979 überarbeitet worden. Kühlendes Naß wird aus den beiden Wasserschalen versprüht.

Boehlehausbrunnen. In der Nähe der Sachsenhäuser Warte, im 1. Wartegäßchen, hat sich der Maler und Bildhauer Fritz Boehle im Jahre 1910 ein Künstlerheim gebaut, nachdem er zuvor im alten

Deutschherrenhaus am Main, in dessen Rittersaal, sein Atelier hatte. Auch heute noch steht das Haus inmitten von Äckern und Obstgärten. Im Hof steht ein von Boehle geschaffener Steinbrunnen.

Bonifatiusbrunnen. Auf einer Wanderung von Harheim nach Bonames trifft man halbwegs — zwischen den beiden Vororten — auf einen kleinen Brunnen, der von einem Holzkreuz — eine Arbeit des Frankfurters Hugo Uhl — überragt wird. Die Träger der Leiche des Apostels Bonifatius, der 755 von Friesen erschlagen worden ist und den Märtyrertod starb, sollen hier, auf ihrem Weg nach dem Kloster Fulda, gerastet haben.

Brückhofstraßebrunnen. Auf Veranlassung des verdienstvollen Jakob Guiollett, der in der Zeit von 1811 bis 1815 Maire von Frankfurt war, ist im Juli 1812 der Brunnen auf der Brückhofstraße errichtet worden. Im nüchternen Stil gehalten, hat der Brunnen die Form eines einfachen Obelisken. Er war ein Pumpenbrunnen, der auch heute noch nur in der Mitte der Vorderseite mit einer ägyptischen geflügelten Sonne geschmückt ist. Die Steinmetzarbeit hat die Witwe des Meisters Mayr geliefert. Der einfache Brunnen hat den Bombenkrieg ohne Schaden überstanden. Er ist 1979 renoviert worden.

Brüningbrunnen. Der Mitbegründer der Höchster Farbwerke, Dr. Adolf von Brüning (1837–1884) und seine Ehefrau Clara, geborene

Brückhofstraßebrunnen

Spindler (1846–1909), haben sich die Dankbarkeit ihrer Höchster Mitbürger durch bedeutende Stiftungen erworben. Die Höchster Bürger haben zum Gedächtnis an das Ehepaar auf dem Höchster Schloßplatz

1910 einen Brunnen im Jugendstil mit halbkugelförmigem Dach, das auf viereckigen Säulen steht und den mittleren, den Gedenkblock, beschirmt — nach einem Entwurf von Prof. Karl Wach, Höchst, der wesentlich von dem Frankfurter Prof. Dr. Ferdinand Luthmer beeinflußt worden ist — errichtet. Den Brunnen schmückt ein Hochbild des Ehepaares. Die Bronzereliefs lieferte der Schwanheimer Bildhauer Johann Josef Belz. Der Brunnen steht seit Mitte der dreißiger Jahre auf dem Schloßplatz in Höchst.

Brunnen am Völkerkundemuseum. Zwischen Schaumainkai 29 und der Metzlerstraße steht einer der vielen Sachsenhäuser Brunnen, unbeachtet und nahezu unbekannt. Er soll bei dem Bau des Hauses Schaumainkai 29 1908 mitentstanden sein. Der früher einmal mit Mainwasser gespeiste Brunnen diente mit seiner muschelförmigen Schale als Pferdetränke. Bei der jetzt beabsichtigten Gestaltung des Frankfurter Museumsufers wird er vielleicht wieder neu mit Leben erfüllt werden.

Brunnen im Bolongaropalast. Für zwei Millionen Gulden erbauten sich die aus Stresa am Lago Maggiore stammenden Schnupftabakfabrikanten Bolongaro in den Jahren 1772 bis 1775 einen fürstlichen

Palast mit figurengeschmückten Parkanlagen am Ufer des Maines in Höchst beim Zusammenfluß von Nidda und Main. Den Mittelpunkt des oberen Bolongarogartens bildet ein großer Tritonbrunnen (Das Bild). Eine Balustrade mit Türkenmusikanten und Sphinxen leitet zur unteren Gartenterrasse über, auf die die zweiflügelige Freitreppe führt, deren unteres Ende von einem Drachenbrunnen beherrscht wird. Den Parkabschluß nach dem Fluß hin bilden an der unteren Balustrade zwei Löwen. In dem Palast ist seit 1908 die Stadtverwaltung untergebracht. Vor deren Einzug in den Bolongaropalast wurden die Türkenmusikanten und die Sphinxe, ebenso ein Löwe, erneuert. Der zweite Löwe blieb als einzige Figur im Originalzustand zurück. Die Figuren sollten die internationalen Handelsbeziehungen ihres Besitzers anzeigen.

Brunnen im Dominikanerkloster. Bei dem Wiederaufbau des im zweiten Weltkrieg zerstörten Dominikanerklosters am Börneplatz ist auf Veranlassung des Architekten Prof. Gustav Scheinpflug im Innenhof des Kreuzganges im Jahre 1957 eine schlichte Brunnenanlage entstanden.

Brunnen in Bergen und Enkheim. Die Ziehbrunnen in dem am 1. 1. 1977 nach Frankfurt eingemeindeten Bergen stammen aus dem 17. Jahrhundert, und zwar waren dies der Günthersbrunnen in der

Günthersbrunnen

gleichnamigen Gasse, die Ziehbrunnen in der Pfarrgasse, der Marktstraße und in der Steingasse. Heute ist neben dem **Günthersbrunnen,** der seit 75 Jahren durch einen Bohlenbelag geschlossen ist,

nur noch der **Michlersbrunnen** in der Pfarrgasse geblieben. Der Stillsbrunnen in der Marktstraße ist dem Verkehr gewichen und der Brunnen in der Steingasse wurde mutwillig zerstört. Die zwei noch bestehenden Brunnen haben eine Tiefe zwischen 16 und 25 Metern. Die Schächte sind mit Kalksteinen aufgemauert. Für den Brunnenkranz wurde Vilbeler Sandstein verwendet. Der schönste der Bergen-Enkheimer Brunnen ist ohne Zweifel der schon vor 1700 urkundlich erwähnte **Röhrenborn** im Stadtteil Enkheim. In den Jahren 1966/67 wurde die Riedgasse zur Römerstraße verbreitert. Der Brunnen, inzwischen stark verwittert, mußte dabei völlig erneuert werden. Am 23. 4. 1967 konnte er der Bevölkerung wieder übergeben werden.
In der Gemarkung Bergen-Enkheim können mehr als 30 Brunnen nachgewiesen werden.

Brunnen in Schulen. Manch älterer Frankfurter wird sich noch an die kleinen Brunnensäulen in den Anlagen erinnern können, an denen vor allem Kinder ihren Durst löschen konnten. An einer Kette lag ein blecherner Schöpflöffel zur allgemeinen Benutzung. Ähnliche Einrichtungen waren früher in fast allen Schulen vorhanden, später kamen Brünnchen und auch größere Brunnenanlagen dazu, insbesondere nach dem zweiten Weltkrieg bei erweiterten oder neu geschaffenen Schulbauten. In der folgenden Zusammenstellung werden besonders großzügige Trink- und Brunnenanlagen in Schulen aufgezählt, während die einfachen, allgemeinen Anlagen unerwähnt bleiben:
Albert-Schweitzer-Schule, Berkersheimer Weg 26, Pelikanbrunnen, Frankfurter Bildhauerin Cläre Bechtel,
August-Jaspert-Schule, Bonames, Harheimer Weg 16, Seelöwenbrunnen, Frankfurter Maler und Bildhauer Karl Trumpfheller,
Carlo-Mierendorff-Schule, Preungesheim, Jaspertstraße 63, mehrere kleine Springbrunnen, Frankfurter Maler Siegfried Reich an der Stolpe,
Else-Sander-Schule, Adlerflychtstr. 24, Brunnen „Putzender Schwan", Frankfurter Bildhauer Faber-Jansen,
Frankensteinerschule, Sachsenhausen, Willemerstraße 10, Artischocken- oder Klapperbrunnen, Frankfurter Bildhauer Georg Krämer,
Goethe-Gymnasium, Friedrich-Ebert-Anlage 22, Brunnenanlage in der Pausenhofecke, Frankfurter Bildhauer Rudi Warmuth,
Gruneliusschule, Oberrad, Wienerstraße 13, Trinkbrunnen, Frankfurter Baukeramiker Werner Scholz,
Kerschensteinerschule, Hausen, Am Spritzenhaus 2, Brunnen, Frankfurter Bildhauer August Bischoff,
Kuhwaldschule, Pfingstbrunnenstraße 17, Brunnen, Frankfurter Bildhauer Heinz Heierhoff,
Liebfrauenschule, Schäfergasse 23, Brünnchen am Grabe der Frau Aja,

Ludwig-Richter-Schule, Eschersheim, Hinter den Ulmen 10, Brunnen im Pausenhof,
Mühlbergschule, Sachsenhausen, Lettigkautweg 8, Pumpenbrunnen,
Riedhofschule, Sachsenhausen, Riedhofweg 15/17, Bärenbrunnen, Frankfurter Maler und Bildhauer Karl Trumpfheller und
Schillerschule, Sachsenhausen, Morgensternstraße 3, Brunnen.
Das fließende Wasser hat den Menschen von eh und je angezogen. Es gehört zum Bild der Städte, es ist für deren Einwohner lebenserhaltend, kein Wunder, daß gerade Kinder diesem Lebensborn besonders verbunden sind. In dem Abschnitt „Kunst am Bau" sind im Alphabet unter den vorgenannten Schulnamen weitere Einzelheiten vermerkt. Es werden von einigen der hier genannten Brunnen dort Bilder gezeigt.

Brunnen mit Planschbecken im Frankfurter Stadtwald. Das Frankfurter Forstamt hat nach dem zweiten Weltkrieg in dem Stadtwald eine Reihe von vorbildlichen Kinderspielplätzen geschaffen. Hier werden

nur die Anlagen erwähnt, die teils mit Planschbecken, teils mit großen Wassersprühanlagen, teils mit künstlerisch gestalteten Phantasiefiguren ausgestattet sind. Es sind dies in der Reihenfolge der Entstehung die Anlagen:
Planschbecken auf der Bürgerwiese östlich der Kennedyallee auf der Höhe der Niederräder Rennbahn,

Planschbecken auf der Spielwiese an der Unterschweinstiege,
Planschbecken im Waldspielpark Goetheruhe am Goetheturm,
Sprühfeld im Schwanheimer Waldspielpark, im Stadtpark Hoechst und im Freibad Eschersheim,
Wassersprühanlage in dem Walderholungspark Scheerwald östlich vom Goetheturm und
Wassersprühanlage in dem Walderholungspark Tannenwald — das Bild auf Seite 21 — am nördlichen Stadtrand von Neu-Isenburg.
Die Phantasiefiguren sind nach einer Idee des Frankfurter Bildhauers Hugo Uhl entstanden.

Brunnen mit Planschbecken im Stadtgebiet. Nicht nur das Forstamt hat Kinderspielplätze geschaffen, sondern auch das Gartenamt. Die Plätze des Gartenamtes sind über das ganze Stadtgebiet verstreut,

teils mit, teils ohne Planschbecken und Sprühanlagen. Stellvertretend für all diese Anlagen darf hier der Kinderspielplatz Grüneburgpark genannt und im Bild gezeigt werden.

Brunnen und Wasserwand am Jürgen-Ponto-Platz. Am 10. Juni 1980 ist der von einer Großbank, der zweitgrößten deutschen Bank, neu entstandene Platz eingeweiht worden. Gestaltet hat ihn der Bildhauer Professor Heinz Mack. Der Künstler nennt ihn ein „abstraktes Ensemble". Im Zentrum lagert, in den Boden vertieft, ein Brunnen, mit einem Durchmesser von 16 Metern, in der Form einer Scheibe,

belegt mit venezianischem Silbermosaik. Über diese Scheibe bewegt sich ein Wasserfilm. Die ganze Anlage ist ringförmig von dunklen Granitstufen eingefaßt.
Im Kontrast zu dieser ruhig abfließenden Wasserscheibe erhebt sich kaskadenähnlich eine Wasserwand von 9 Meter Höhe von dunkelgrün bis silberweiß aufsteigend, über die Wassermassen lebhaft herabstürzen.

In der Nähe liegt, leicht vertieft im Platz gelagert, ein 130 Tonnen schwerer, aus dem Granitsteinbruch der Firma Osti geschaffener Steinriese, aus Flossenbürger Naturstein, mit einer maximalen Höhe von 2,80 m, einer Breite von 3,40 m und einer Länge von 10 m. Er wirkt dort, als sei er in dieses Idyll hineingefallen.
Einige Bäume, über den Platz verteilt, lockern das Schwere der Gesamtanlage mit dem 166,30 m hohen Gebäude angenehm auf.
Besonders auffallend an dem Platz, der Erholung für die Frankfurter und die Mitarbeiter der Bank bieten soll, ist die Bepflasterung ausgefallen, nämlich breite Streifen aus hellem und dunklem Granit, eine diagonal ausgerichtete Flächenornamentik, die auch bis in das Hochhaus hinein fortgeführt wird.

Brunnen vor dem Senckenbergmuseum. 1972/73 ist der Eingang zum Senckenbergmuseum neu gestaltet worden. Vor dem Eingang ist ein Brunnenbecken entstanden, zum Teil eingefaßt von blauen Basaltsteinen. (Bild nächste Seite.)

Brunnen vor dem Senckenbergmuseum

Brunnen vor der Feuerwache in Nied. Der Frankfurter Bildhauer Rolf Kissel hat im Jahr 1969 den Keramikbrunnen vor der Feuerwache in Nied, Dürkheimer Straße 1—5, geschaffen.

Brunnenanlage am BfG-Neubau. Seit September 1977 besteht am Theaterplatz in den Wallanlagen eine vorbildliche neue Brunnenanlage mit verschiedenen Fontänen und Sprudeln und großen Becken mit fließendem Wasser. Die Bürger können hier in einer Parkanlage mit ausgedehnten Wegen und über schöne Treppen gemütlich spazieren gehen.

Brunnenobelisk im Luisenhof. Im Anschluß an den Günthersburgpark liegt der von dem Stadtreinigungsamt genutzte Luisenhof. Der aus den Jahren 1864 bis 1866 stammende Brunnen dieses Hofes ist heute für die Bevölkerung nicht zugänglich. Der Hof wurde nach der Freifrau Luise von Rothschild (1820—1894) benannt, der Gattin von Meyer Carl Rothschild, dem Leiter des Frankfurter Stammhauses.

Brunnenanlage am BfG-Neubau

Carolusbrunnen

Carolusbrunnen. Der Maler und Bildhauer Fritz Boehle, 1873 in Emmendingen geboren, hat die wesentlichsten Jahre seines Schaffens in Frankfurt verbracht. Hier ist er auch im Jahr 1916 gestorben. Er hat unter anderem den Entwurf zu einem kolossalen Reiterstandbild Kaiser Karls geschaffen, eines Denkmals, das 1928 auf die neue Mainbrücke kommen sollte. Dieses Vorhaben ist nie verwirklicht worden. Das Modell wurde aber 1967 in Eisenguß ausgeführt und stand in Entwurfsgröße und nicht als die vorgesehene Kolossalstatue in dem Vorgarten einer Frankfurter Brauerei, deren wuchtige Pferde Boehle in vielen Bildern immer wieder dargestellt hatte. Nun, sechzig Jahre nach dem Tod des Bildhauers, im August 1976, hat sein Werk in Verbindung mit einer Brunnenanlage einen wohl endgültigen Platz am verkehrsreichen Wendelsplatz in Sachsenhausen gefunden und dies anläßlich des 486. Sachsenhäuser Brunnenfestes. Hierzu sei der Hinweis gestattet, daß sich diese Zahl nach der nachweislich ersten Erwähnung der Sachsenhäuser Kirchweih im Jahr 1490 errechnen läßt. (Bild Vorseite.)

Dalbergbrunnen. Die Bürgervereinigung Höchster Altstadt e. V. hat

dem an Brunnen armen Höchst im Jahr 1977 den Dalbergbrunnen gestiftet. Ursprünglich sollte an dessen Stelle im neuen Hof des Dalberg-Hauses der wiederentdeckte Brunnen der Liegenschaft zwischen Schaumainkai 29 und der Metzlerstraße (Seite 18) aufgestellt werden. Nun bleibt der Namenlose doch im Garten des Völkerkundemuseums.

Dreikönigsbrunnen. An der Dreikönigskirche in Sachsenhausen stand bereits im 14. Jahrhundert der Dreikönigsbrunnen. Im Jahre 1781 wurde der Ziehbrunnen für rund 400 Gulden zur Pumpensäule umgestaltet. 1887 wurde der Brunnen erneuert, desgleichen nach dem

zweiten Weltkrieg und 1957 bei der Kirche wieder aufgestellt. Der klassizistische Brunnenstock, ein viereckig gequaderter Pfeiler mit Fries und schwerem Gesims, trägt die Statuen der Heiligen Drei Könige.

Entenbrunnen. Dr. Richard Weidlich (1878–1960) hat diesen Brunnen, vier Enten am Trog aus Bronze, in natürlicher Größe, im Jahre 1924 gestiftet. Dr. Weidlich war von 1905 bis 1922 Direktor der Farbwerke Hoechst und langjähriger Stadtrat, ebenfalls in Höchst. Der Brunnen steht auf dem nach seinem Stifter benannten Platz in Sindlingen. Die Enten hat der Großauheimer Bildhauer August Gaul geschaffen. Leider hat ein Dieb eines der Tiere entführt.

Fischbrunnen. Der Brunnen auf dem Kirchplatz vor der St. Bonifatius-Kirche in der Holbeinstraße in Sachsenhausen ist ein Werk der Bildhauerin und Töpfermeisterin Franziska Lenz-Gerharz. Er ist im Frühjahr 1973 aufgestellt worden. Seine kirchliche Weihe hat er

in Verbindung mit der heiligen Messe in der Osternacht erhalten. Als Bekrönung des aus drei nach oben sich verjüngenden Schalen aufgebauten Brunnenstocks dient ein eherner Fisch.

Fleischerbrunnen. Auf der Goldenen Hutgasse, zwischen der Drachengasse und dem Rapunzelgäßchen, am unvergessenen Fünffingerplätzchen, stand der Fleischerbrunnen mit einem munteren Knäblein auf einer einfachen Brunnensäule. Seinen Namen wird er damals von dem nahegelegenen Hause „Zum Fleischer" erhalten haben. Der Brunnen wurde bei einem Luftangriff im zweiten Weltkrieg stark beschädigt und nun von dem Frankfurter Bildhauer Georg Krämer –

wiederum in Sandstein — nachgebildet und aus Anlaß des 478. Sachsenhäuser Brunnenfestes am 24. 8. 1968 anstelle des wiederholt beschädigten Paradiesbrunnens am Kuhhirtenturm aufgestellt. Damit ist erstmals ein ehemals Frankfurter Brunnen nach Sachsenhausen verpflanzt worden. Von dem Sachsenhäuser C. W. Fischer stammt dazu das folgende Gedicht:

>De Nachfolger vom Adam-Un-Eva-Brunne.
>De Adam und Eva — so habb ich gelese,
>Sinn die längste Zeit an ihrm Platz gewese,
>Sie wern, weil mer se demoliert,
>Vom Brunnedoktor restauriert.
>Un an ihrm Platz — so hat mer befunne —
>Steht nun sinnigerweis de „Fleischerbrunne";
>E Brunnesäul mit erem Bübchen, sehr nackt,
>(Die Sach erscheint mer e bissi verzwackt),
>Doch schließlich fällt mer's grad noch ei:
>Es könnt der entzückende Nackedei
>Am End e Kind von dem Päärche sei?!

Aus Anlaß der Aufstellung des neuen Fleischerbrunnens hat die Sachsenhäuser Warte dieses Gedicht veröffentlicht.

Der erneut restaurierte Paradiesbrunnen ist ein Stück weitergewandert. Er steht seit dem 16. Oktober 1968 vor dem Paradieshof in Sachsenhausen.

Florentiner Brunnen. Das einstige Nebbiensche Gartenhaus in der Bockenheimer Anlage, erbaut um 1810, nach unbestätigter Vermutung, von dem französischen Architekten Salins de Montfort für den Verleger und Drucker Johann Nebbien, das fast schon verfallen war,

konnte im Jahre 1954 auf Grund einer Stiftung eines ungenannt sein wollenden Frankfurter Bürgers wiederhergestellt werden. Daneben steht ein schöner Brunnen aus Florentiner Marmor der italienischen Renaissancezeit, der einst den Garten der Villa Carl von Weinberg geziert hat. Die Stadt hat den Brunnen mit dem Ankauf des Weinbergschen Besitzes Waldfried erworben.

Fontänen und Sprudel. Fontänen beleben das Stadtbild in besonderer Weise. Sie sind in unserer Stadt, wenn auch nicht vergleichbar mit weltbekannten Fontänen, so doch recht zahlreich vorhanden, und zwar: im Bethmannpark, besonders prächtig vor der BfG mit sprudelnder Quelle am Theaterplatz in den Wallanlagen, auf dem Blittersdorffplatz, in der Bockenheimer Anlage in der Nähe des Schwimmbades, vor der Dresdner Bank in der Gallusanlage, in der Friedberger Anlage vor dem Odeon, im Schnittpunkt von Friedrich-Ebert- und Senckenberganlage, im Grüneburgpark, im Holzhausenweiher, im Miquel-Park, im Otto-Hahn-Platz, im Palmengarten, auf dem Platz hinter der Katharinenkirche, am Quäkerplatz an der Frankenallee, im Rechneigrabenweiher, an der Sachsenhäuser Warte auf dem Ge-

Nordweststadtfontänen

lände eines Trinkwasserbehälters, auf dem Sechseckplatz im Einkaufszentrum der Nordweststadt, im Stadtpark Höchst, im Zoologischen Garten und nun wieder an der „Alten Oper".

Frau-Rauscher-Brunnen. Der Bildhauer Georg Krämer hat diesen Brunnen geschaffen. Er ist am 26. 8. 1961 zum 471. Sachsenhäuser Brunnenfest auf dem Plätzchen in der Klappergasse zwischen den Häusern 8 und 12 enthüllt worden. Diese Figur, die den ahnungslosen Beschauer in Intervallen keß mit Wasser aus ihrem bronzenen Mund bespritzt, paßt so recht an diesen Fleck. Sie verkörpert den rauhen, deftigen Sachsenhäuser und erinnert an die Marktfrauen, die man im alten Frankfurt „Hockinnen" nannte, die im Winter ein Holzkohlenöfchen unter den Füßen stehen hatten, ein „Stoofchen", damit sie sich bei ihrem Handwerk nicht die Füße erfrieren mußten. Der Brunnen (S. 32) wird als frechster Brunnen dieser Stadt bezeichnet.

Frau-Rauscher-Brunnen   Freiheitsbrunnen

Freiheitsbrunnen, auch Freithofbrunnen. Der Hühnermarkt mit dem Haus der Tante Melber ist heute verschwunden. Er lag zwischen Dom und Römer und wartet auf seinen Wiederaufbau. In der ersten Hälfte des 14. Jahrhunderts wurde der kleine Platz noch Vrithof genannt. Wahrscheinlich war er der älteste Friedhof dieser Stadt. Auf diesem Platz wurde ein Ziehbrunnen errichtet, der bald den Namen Freithofbrunnen und im Laufe der Jahrhunderte den Namen Freiheitsbrunnen trug. Er wird bereits im Jahre 1356 urkundlich bezeugt. Von einem kunstvollen Gitterwerk gegen Verschmutzung geschützt, war er einer der stattlichsten und schönsten Brunnen der alten Stadt. Im Jahre 1759 wurde er, wie alle anderen Ziehbrunnen in der Stadt, umgebaut. Johann Michael Datzerath fertigte das Werk. Auf Kosten der Nachbarschaft wurde eine hohe Pumpensäule mit zwei Pumpen errichtet, auf dem Gesims ein Standbild der Freiheitsgöttin, am Boden die zersprengten Fesseln, den „freien Hut" in der Hand. 1895 mußte der Brunnen für das Stoltzedenkmal seinen Platz auf dem Hühnermarkt mit einem Platz in der Großen Fischergasse vertauschen. Der Brunnen wurde auf das Roseneckplätzchen versetzt, in die Mitte des ehemaligen Löhrhofes. Nun ist er, nach dem zweiten Weltkrieg, in den Innenhof der Stadtwerke am Börneplatz gewandert.

Freßgaßbrunnen. Die von flachen Steinstufen eingefaßte Brunnenanlage am ehemaligen Säuplätzi in der Freßgaß', dort wo die Straße sich gabelt, ist im Juni 1977 eingeweiht worden. Aus den behauenen

Steinblöcken des von der in Sprendlingen wohnenden Bildhauerin Inge Hagner geschaffenen Brunnens fließt das Wasser sanft über die Rundungen in ein großes Becken. Die Jugend hat von dem Brunnen, in dem man so schön die Füße im Wasser baumeln lassen kann, schnell Besitz ergriffen.

Froschbrunnen. Den Froschbrunnen auf dem Frankfurter Flughafen hat der Frankfurter Bildhauer Georg Krämer im Jahre 1952 geschaffen. Er steht auf dem früheren Kinderspielplatz, der später in einem neuen Besucherplatz aufging. Auf dieser Fläche entsteht zur Zeit eine Charterabfertigungshalle. Der Brunnen bleibt jedoch auf seinem ursprünglichen Platz.

Dem großzügigen und permanenten Umbau des Flughafens ist die

Springbrunnenanlage vor dem Besucherrestaurant vorerst zum Opfer gefallen. Es steht heute noch nicht fest, ob sie noch einmal aufgebaut wird.

Gärtnerbrunnen. Im oberen Hof der Mühlbergschule, in Sachsenhausen, Lettigkautweg 8, steht ein spätklassizistischer Pumpenbrunnen, mit zwei Becken, aus der zweiten Hälfte des 19. Jahrhunderts.

Von einer schlanken, vierkantigen roten hohen Sandsteinsäule schaut, als Brunnenfigur, eine Gärtnerin mit Hut auf die den Brunnen umbrandenten Kinder herab. Vor ihren Füßen hat sie einen Gemüsekorb stehen.

Goethehausbrunnen. Frau Aja rühmte ihr Haus als eines der besteingerichteten seiner Zeit, nicht ohne guten Grund, denn ihr Haus im Hirschgraben hatte eine eigene Quelle, die schon seit dem Jahre 1590 einen Brunnen im Höfchen und später noch die Pumpe in der Küche mit Wasser versorgte. Die meisten Haushaltungen mußten damals ihr Wasser noch von dem nächsten Brunnen auf der Straße holen. Die schöne Pumpe im Hof war ein beliebtes Spielzeug, so auch für Prinz Georg von Mecklenburg-Strelitz und seine Schwester Luise. Sie lebten während der Kaiserkrönung im Jahre 1790 eine Zeitlang im Großen Hirschgraben. Zehn Jahre später war diese Prinzessin die Königin Luise von Preußen. Brandbomben zerstörten am 22. 3.

Küche   Hof

1944, in der Nacht zu Goethes 112. Todestag, Haus und Hof. Nach mehrjähriger liebevoller Arbeit wurde das Haus am 10. 5. 1951 wieder eröffnet. Mit ihm sind seine Brunnen neu erstanden.

Hauptwachebrunnen. An der westlichen Seite der Hauptwache stand, wie aus einem Bild von Salomon Kleiner aus dem Jahre 1747 zu ersehen ist, ein großer Ziehbrunnen, der im Jahre 1800 durch eine schlichte Pumpensäule mit der klassischen Urne ersetzt worden ist. Damals war er von einem großen Trog umgeben. Im Jahre 1867 ist der Goldbelag des Brunnens erneuert worden. Danach wurde er „Der Goldene Brunnen" genannt. Mehrmals versetzt, steht dieser Brunnen heute, nach dem Wiederaufbau des elegantesten Barockbaues der Stadt und dem an dieser Stelle beendeten U-Bahn-Bau, wieder, und nur wenige Meter von seinem historischen Standort entfernt, auf der Hauptwache mit der Blickrichtung zur Katharinenkirche. Er ist nun sogar an die Quellwasserleitung angeschlossen worden. Im Jahre 1962 war er, nach den Unbilden des zweiten Weltkrieges, von dem Frankfurter Bildhauer Georg Krämer bereits restauriert und schon

einmal wiederaufgestellt worden. Bei dem Beginn des U-Bahn-Baues war er entfernt worden.

Es steht zu erwarten, daß auf dem durch den U-Bahn-Bau gegen früher veränderten Platz moderne Plastiken und Brunnen aufgestellt werden. Eine Entscheidung hierüber war bei der Drucklegung der zweiten Auflage dieses Handbuches noch nicht gefallen.

Heddernheimer Brunnen. Um die Endstation einer Omnibuslinie angenehmer zu gestalten, haben Stadtwerke und Gartenamt einen

Brunnen in Heddernheim gestiftet. In viel Grün sprudelt Wasser aus elf Röhren.

Heiligenstockbrunnen. Das Haus Friedberger Landstraße 529–531 „Zum Heiligen Stock" war eine um das Jahr 1700 erbaute Zollstation. In der Hauswand steckt aus der Schlacht bei Bergen (13. 4. 1759) noch eine Kanonenkugel. Eine Brunnenpumpe vom Komödienplatz hat sich dort bis heute erhalten. Das Haus gehört zu den wenigen historischen Baudenkmälern der Stadt.

Heiliger-Florian-Brunnen. Prof. Jakob Fehrle, Schwäbisch Gmünd, hat diesen Brunnen im Auftrag einer Feuerversicherungsgesellschaft geschaffen. Er steht seit dem Jahr 1952 Ecke Bockenheimer Landstraße und Feuerbachstraße, ein Bronzeguß in einer mit Kupferblech ausgeschlagenen Betonschale. Die Figur zeigt den Heiligen Florian mit der Fahne, in der Linken den Eimer, aus dem Wasser beständig herabrinnt und die Brunnenschale füllt.

Heiliggeist- auch Tugendbrunnen. Am Metzgertor, am Ende der

Fischergasse, nahm die Metzgergasse ihren Anfang. Sie endete am Kirchhof des Heiliggeistspitals. Vor der Hospitalkirche stand der Heiliggeistbrunnen. Der alte Ziehbrunnen wurde im Jahre 1768 abgebrochen und machte einem Pumpenbrunnen Platz. In einer alten Beschreibung heißt es: „Die Statue, so oben darauf stehet, stellet die Tugend vor, in der rechten Hand hat sie einen Staab, womit sie alles abmisst, in der linken Hand das ihr anvertraute Schwerd, worauf eine Kugel mit welcher sie alles abwäget, und die Kugel, worauf sie mit einem Fuß stehet, stellet vor, daß sie alle Laster, so auf Erden, mit Füßen tritt." Der Brunnen fiel dem Krieg zum Opfer. Die Figur konnte gerettet werden. Aus Anlaß des Weltspartages 1967, am 30. Oktober, ist der Tugendbrunnen, wie er heute genannt wird, nach seiner Renovierung durch den Frankfurter Brunnendoktor Georg Krämer, ermöglicht durch eine Stiftung der Stadtsparkasse, vor deren Hauptgeschäftsgebäude Ecke Hasengasse und Töngesgasse aufgestellt worden. Damit hat nun der letzte der Frankfurter Brunnen, die einigermaßen heil den Krieg überstanden haben, wieder einen neuen Standort gefunden.

Herkulesbrunnen. Der alte Brunnen im Römerhöfchen war ein Ziehbrunnen, in den im Dezember 1710 eine Frau sprang, die am folgenden Tag tot herausgezogen worden ist. Dieser Brunnen war bereits im Jahre 1627 in den Treppenturm zum Hause Alten-Limpurg einbezogen worden. Am 2. 8. 1904 wurde im Römerhöfchen in unmittelbarer Nachbarschaft zu dem alten Ziehbrunnen ein von Gustav Dominikus Manskopf, einem Frankfurter Weinhändler, gestifteter Brunnen, der Herkulesbrunnen, eingeweiht, vielleicht wegen des starken Mannes als eine Mahnung an die künftigen Oberbürgermeister gedacht. Geschaffen hatte das Kunstwerk der Bildhauer Josef Kowarzik. Der Brunnen paßt sich den Größenverhältnissen des Hofes auf das schönste an. Den Guß führte die Firma Riedinger aus.

Hirschbrunnen. Der Brunnen steht östlich des Hauses Nr. 30 in der Großen Rittergasse. In früheren Jahrhunderten endigte die Gasse beim Tiergarten, an dem ein Ziehbrunnen stand, der 1796 in einen

Pumpenbrunnen aus rotem Sandstein, von einem Damhirsch gekrönt, umgebaut wurde. Er wurde in den Jahren 1890, 1905 und 1954 renoviert. Erneuert wurde der Brunnen 1962 von dem Bildhauer Georg

Krämer. Der Brunnen erinnert an eine Sage, nach der eine Hirschkuh dem Frankenkönig Karl bei der Verfolgung durch seine Feinde die Furt durch den Main gezeigt haben soll.

Hoher Brunnen. Dort, wo die Lebensader des im Jahre 1876 in Frankfurt am Main eingemeindeten Stadtteils Bornheim, die Berger Straße, zu einer schmalen Dorfstraße zusammenschrumpft, steht der schöne Fachwerkbau des früheren Rathauses und der „Hohe Brunnen" der alten Bornheimer Wasserleitung. Der Brunnenobelisk trägt auf der Vorderseite die Inschrift: Erbaut auf Kosten der Gemeinde Bornheim 1827. Auf der rechten Seite sind die Namen der Beigeordneten, auf der hinteren Seite die Mitglieder des Gemeindeausschusses, links ist der Name des Schultheißen aufgeführt. Eine später angebrachte Gedenktafel an den Krieg 1870/71 ist nicht mehr vorhanden. 1952 ist der Hohe Brunnen wieder instandgesetzt worden. Der Vorort Bornheim beherbergte von eh und je ein besonders lustiges Völkchen. Es gibt kaum eine Reisebeschreibung aus alter Zeit, die diese Tatsache nicht ausdrücklich erwähnt. Im Mittelpunkt fröhlichen Treibens standen das Rathaus und der Brunnen.

IBM-Haus-Brunnen. Der Bildhauer Gerson Fehrenbach hat eine wuchtige Skulptur geschaffen. Sie schmückt einen Brunnen in dem großzügig gestalteten Hof des Gesamtgebäudekomplexes der Firma IBM zwischen Wilhelm-Leuschner-Straße und Gutleutstraße in Höhe des Hotels Frankfurt-Intercontinental.

Jugendherbergsbrunnen. Im kleinen Innenhof des Hauses der Jugend steht der Bäckerbrunnen. Den großen Hof ziert ein von dem Oberurseler Bildhauer Harold Winter neu geschaffener Brunnen, dessen Brunnensäule viele Wassertiere schmücken. Vor allem an heißen Sommerabenden sitzt die Jugend um diesen Jugendherbergsbrunnen herum, lauscht seinem leisen Plätschern und versucht, in vielen Sprachen ihre Probleme zu erklären oder gar zu lösen. Es ist eines der ungestörtesten Plätzchen im alten Sachsenhausen, unmittelbar am Kuhhirtenturm gelegen, ein Plätzchen, an dem auch heute noch ein ernsthaftes Gespräch geführt werden kann.

Jean-Pauli-Brunnen. Der Platz zwischen den Straßen „Am Burglehen" und der „Ankergasse" in Fechenheim, eine für rund 1,3 Millionen Mark hergerichtete Fußgängerzone, ist gerade rechtzeitig zu Weihnachten 1980 fertig geworden. Sein Paradestück stellt ein nach der Fechenheimer Lokalgröße Jean Pauli beannter, von dem Steinmetzmeister Siegfried Schugar aus einem sandsteinernen Obelisken geschaffener Brunnen dar. Von Jean Pauli, einem Lehrer und Komponisten, der von 1866 bis 1945 in Fechenheim lebte, stammt unter anderem das Lied „Zu Rüdesheim in der Drosselgaß'."

Junge mit Ente. Am Haupteingang der Farbwerke Hoechst, am Osttor neben dem alten Kasino, grüßt die Belegschaft des Werkes und deren Besucher ein schlichtes Zierbrünnchen, ein Junge, der mit beiden Händen eine Ente festhält, aus deren Schnabel sich ein Wasserstrahl über das lustige Paar ergießt. Der Schöpfer der im Jahre 1953 erstellten Anlage, der Bildhauer M. Henrich, kommt aus dem benachbarten, ebenso wie Höchst, 1928 in Frankfurt eingemeindeten Vorort Schwanheim.

Justitia- auch Gerechtigkeitsbrunnen. Als der Rat der Stadt im Jahre 1610 auf dem Liebfrauenberg einen Brunnen errichten ließ, beschloß er zugleich, den Brunnen auf dem Römerberg ausbessern zu lassen. Der Bildhauer Johann Hocheisen schuf damals für den Römerberg ein würdiges Monument, das, obwohl verschiedentlich renoviert, so in den Jahren 1652, 1805 und 1863, schließlich zu einem öffentlichen Ärgernis wurde, das zu seiner Entfernung im Jahre 1874 führte, dem unser Lokaldichter Friedrich Stoltze mit folgenden Versen beredten Ausdruck verlieh:

Junge mit Ente

Das ist die Frau Gerechtigkeit!
Sieht aus als wie die Schlechtigkeit;
Die Waag' ist fort, daß Gott erbarm,
Zum Teufel samt dem halben Arm;
Das Schwert, das Sinnbild der Gewalt,
Das hält sie aber noch umkrallt.
Die Nas ist fort; sie war von Stein,
Die hätt' auch müssen wächsern sein.
O Vogelscheuche du von Recht,
Für Frankfurt bist du doch zu schlecht!
Wie wär's, wenn man sie so zerstückt,
Einmal nach Hessen-Kassel schickt?
Und hätt' sie da die Stadt geseh'n,
Könnt' sie auch nach Hannover geh'n;
Auch in Berlin die Polizei
Besuchen könnt sie nebenbei!
Und über Breslau, von Berlin,
Könnt' sie per Eisenbahn nach Wien!
Von dorten könnt' sie nach Paris,
Da wär' sie wie im Paradies.

Die Renovierung des Standbildes und des Sockels des Gerechtigkeitsbrunnens erfolgte im Jahre 1887 auf Kosten des Frankfurter Weinhändlers Gustav Dominikus Manskopf, der den Herkulesbrunnen im Römerhöfchen gestiftet hat, durch den Bildhauer F. R. Schierholz in Anlehnung an die alten, schönen Formen, jedoch nicht mehr in Stein, sondern in Bronze. Die Enthüllung erfolgte am 11. Mai 1887. Dieser

Bronzenachguß stand nach dem zweiten Weltkrieg zwei Jahre, von 1945 bis 1947, in den Räumen der amerikanischen Militärregierung. Erst danach kehrte er endgültig auf den Römerberg zurück. 1970 mußte der Brunnen vorübergehend dem U-Bahn-Bau weichen, steht aber seit Jahren wieder an seinem angestammten Platz.

Kaffeebrünnchen. Am Kaffeebrünnchen zwischen Kennedyallee und Mörfelder Landstraße wurde früher von den Einwohnern der Stadt im Wald der dritte Pfingstnachmittag als „Wäldchestag" gefeiert. Der Maler Hasselhorst hat das Fest in seiner damaligen Form im Bild festgehalten. Heute liegt der Festplatz weiter zum Stadion hin, nur wenige hundert Meter von seinem alten Standplatz entfernt. Das Fest ist seines familiären Charmes entkleidet, jetzt weitgehend eine kommerzielle Angelegenheit geworden. Trotzdem ist den Frankfurtern der dritte Pfingstfeiertag, der Pfingstdienstag, auch heute noch heilig.

Kaiserplatzbrunnen. Der große Brunnen am Kaiserplatz wurde der Stadt im Jahre 1876 von dem Bankier Baron Raphael von Erlanger geschenkt. Er war Konsul von Portugal, Schweden und Norwegen. Die große Porphyrschale ist aus einem Stein geschliffen. Leider entströmte dem Brunnen kein erfrischender Duft, im Gegenteil, die An-

lieger führten oft Beschwerde, denn das Mainwasser, das den Brunnen speiste, verpestete an heißen Tagen die ganze Gegend. Der Brunnen mußte wegen des U-Bahn-Baues demontiert werden und ist danach wieder aufgestellt worden. Seit Mitte 1974 sprudelt er wieder, jetzt freilich geruchlos und damit auch zur Freude der Anlieger.

Kinderklinikbrunnen. Die im Krieg zerstörte Universitätskinderklinik ist im Jahre 1953 neu aufgebaut worden. Dabei hat sie in ihrem Hof einen reizvollen Brunnen von dem Frankfurter Bildhauer Georg Krämer erhalten. Ein nacktes Bübchen, eine Bronzearbeit, steht auf einer Muschelkalkkugel vor einem Wasserbecken, in das es — so will es scheinen — soeben springen wird. (Bild nächste Seite.)

Kinderklinikbrunnen

Kindertagesstätte-Bolongarostraße-Brunnen. Die Frankfurter Bildhauerin Inge Hagner hat für den Innenhof der Höchster Kindertagesstätte Bolongarostraße im Jahre 1967 einen abstrakten Brunnen geschaffen.

Kirchengemeindenbrunnen. Es ist ein guter Brauch, nun auch bei einigen Kirchen- und Gemeindehausneubauten das belebende Element des Wassers durch die Anlegung von Brunnen einzubeziehen. Hierzu folgende Beispiele: Gemeindehaus der Gustaf-Adolf-Gemeinde, Niederursel, Karl-Kautsky-Weg 62, vor dem Gemeindehaus befindet sich ein von dem Frankfurter Architekten Diplomingenieur Heinrici geschaffener Brunnen, Neues Gemeindehaus der Melanchthongemeinde, Fechenheim, Pfortenstraße, ein modern gehaltener, ebenfalls von Heinrici erstellter Brunnen, ziert den breiten Eingang des neuen Gemeindehauses, Römerstadtgemeinde Cantate Domino, die Architekten Schwagenscheidt und Sittmann haben die Kirche der Römerstadtgemeinde Cantate Domino, Ernst-Kahn-Straße 14, erbaut und dabei den hier abgebildeten Brunnen mitgeschaffen, auf dem Kirchplatz der Sachsenhäuser Kirche St. Bonifatius ist ein Fischbrunnen erstellt worden. In dem Abschnitt „Kunst am Bau" sind im Alphabet unter den vorgenannten Kirchenbauten weitere Einzelheiten vermerkt.

Klappergaß- auch Hintergaß-Brunnen. Auf der östlichen Seite der Kleinen Rittergasse lag die Hintergasse, die sich vor der Erweiterung von Sachsenhausen im Zwinger bei der Stadtmauer verlor. Auf der

Südseite befand sich später eine Öffnung. Nördlich lag ein Plätzchen mit einem 1446 entstandenen Ziehbrunnen, dem Hintergaßbrunnen, der im Jahre 1796 in einen Pumpenbrunnen, auf dessen viereckiger Säule mit Gesims eine Vase steht, umgebaut worden ist. Renoviert wurde er in den Jahren 1887 und 1955, und im Jahre 1966 an seinem neuen Standplatz in der Klappergasse in dem Durchgang neben dem Haus 18/20 anläßlich des 476. Sachsenhäuser Brunnenfestes wieder aufgestellt, nachdem er für kurze Zeit in das Stadtarchiv gewandert war. Sein neues Aussehen verdankt er dem Bildhauer Georg Krämer.

Kubenbrunnen. Die Gemeinnützige Gesellschaft für Wohnheime und Arbeiterwohnungen, Frankfurt am Main, hat für den öffentlichen Grünzug Johanna-Melber-Weg / Hühnerweg einen Brunnen gestiftet. Aufeinandergetürmte Michelnauer Basaltlavatuffsteinkuben bilden den von dem Gartenarchitekten Herbert Heise, Frankfurt am Main, entworfenen und von den Rheinischen Basaltlavawerken im Jahre 1967 ausgeführten Brunnen.

Liebfrauenbergbrunnen. Nach Lersners Chronik wurde im Jahre 1494 auf dem Liebfrauenberg, dem früheren Rossebühel, ein Brunnen gebaut. Hundert Jahre später wurde er neu gegraben und zum Springbrunnen umgestaltet. Bereits im Jahre 1610 wurden an dem Brunnen wesentliche bauliche Veränderungen vorgenommen. Trotzdem konnte sein endgültiger Verfall dadurch nicht mehr aufgehalten werden. Er wurde deshalb 1769 abgebrochen und in den Jahren 1770 und 1771 von dem Architekten Johann Andreas Liebhard und dem Bildhauer Johann Michael Datzerath in seiner jetzigen Form erbaut. Wenn dieser Brunnen auch nicht gerade ein überragendes Kunstwerk ist, so ist er doch ein Überbleibsel aus einer Zeit, von der

Frankfurt nicht mehr viel nachzuweisen hat. Auf einem quadratischen Brunnenstock steht ein Obelisk, der eine vergoldete Sonne trägt. Vor der nördlichen und südlichen Sockelseite befinden sich sitzende Flußgötter, an den anderen Seiten sind bronzene Inschriftentafeln angebracht. Liebhard brachte an dem Brunnen einen kleinen Genius mit Waage und Schwert an, ein Hinweis darauf, daß dieser Brunnen der Gerechtigkeit gewidmet war. Restauriert wurde er in den Jahren 1869 und 1891.

In den Jahren 1970/73 mußte der Brunnen fast völlig erneuert werden. Bildhauer Kurt Zobel hat die allegorischen Darstellungen aus Miltenberger Sandstein neu erstehen lassen. Die Originale können im Liebieghaus besichtigt werden.
Es ist schade, daß vor Jahren die Marktfrauen mit ihren bunten Schirmen, die den Brunnen mit dem Wohlgeruch von Handkäse und Grüner Soße umgaben, in die Markthalle verbannt worden sind. Damit ist ein Stück Alt-Frankfurt für immer verschwunden.

Löwenbrunnen. Das Goldene Löwenplätzchen lag an der Fahrgasse, gegenüber dem Gasthof zum Goldenen Löwen, in dem im Jahre 1753

Voltaire auf Befehl Friedrichs des Großen sechs Wochen lang gefangen saß. Das Plätzchen hieß nach dem Brunnen gleichen Namens, den schon als Ziehbrunnen zwei vergoldete Löwen schmückten. Dieser wich im Jahre 1781 einer Pumpe. Seitdem schmückt ihn nur noch ein Löwe. Der Steinmetzmeister Arzt hat den Pumpenstock errichtet. Die Bildhauerarbeit verfertigte Johann Leonhard Aufmuth. Das umzopfte Schild in den Pranken des Löwen trug die Inschrift: Zum Löwenbrunnen. Im Mittelalter hieß der Brunnen Grabborn, das Plätzchen in der Fahrgasse: Auf der Schweinemist. Vor dem Genuß seines Wassers warnte ein gelehrter Mann seine Mitbürger, da das Wasser aus diesem Brunnen unter allen das schwerste und folglich auch das schlechteste in ganz Frankfurt sei. Nach dem zweiten Weltkrieg ist der Brunnen an die Ecke Fahrgasse und Braubachstraße gewandert.

Löwengepanzerter Brunnen. Die Synagoge im Westend war für eine große Besucherzahl berechnet. Das große halbrunde Dach der Kuppel, die das äußere Bild der Synagoge, die in der Bauweise der Gründerzeit gehalten ist, beherrscht, nähert sich der maurischen Bauweise.

Der große Vorhof mit dem löwengepanzerten Brunnen unterstützt noch diesen Eindruck. Die 1911 erbaute Synagoge ist am 9. November 1938 beschädigt und im Jahre 1950 wiederhergestellt worden.

Mägdeleinsbrunnen. Der Mägdeleinsbrunnen, bereits im Jahre 1412 bezeugt, ist älter als der Name des Plätzchens, an dem er früher stand, nämlich im Stumpfengäßchen am Hexenplätzchen, an der Alten Mainzer Gasse. Jetzt ist er in die Frontmauer eines Geschäftshauses eingebaut und durch die Entwidmung dieses Teiles der Straße dem Zugang der Öffentlichkeit entzogen. Der im Jahre 1798 renovierte Brunnenstock aus rotem Sandstein hat einen quadratischen Querschnitt und trägt eine kindliche, weibliche, nackte Figur. Der Brunnenstock mitsamt der Figur befinden sich in gutem Zustand. Offensichtlich war dies nicht immer der Fall, denn Friedrich Stoltze hatte zu diesem Brunnen — ähnlich wie zu dem Gerechtigkeitsbrunnen — ein recht spöttisches Gedicht verfaßt, in dem zum Ausdruck kommt, daß er das Mägdelein für einen strammen Knaben hielt.

Märchenbrunnen. Bereits im Vorwort ist die Rede davon, daß der Märchenbrunnen im Anlagenring an der jetzigen Theaterdoppelanlage, in der Untermainanlage, sein Entstehen der Stiftung eines Kunstfonds verdankt, jenem Kunstfonds in Höhe von 150 000 Mark, den Leo Gans, der großzügige Leiter der Cassella-Werke in Fechenheim der Stadt im Jahre 1899, also schon viele Jahre vor der Eingemeindung von Fechenheim in Frankfurt, zur Verfügung gestellt hatte. Neun Jahre hat der Schöpfer des Brunnens, der Frankfurter Künstler, Professor Friedrich Hausmann, an dem Werk gearbeitet, bis es schließlich im Jahre 1910 eingeweiht werden konnte. Leider hat der Brunnen die Bronzekinder, die große wasserspeiende Untiere an sich

preßten, und die vier wasserspeienden molchartigen Tiere im ersten Weltkrieg verloren, die steinernen Fratzen und die das Werk krönende Wassernixe aus Tiroler Marmor, das Mainweibchen, wie sie von den Frankfurtern liebevoll genannt wird, sind erhalten geblieben. 1964 wurde der Brunnen erneuert. Seine Kinder und die Molche hat er nicht mehr erhalten.

Marshallbrunnen. Die Industrie- und Handelskammer Frankfurt am Main regte Ende des Jahres 1959, kurz nach dem Tode von George C. Marshall, an, in Frankfurt am Main eine Marshallgedenkstätte zu errichten. Am 8. September 1960 wurde das Kuratorium Marshalldenkmal gegründet. Die Stadt stellte gegenüber der Opernhausruine im Anlagenring für das geplante Denkmal einen Platz zur Verfügung. Frankfurter Firmen spendeten in kurzer Zeit über 100 000 DM. Es sollte ein Denkmal errichtet werden, das in einfacher, eindringlicher und verstehbarer Form dem Gefühl der Dankbarkeit für die uns nach dem Krieg 1939 bis 1945 gewährte Hilfe Ausdruck gibt und die Erinnerung an die Person von George C. Marshall und seine humanitäre Tat wachhält. Die im März 1961 zu einem Wettbewerb aufgeforderten Bildhauer Bernhard Heiliger, Toni Stadler und Hans Wimmer beteiligten sich alle. Am 9. Februar 1962 erhielt Toni Stadler den ersten Preis und im Juni des gleichen Jahres den Auftrag. Stadler hat in dem Brunnen die drei Grazien dargestellt, wie sie in der Kaiserpfalz-Szene des zweiten Teiles des Faust vorkommen. Sie symbolisieren das Geben, Nehmen und Danken. Die Worte, die die Grazien bei Goethe sprechen, sind auf einer Steinplatte am Brunnen zu lesen. Der Marshallplan ist eine Idee, die nach den Worten seines Schöpfers in seiner berühmten Rede am 5. Juni 1947 an der Harvard-Universität

Hunger, Armut, Verzweiflung und Chaos in Deutschland bannen soll. Diese Idee ist gleichermaßen der Ausgangspunkt der künstlerischen Konzeption Stadlers zu seinem Brunnen. Der Brunnen erinnert an das was war, und das was ist. Er wurde am 27. Oktober 1963 im Beisein der Frau des verstorbenen amerikanischen Außenministers Marshall enthüllt. Kein anderes nach 1945 in Frankfurt öffentlich aufgestelltes Kunstwerk hat ein so großes Echo hervorgerufen wie dieses. Das Echo ist überwiegend negativ.
Die Bronzefiguren wurden in München bei Hans Mayr gegossen. Bei

der Übertragung der Gipsmodelle in das große Format assistierte der junge Bildhauer Slago Oblak. Die Steinarbeiten wurden in der Würzburger Filiale der Philipp Holzmann AG, Frankfurt am Main, ausgeführt. Die Wassertechnik wurde in enger Zusammenarbeit mit Toni Stadler von Ingenieur Wilhelm Parrandier von der Firma Ferdinand Lang KG in Frankfurt am Main entwickelt. Zur Zeit ist der Brunnen des U-Bahn-Baues wegen demontiert. 1981/82 wird er wieder aufgebaut werden.

Merianplatz-Brunnen. Die Idee, für den im April 1981 entstandenen Brunnen am Merianplatz, eine Brunnenplastik in zylindrischer Form, deren Wasserkammer durch Überlaufen die Außenflächen der Plastik

benetzt, stammt von dem Frankfurter Bildhauer Hans Steinbrenner. Die Anlage kaschiert ein Belüftungswerk des U-Bahnhofes.
Der Merianplatz präsentiert sich nun in einem attraktiven Gewand. Er ist durch die Verlegung der Fahrbahn in die Bergerstraße größer geworden.

Merkurbrunnen. Der Bankier Anton L. A. Hahn, der die Deutsche Effecten- und Wechselbank zu einem bedeutenden Bankhaus entwickelt hat, hatte im Jahre 1909 den Gedanken gefaßt, der Stadt einen Monumentalbrunnen zu schenken. Pietätvoll haben seine Söhne Louis Alfred und Ludwig Arnold Hahn diesen Gedanken nach dem Tode des Vaters in dessen Sinn verwirklicht. So entstand der Merkurbrunnen, der 1916 — mitten im ersten Weltkrieg — auf dem ehemaligen

Komödienplatz, dem späteren Rathenauplatz, aufgestellt wurde. Zu Beginn des zweiten Weltkrieges mußte der Brunnen dem Schillerdenkmal weichen. Er wurde auf das ehemalige „Säuplätzi" zwischen der Kalbächer- und Großen Bockenheimer Gasse aufgestellt, aber schließlich durch die Repräsentanten des Hitlerreiches ganz beseitigt. Professor Hugo Lederer, Berlin, der Schöpfer des Hamburger Bismarckdenkmals, hat das Werk geschaffen. Diese Stiftung gehörte zu den wertvollsten Brunnen in der Stadt. Das Städel hatte die Figur

aufbewahrt und vor dem Einschmelzen gerettet. Nach dem Kriege ist der Brunnen mit dem Gott der Kaufleute und Diebe — sinnigerweise — gegenüber dem Haupteingang des Messe- und Ausstellungsgeländes wieder aufgebaut worden. Es ist zu hoffen, daß er damit seine Irrfahrten endgültig beendet hat.

Neuer Arnsburger Born, auch Brunnen am Bornheimer Uhrtürmchen.
Am Samstag, dem 17. Mai 1980, ist ein neuer, dem alten Arnsburger

Born nachempfundener Brunnen gegenüber dem Bornheimer Uhrtürmchen in der Mitte in der Fußgängerzone eingeweiht worden. Er ist eine Schöpfung der bayrischen Architektengruppe Meyerle-Sobeck, München, ein Block aus Bronzeguß. Einer der darauf angebrachten Texte lautet: „Weil immer schon des Wassers Kraft in aller Welt es Lewe schafft, so mag auch dieses Brünnlein fließe und alle Welt aus Bernem grieße."

Der Brunnen kaschiert ein Entlüftungswerk der U-Bahn, da dessen Überdeckung nicht mit Erde aufgefüllt und bepflanzt werden kann. Eine Umwälzanlage sorgt für dauernd sauberes Wasser.

Nieder Brunnen. Der Name ist irreführend. Der Brunnen, dessen Quelle inzwischen versiegt ist, liegt auf Niederräder Gebiet, auf dem Mainfeld an der Schwanheimer Straße, zwischen Melibokus- und Haardtwaldstraße gegenüber dem alten Friedhof. Die im Jahre 1911 gegründete Niederbrunnengesellschaft und der Niederräder Bezirksverein haben diese Anlage geschaffen, die anläßlich der Niederräder Kirchweih am 7. Juni 1953 wieder instandgesetzt worden ist. Der

Brunnen aus rotem Sandstein, in Bruchsteinen hochgemauert, steht in einer Gartenanlage mit einer Ruhebank unter einem Lindenbaum. Eine Treppe mit Geländer führt von der Schwanheimer Straße zu dem Brunnen hinunter. Aus diesem Brunnen hat der Storch, so wissen es die alten Niederräder zu berichten, früher für Niederrad die Kinder gebracht. Das galt bis Ende 1969. Dann hat eine Siedlungsgesellschaft in unmittelbarer Nähe des Brunnens Wohnhäuser errichtet. Der Brunnen wurde abgetragen. Die Bürger von Niederrad gingen auf die Barrikaden. Das Nieder Brünnchen steht wieder, diesmal am Rande der Siedlung neben der Gaststätte gleichen Namens in Souterrainhöhe. Der Storch kann seines Amtes wieder walten.

Nieder Faulbrunnen auch Selzerbrunnen. Am Nieder Wäldchen, in der Anlage Am Brunnenpfad, besteht zur Zeit in Frankfurt die einzige Möglichkeit, an Faulwasser zu gelangen. Das mit dem Wasser des Brünnleins aufquellende Sumpfgas läßt sich — bei einiger Geschicklichkeit — sogar anzünden.

Obeliskbrunnen. Bockenheim ist ein Vorort, dessen Bild heute noch durch große Werke der Elektrotechnik und des Maschinenbaues bestimmt wird. Es wurde im Jahre 1819 Stadt, 1866 wie Frankfurt preußisch und 1895 schließlich in Frankfurt am Main eingemeindet. Noch zwanzig Jahre danach war der Zusammenhalt unter den alten Bockenheimern so stark, daß sich genug Spender fanden, die für einen Gedenkbrunnen Geld stifteten. Der Brunnen ist im Jahre 1913 mit einem Kostenaufwand von etwa 30 000 Mark auf dem Kurfürstenplatz in Bockenheim errichtet und am 23. Mai 1914 eingeweiht worden. Er ist ein Werk der Frankfurter Künstler Bildhauer Emil Hub und Architekt C. Lennartz. Die Steinmetzarbeiten wurden von der Firma Franz Zeller ausgeführt. Die Querachse des Beckens schmücken zwei figürliche Gruppen. Diese beiden Steingruppen stellen Bockenheim als Dorf und als Stadt dar. Er ist im Jahr 1978 renoviert worden.

Oberräder Feldpumpe. Sie stand als eiserner Pumpenbrunnen am Hansenweg am südlichen Ortsrand von Oberrad zwischen Feld- und Waldrand. Nun ist sie im Dezember 1977 in den Mittelpunkt des Buchrainplatzes — dem Oberräder Dalles — gekommen und spendet dort Wasser.

Osthafenbrunnen. Der Brunnen ist im Jahr 1912 mit dem Ausbau des Osthafens als Viehtränke am Osthafenplatz entstanden. Sein Schöpfer ist unbekannt. Der Brunnen ist kaum einem Frankfurter Bürger bekannt.

Palmengartenbrunnen. Der Palmengarten ist in den Jahren 1869 bis 1871 mit den Beständen der Biebricher Wintergärten von Herzog Adolf von Nassau angelegt worden. Eine Reihe von Gewächshäusern beherbergen eine in der ganzen Welt bekannte Schau tropischer Pflanzen, insbesondere Orchideen. Das Gesellschaftshaus, in dem viele Kongresse abgehalten werden, bietet der Bevölkerung schönsten Raum für festliche Begegnungen.

Der Frankfurter Gartenarchitekt Otto Derreth hat für die Blütengalerie, die sich um drei Seiten des Palmenhauses zieht, drei Brunnen entworfen. So ist in der Nordseite ein Brunnen entstanden, der aus „zwei Seepferden" besteht, die wohl aus Italien gekommen sind. Sie dürften etwa 200 Jahre alt sein (das Bild). Die Westseite schmückt der „Brunnen mit der Wasserglocke", die Ostseite ein reizvoller Wandbrunnen. Im vielbesuchten Rosengarten ist im Jahre 1962, als Stiftung eines Frankfurter Kaufhauses, ein Brunnen in der Form eines abstrakten Wasserspeiers durch den Frankfurter Bildhauer Walter Gebhardt entstanden. In der Mittelhalle der Schauhäuser steht ein „Junge mit wasserspeienden Fischen" auf einem Überlaufbrunnen, der seinerseits in einem Wasserbecken steht. Es handelt sich um eine im Jahre 1933 entstandene Arbeit von August Haag. Die Brunnenfigur ist aus Bronze. Im August 1971 ist ein weiterer Brunnen, mehr ein Wasserspiel, im Bereich zwischen Verwaltungsgebäude und Schaugewächshäusern aufgestellt worden.

Zur Ehrung des Schöpfers des Palmengartens, des Gartenarchitekten Heinrich Siesmayer (26. 4. 1817 bis 22. 10. 1900), ist im großen Palmenhaus eine von Kratz-Hanov im Jahre 1936 aus Kunststein geschaffene Brunnenstele mit Terakotten aufgestellt worden.

Paradies- auch Adam-und-Eva-Brunnen. Am 25. 8. 1956 kam der Paradiesbrunnen wieder an seinen alten Platz an der Ecke Paradiesgasse und Große Rittergasse, nachdem ihn Krämer und Schranz 1954 erneuert hatten. In der Nacht vom 9. auf den 10. 8. 1957 wurde er von einem Lastkraftwagen umgeworfen und danach im Jahre 1963 erneut aufgestellt. Inzwischen wurde er wiederum beschädigt und nach seiner Wiederherstellung nun vor dem Paradieshof 16. Oktober 1968 aufgestellt. Er ist dem Fleischerbrunnen gewichen, der an seiner bisher innegehabten Stelle am Kuhhirtenturm steht. Der Paradiesbrunnen zeigt das erste Menschenpaar unter dem Baume der Erkenntnis in dem Augenblick, in dem Eva Adam den Apfel reicht. Der Brunnen, wie die anderen Frankfurter Brunnen ursprünglich auch ein Ziehbrunnen, wurde 1786 für etwa 420 Gulden errichtet und im Jahre 1890 erneuert. Die Paradiesgasse trägt ihren Namen nicht von dem Brunnen, sondern von Siegfried zum Paradies, dem bedeutendsten Frankfurter Staatsmann im Mittelalter, der 1372 im östlichen Sachsenhausen einen Hof erwarb (gest. 1386). Der Brunnen wurde in den Mittelpunkt des 479. Sachsenhäuser Brunnenfestes und der Brunnenfahrt am 23. 8. 1969 gestellt und ist im Jahr 1979 renoviert worden.

Quirinsbrunnen. Der am Wendelsplatz in Sachsenhausen beginnende Wendelsweg zieht in östlicher Richtung, zuerst parallel zur Offenbacher Landstraße, dann zum Sachsenhäuser Berg nach Süden abbiegend. Er ist gegen die nördlich gelegene Offenbacher Landstraße durch eine mächtige Steinwand zur Überwindung des erheblichen Höhenunterschiedes abgestützt. In die Steinwand sind jeweils in die beiden Auf- beziehungsweise Abgänge von der Offenbacher Landstraße zum Wendelsweg und auch zum Hühnerweg große brunnenähnliche Nischen eingebaut.

Sachsenhausen war früher von einem Graben umgeben. Tore schlossen die Stadt gegen das Umland ab. Ein solches Tor, die Quirinspforte, auch Kührainspforte genannt, lag vor dem Affentor gegen Süden am Weg nach Oberrad auf der Offenbacher Landstraße am Fuße der vorbeschriebenen Mauer. Dort entsprangen sieben Wege, die Offenbacher Landstraße, die Mühlbergstraße, der Hühnerweg, der Wendelsweg, der Hainerweg, der Breite Weg, heute die Darmstädter Landstraße, und die Mörfelder Straße. Hier stellte der tüchtige und sehr beliebte Torwächter Quirin das Geleit zusammen, das den Kaufleuten gegeben wurde, die durch diese Pforte die Stadt nach Steinheim und Seligenstadt verließen. Ein Geleitstein befand sich an dem großen Brunnen an der Offenbacher Landstraße, der früher den Namen Bettelbrunnen trug. Im Jahr 1552 wurde die Pforte niedergelegt. Im Jahr 1790 ließ der Rat zur Erinnerung an Quirin eine einfache sich nach oben schwach verjüngende Säule errichten, an deren Sockel heute ein Schild den Hinweis trägt „Quirinsbrunnen, Klassizistischer Pumpenbrunnen 1790, an der Landstraße nach Offenbach aufgestellt", während den Kopf der Säule — unterhalb der krönenden Vase — die Inschrift „Quirinspforte" ziert und in die nach Süden zeigende Rückseite der Säule der Vermerk „Renoviert 1888" eingemeißelt ist. Die Säule hat weder einen Wasserhahn noch ein Wasserbecken, soll diese und damit fließendes Wasser in kurzer Zeit erhalten.

Renaissancebrunnen. In Verbindung mit dem Brunnen aus dem Garten der ehemaligen Villa Carl von Weinberg, jetzt am heutigen Nebbienschen Gartenhaus in der Bockenheimer Anlage, ist ein Renaissancebrunnen wieder zu neuem Leben erweckt worden.

Riedhofbrunnen. 1815 war die Brunnenanlage errichtet worden. Im zweiten Weltkrieg zerstört, wurde sie wieder aufgebaut und ihrer

Bestimmung aus Anlaß des 484. Sachsenhäuser Brunnenfestes im August 1974 übergeben. Seine Vergangenheit als Viehtränke eines Gutshofes, ein Brunnenstock, an den sich ein mächtiger Trog anschließt, sieht man dem Brunnen, der heute auf dem Gelände eines Altenheimes an der Mörfelder Landstraße steht, jetzt noch an.

Ritterbrunnen. Auf der westlichen Seite der Rittergasse in Sachsenhausen stand der Ritterbrunnen, der seinen Namen von seinen Nachbarn, den Rittern von Cleen, erhalten hatte. Eine Handschrift des 15. Jahrhunderts nennt ihn bereits. Im Jahr 1788 wurde der Ziehbrunnen an der gleichen Stelle in einen Pumpenbrunnen mit Vase aus rotem Sandstein und mit zwei Pumpenschwengeln umgewandelt.

Zu dem 474. Sachsenhäuser Brunnenfest wurde am 22. 8. 1964 ein neuer Ritterbrunnen in der Kleinen Rittergasse wieder erstellt. Der alte Brunnen war abgetragen worden. Der Ritter mit Pferd, der mit einem Schwert einen Drachen erschlug, ist nicht mehr, dafür wurde von Brunnendoktor Georg Krämer 1962/64 ein achtkantiges Wasserbecken mit einer runden Säule mit vier Wasserausläufen und einem Ritter mit einer Lanze auf einem Pferd geschaffen. „Ritterbrunnen 1964" lautet die Schrift, die sich um den Brunnenstock rankt.

Röhrenbrünnchen. Das Wasser, das früher Mainschiffer und Spaziergänger an der alten Stadtmauer in Höchst, unterhalb der Justinuskirche, getrunken haben, ist heute ungenießbar. Zwar haben die Hygieniker weder im Reagenzglas noch unter dem Mikroskop Verdächtiges feststellen können, aber Wasser, von dem nicht mehr bekannt ist als daß es aus Höchster Erde kommt, könnte chemisch oder gar bakteriologisch verunreinigt sein.

Rotkäppchenbrunnen. Der Kunststeinbrunnen paßte gut zur gegenüberliegenden Schillerschule. Das ahnungslose Rotkäppchen schmiegt sich an den bösen Wolf. Der im April 1912 von Johann Joseph Belz geschaffene Zierbrunnen mußte nach dem Kriege dem wachsenden Verkehr weichen, wurde 1953 restauriert und nach der Ecke Gartenstraße und Kennedyallee versetzt.

Schermulybrunnen, auch Sossenheimer Sprudel. Der Brunnen in der Nähe des Sulzbaches und am Zusammenstoß der Straßen Alt Sossenheim und Wiesenfeld, am Faulbrunnen, ist im Jahr 1926 erbohrt worden. Er führt zur Zeit kein Wasser. Die Quelle wird neu gefaßt, um dann, wie der Nieder-Faulbrunnen und wie in früheren Zeiten, wieder Faulwasser zu liefern.

Schöppenbrunnen. Die nach dem Krieg noch vorhandenen Brunnen mußten bei dem Wiederaufbau der Altstadt in Frankfurt und in Sachsenhausen demontiert werden, so auch der Schöppenbrunnen auf dem Krautmarkt mit der Statue Kaiser Franz I., den Johann Michael

Datzerath im Jahre 1776 geschaffen hatte. Das Wort Schöppe rührt vermutlich von Schoppar, das heißt Kloake, Abwasser her. Es hat offensichtlich nichts mit „Schöffe" zu tun. Früher hieß der Brunnen Wobelinsborn, wahrscheinlich war dies der Name eines Brunnenschultheißen, im Volksmund: der Weibleinsbrunnen. Er war ein offener Ziehbrunnen, der im 18. Jahrhundert in einen Pumpenbrunnen umgewandelt worden ist.

Im Jahre 1888 wurde der Brunnen zum ersten Mal restauriert. Bei den Luftangriffen im Jahre 1944 beschädigt und bei der Altstadtenttrümmerung abgebaut, wurde er 1958 restauriert, und am 23. Januar 1959 in dem Grünhof zwischen der Limpurgergasse und der Alten Mainzer Gasse am Rathausneubau wieder aufgestellt.

Sindlinger Pumpenbrunnen. In Sindlingen, in der Huthmacherstraße 21, vor dem Gemeindehaus der Kirche St. Dionysius, steht, aus der ersten Hälfte des 19. Jahrhunderts stammend, ein Pumpenbrunnen, ein zwei Meter hoher Sandsteinblock, als oberer Abschluß eine Kugel, ohne Inschrift und ohne Namen und ohne Brunnenschale, von Wind und Wetter gezeichnet, so fristet der Veteran sein Dasein, ein letzter Zeuge aus der langen Geschichte der Sindlinger Brunnenzeit.

Seiner Aufgabe, Wasser zu spenden, wird er schon seit vielen Jahren nicht mehr gerecht. 1982 wird er erneuert und etwas versetzt werden.

Sozialstation-Eulengasse-Brunnen. Die Sozialstation Eulengasse ist in den Jahren 1962 bis 1964 entstanden. Für sie hat der Frankfurter Bildhauer Günther Berger eine Brunnensäule erstellt.

Stadtwaldbrunnen. Nach uralter Sitte trieben die Frankfurter Ackerbürger, das heißt die Mehrheit der Stadtbewohner bis ins 19. Jahrhundert hinein, mit den dörflichen Nachbarn zusammen, ihr Vieh zur Weide in den Wald. Wo damals im Frankfurter Stadtwald das Weidevieh getränkt worden ist, da sind heute ausgemauerte Brunnen mit malerischen Baumgruppen vorhanden, die Grastränke, westlich der Babenhäuser Landstraße am Beckerweg, der Stumpfbrunnen an der Oberschweinstiege und der Mörderbrunnen, südlich des Beckerweges zwischen Mörderbrunnen- und Heuschneise. Das Wasser dieser Brunnen ist für den menschlichen Gebrauch ungeeignet.

Das Königsbrünnchen, nördlich des Waldrestaurants Oberschweinstiege gelegen, ist eine aus dem tertiären Kalk kommende Mineralquelle. Sie ist in Steinblöcken gefaßt. Die Umgebung im Auewald ist zum Rastplatz ausgebaut. Im Jahre 1881 wurde die Quelle neu gefaßt.

Das Wasser ist eisenhaltig. Es galt einmal als trinkbar und als heilkräftig. Dieser Brunnen hat mit den ehemaligen Viehweiden nichts zu tun.

Struwwelpeterbrunnen. Für das Planschbecken im Waldstadion hat der Bildhauer Johann Joseph Belz aus Schwanheim, in Anlehnung an das Buch des Frankfurter Irrenarztes Dr. Heinrich Hoffmann, den Struwwelpeterbrunnen, mit dem Bildnis von Hoffmann und den bekannten Bilderbuchgestalten, geschaffen. Hier, inmitten spielender Kinder, hat die Vaterstadt dem verdienstvollen Arzt und dem Schöpfer der Gestalt des Struwwelpeters dieses Denkmal errichtet. Nach dem Kriege, in der Zeit der Beschlagnahme des Stadions durch die Besatzungstruppen, wurde manche Figur in übermütiger Laune angeschossen. Diese Blessuren sind heute wieder freundlich zugedeckt und verschwunden. (Bild nächste Seite.)

Venizianerbrunnen. Südlich der Katharinenkirche, auf einem gekachelten Platz vor der Ladenpassage, der einem Innenhof ähnelt, ist im Frühjahr 1981 ein neues „altes" 1,20 Meter hohes Brünnchen, das Brünnchen mit den vier Löwenköpfen, mit einem Wasserbecken von 80 Zentimeter Durchmesser aufgestellt worden. Es stammt aus

Struwwelpeterbrunnen

dem Garten eines Hauses in der Pfingstweidstraße und mußte dort dem U-Bahnbau weichen. Die Restaurierung des Brünnchens — es ist eine Steinmetzarbeit aus Juramarmor des späten 19. Jahrhunderts — haben Hugo und Rainer Uhl durchgeführt.

Vorhaben Brunnen und Wasserspiele. Irgendwann ist bei allem was gedruckt wird Redaktionsschluß, so auch bei diesem Handbuch, obwohl das Leben nach wie vor weiter geht. Es wird immer geplant und Neues geschaffen werden. Deshalb soll hier versucht werden, noch ein bißchen zusätzliche Zeit dadurch zuzugewinnen, daß auf einige Vorhaben, ob diese tatsächlich verwirklicht werden oder nicht, hingewiesen wird. Die Reihenfolge geht nach dem Alphabet, stellt also keine Bewertung der Vorhaben dar.

1. Brunnen vor der Alten Oper.

Der „Förderverein Schöneres Frankfurt" hat sein Verständnis für die Ablehnung des aufgrund einer Ausschreibung in Aussicht genommenen „Wasserwaldes" des Düsseldorfer Bildhauers Norbert Kricke vor der Alten Oper bekundet. Im Gespräch ist zur Zeit ein historischer Brunnen, den der Erbauer des Opernhauses, Richard Lucae, seinerzeit entworfen hat.

2. Gespaltene Marmorsäule.

Eine von dem Neu-Isenburger Lutz Brockhaus entworfene über neun Meter hohe Marmorsäule soll — nach Abschluß des U-Bahnbaues auf der westlichen Zeil, auf der Kreuzung Zeil/Hasengasse aufgestellt werden. Die von Stahlträgern aufgerichtete Doppelsäule wird von einem Becken eingerahmt, in das aus Düsen Wasser spritzt. Durch die beiden Säulen kann man, mit gleichzeitigem Blick auf den Dom, durchgehen.

3. Gutenberg-Denkmal.

Im Jahr 1854 hat ein Brunnen auf dem Roßmarkt dem Gutenberg-Denkmal, das schließlich 1858 der Öffentlichkeit übergeben werden konnte, weichen müssen. Jetzt wird geplant, dem Denkmal einen Brunnen anzugliedern.

4. Liebieghaus-Brunnen.

In dem Garten des Museums, auf der Südseite zur Steinlestraße, entsteht eine schöne Rekonstruktion des alten zerstörten Brunnens und damit eine Bereicherung des mit vielen Figuren ausgestatteten öffentlichen Parkes.

5. Ludischer Brunnen.

Die CDU-Stadtverordneten haben beschlossen, den von dem „Förderverein Schöneres Frankfurt" vorgeschlagenen Ludischen Brunnen des Schweizers Jean Tinguely, Fribourg, in Frankfurt aufzustellen. Dessen Entwurf sieht ein großes Brunnenbecken mit vielen sich drehenden und bewegenden Stahlteilen vor. Der Brunnen ist dem in Basel stehenden Fastnachtsbrunnen nachempfunden.

6. Neuer Struwwelpeterbrunnen.

Wir haben im Stadion bereits einen gleichnamigen Brunnen, doch wird nun auf einem 10 mal 10 Meter großen Plätzchen in Höhe der Einmündung der Schillerstraße und der Biebergasse in die Hauptwache ein neuer Struwwelpeterbrunnen der Frankfurter Künstlerin Franziska Lenz-Gerharz entstehen. Die 2,80 Meter hohe Bronzeplastik wird in einem Wasserbecken stehen und Figuren aus dem weltbekannten Buch von Heinrich Hoffmann zeigen. 14 Düsen werden Wasser nach allen Seiten ausspeien. Mit dem Bau des neuen Brunnens soll noch in diesem Jahr, also 1981, begonnen werden.

7. Die alten Schalenbrunnen am Opernhaus, Reuterweg und Leerbachstraße, sind zur Zeit demontiert. Ihre Neuaufstellung ist geplant.

8. Schönhofbrunnen.

Es soll eine Rekonstruktion einer einmal bestandenen alten schönen Anlage erfolgen.

9. Stoltze-Denkmal.
Das am 2. Januar 1895 enthüllte Stoltze-Denkmal, das heute hinter der Katharinenkirche seinen festen Platz gefunden hat, stand ursprünglich einmal auf einem dreieckigen Sockel, dessen Ecken Wasserbecken in der Form von Muscheln trugen. Drei Tauben sprühten Wasserstrahlen in diese Muschelbecken, die das Denkmal im zweiten Weltkrieg verloren hat. Der Stoltzebrunnen wird in alter Form auf dem Stoltze-Plätzchen wieder aufgebaut. In Zukunft soll unseren Heimatdichter wieder freundliches Wasserplätschern umgeben.

10. Es ist geplant, einen „Wandbrunnen" an der Liebfrauenkirche zu errichten.

11. Eine „Wasserwand" soll an den Kammerspielen der Städtischen Bühnen, in der Hofstraße, einmal entstehen.

Bemerkungen über Vorhaben zur beabsichtigten Errichtung von Denkmälern und Gedenkstätten sind auf Seite 167 zu finden.

Westendpumpenbrunnen. Dieser etwa um das Jahr 1800 errichtete

Brunnen hat im Krieg stark gelitten. Seine Wiederaufstellung an seinem alten Platz vor dem Hause Bockenheimer Landstraße 64, Ecke Myliusstraße verdankt er nur der Aufmerksamkeit eines Frankfurter Bürgers. Er ist in seiner schlichten Form und mit dem nun wieder fließenden Wasser ein Schmuckgegenstand für seine Umgebung und ein ruhender Pol in der Brandung des Verkehrs.

Winzerbrunnen.
„Gesegnet soll der Trunk uns sein:
Das Wasser Euch und mir der Wein."

Diese Inschrift schmückt den von dem Lehrer an der Städelschule, Professor Johann Nepomuk Zwerger, im Jahre 1859 geschaffenen Winzerbrunnen in der Taunusanlage. Der Spruch wird dem Struwwelpeter-Hoffmann, dem Frankfurter Nervenarzt, zugeschrieben. Auf der viereckigen Brunnensäule sitzt die Büste eines listigen Weinbauers, umrankt von Rebenlaub. Kopf und Spruch passen so gut zueinander wie der diesen Brunnen vom Volksmund gegebene Name: Lachhannes.

Der Brunnen war schon vor dem Kriege von seinem Platz in der Taunusanlage entfernt worden. Ein guter Geist hat ihn wieder entdeckt und bereits 1947 zur Freude der Bürger in der Taunusanlage, Ecke Mainzer Landstraße erneut aufstellen lassen.

Zehntgassebrunnen. In einem lauschigen Winkel der Zehntgasse in Schwanheim ist ein Brunnen aus dem Jahre 1828 erhalten worden, des einzigen von vielen ähnlichen alten Wasserspendern des im Jahre 1928 in Frankfurt am Main eingemeindeten Vorortes. Auf der Stirnseite des Brunnens ist der Satz eingemeißelt:

      Ehret das Gestern,
      Dienet dem Heute,
      Wirkt für die Zukunft.

Zisterne auf dem Höchster Schloßplatz. Die jetzt wiederentdeckte über 300 Jahre alte Zisterne auf dem Höchster Schloßplatz ist 1977 hochgemauert und durch einen Aufbau aus Eichenholzbalken, einem schmiedeeisernen Abdeckgitter und einer Ziehrolle von dem Höchster Bildhauermeister Schranz zu einem Ziehbrunnen von 9 m Tiefe und einem Durchmesser von 1,60 m umgestaltet worden. Die überwiegend aus behauenen Sandsteinblöcken gebaute Mauer ist dreißig Zentimeter dick.

Zoobrunnen. Der auf dem Gelände der ehemaligen Pfingstweide um das Jahr 1874 entstandene Zoo zeigt heute noch dort seine Tiere. Es liegt in der Natur der Sache, daß in einer solchen Anlage eine Reihe von Brunnen und Kinderspielplätzen, letztere teils mit teils ohne Planschbecken zu finden sind. Am Straußenhaus vor dem Nutriabecken steht ein Brunnen mit einem lebensgroßen Affen, das Ganze aus Sandstein, im Priemelhöfchen, an den Affenanlagen, ein Brunnen mit

Zierbecken, auf dessen Rand ein Gorilla sitzt, eine Arbeit des Bildhauers Carl Wagner und schließlich, im Planschbecken im Kinderzoo, sitzen wasserspeiende Frösche. Eine Fontäne belebt das Bild des großen Weihers.

Zunftbrunnen. Rechtzeitig zum 481. Brunnenfest im August 1971 ist der Zunftbrunnen eingeweiht worden. Die Frankfurter Bildhauerin Anneliese Sund hat in losem Verband acht Handwerkerfiguren geschaffen, den Bäcker, den Metzger, den Gärtner, den Bierbrauer, den Fischer, den Winzer, den Töpfer und den Schuster. Die acht stehen auf einem Muschelkalksockel und werden aus vier im Kreis um den

Sockel angeordneten Düsen umsprudelt. Der Brunnen trägt seinen Namen in bronzenen Lettern auf seiner Frontseite, auf dem Affentorplatz, fünf Meter südlich von dem westlichen Wachhaus an der Wallstraße. Den Guß, reine Bronze, hat die Gießerei Ernst Straßacker, Süßen, geliefert.

Teil II

Denkmäler und Gedenkstätten

Vorbemerkung

Unsere Stadt ist reich an Denkmälern und an Gedenkstätten. Bei einem Gang durch den inneren Anlagenring, der den Stadtkern, der früheren Stadtbefestigung folgend, umschließt, finden wir Denkmal an Denkmal, Goethe, Schiller, Heine, Beethoven, Guiollett, Fellner, Schopenhauer und viele andere mehr. Darüber hinaus sind Denkmäler und Gedenkstätten über das ganze Stadtgebiet und den Stadtwald verstreut, und gerade in letzter Zeit in größerer Zahl in der neu entstandenen Nordweststadt aufgestellt worden. Sie wurden teils gestiftet, oft geliebt und mit Kränzen geschmückt, teils an andere Stelle gesetzt, geschmäht, vergessen oder gar eingeschmolzen, soweit sie nicht sonstigen Kriegseinwirkungen zum Opfer gefallen sind. Von diesen dürfen — ohne mit dieser Aufstellung vollständig zu sein — die Denkmäler genannt werden von: Bismarck in der Taunusanlage, Börne, Brentano, Kaiser Wilhelm I. (insgesamt deren drei: am Opernplatz, im Kaisersaal des Römers und im Hof des Hauptpostamtes), Karl der Große, Sömmering und Wiesenhütten, dazu mit der Vernichtung der Stadtbibliothek die auf deren Anbau aufgestellten Standbilder berühmter Frankfurter, und zwar die Statuen von: Boehmer, Fichard, Lersner, Merian dem Älteren, Rüppell, Schopenhauer, Spener und Varrentrapp, sowie das von Pompeo Marchesi im Jahre 1838 geschaffene berühmte Goethedenkmal in der Eingangshalle der Bibliothek. Die Denkmäler werden, soweit sie heute noch stehen, beschrieben und zum größten Teil auch in Bildern gezeigt. Die Zahl der Ehrenmäler ist so groß, daß nur eine kleine Auswahl getroffen und besprochen werden konnte.

Dem Wesen und Namen entsprechend fordern Denkmäler und Gedenkstätten zum Verweilen und Betrachten auf. Die Beschreibungen und die Bilder können nur ein Anreiz dazu sein, in eigener eingehender Betrachtung die oft nur allgemeine Vorstellung an Ort und Stelle in ein Kennenlernen umzuwandeln. Im Oktober 1971 hat der Magistrat dieser Stadt eine neue Ortssatzung beschlossen, die nach ihrer Verabschiedung durch die Stadtverordneten-Versammlung am 10. 2. 1972, abgedruckt in den Mitteilungen der Stadtverwaltung Frankfurt am Main, Amtliches Mitteilungsblatt Nr. 12, vom 18. 3. 1972, Seite 79—102, Grundlage zukünftigen Denkmalschutzes in Frankfurt werden wird beziehungsweise geworden ist. Am 15. 8. 1972 ist der neue Denkmalpfleger der Stadt, Dr. Heinz Schomann, der bisherige Mitarbeiter des Landeskonservators von Hessen, in sein Amt eingeführt worden. Mit der Schaffung des Amtes für Denkmal- und Stadtbildpflege und dieser neuen Stelle hat die Stadt ihr Interesse an der Erhaltung des trotz des Krieges gebliebenen Gutes gezeigt. Schon im Februar 1972, also bereits $1/2$ Jahr vor seiner Amtseinführung, hat sich der Denkmalpfleger zu dem Themenkreis — mit kleinen redaktionellen Änderungen und auszugsweise — wie folgt geäußert:

„Durch Kommunales Gesetz sollen 450 künstlerisch und historisch wertvolle Werke der Architektur gesichert werden. Bedingt durch Kriegszerstörungen erscheint diese Zahl gering ... Die Frankfurter Liste enthält Profan- und Sakralbauten ... aller Stilepochen, wie es die Extrembeispiele ‚Justinuskirche (9. Jahrhundert)' und ‚ehemaliges IG-Verwaltungsgebäude (1928—31)' verdeutlichen; neben weltstädtischen Baukomplexen — wie Hauptbahnhof und Opernhaus — ebenso dörfliches Fachwerk in den Vororten. Außer wertvollen Einzelbauten wurden geschlossene Straßenzüge und Siedlungskerne gleichfalls berücksichtigt ...

Was sich mit dem Namen Frankfurts einst an baulichen Eindrücken verband, ging großenteils durch Kriegseinwirkung verloren. Jedoch bewahrt die Stadt noch immer eine Fülle von historischen Bauten, die ihr Bild prägen. Die Forderung, sie zu schützen, ist nicht durch das Begriffspaar ‚Lokalpatriotismus und Ästhetizismus' zu erfassen. Ihre Erhaltung trägt mit dazu bei, einer drohenden baulichen Anonymität des Frankfurter Stadtorganismus entgegen zu wirken, damit für den Einzelnen die Umwelt individueller zu gestalten. Keineswegs verbindet sich mit der Erhaltung des Typischen die des Mittelmäßigen. Ebenso wie beispielsweise die Leonhardskirche als schöpferische Bauleistung der ausgehenden Romantik beziehungsweise Spätgotik gilt, können die spätklassizistischen Bürgerhäuser des Westends aufgrund qualitativer Details, hohen Wohnwerts und sinnvoller Einbeziehung in umgebendes Grün den Vergleich mit den besten zeitgenössischen Bauleistungen ... aushalten.

Daß sich Frankfurts Bürger durchaus ihres individuellen Stadtbildes bewußt sind und seine Erhaltung im Rahmen vertretbarer Ausmaße erstreben, zeigen die zahlreichen Initiativen, die sich aufgrund umstrittener oder mangelnder Planung ... entwickelten ..."

Soweit die Ausführungen des Denkmalpflegers. Es ist gut, daß nach langer Pause Frankfurt wieder ein Mann zur Verfügung steht, der steinerne und metallene Denkmale jeder Art gegen zahlreiche Interessengruppen in Schutz nimmt.

Das Handbuch ist ein Leitfaden. Mit seiner Hilfe kann der Leser hinfinden zu denen, die unsere Vorfahren so liebten oder auch verehrten, daß ihnen ein Denkmal gesetzt worden ist.

Aal-Pfeiffer-Gedenkstein. Die Frankfurter Bildhauerin Cläre Bechtel, eine Städelschülerin Richard Scheibes, hat für den am 22. 2. 1963 74jährig verstorbenen Joseph Pfeiffer ein Denkmal geschaffen, das an der Ostseite des Rechneigrabenweihers steht. Die Stadt ehrt damit posthum den letzten aus vielen Generationen von Mainfischern. Der über zwei Meter hohe Kunststein zeigt außer Kopf und Namen des geehrten Fischers plastische Fische, eine Schnecke, eine Ente, einen Baum und Wasser.

Abstreichende Wildgänse. Auf Veranlassung der Aktienbaugesellschaft für kleine Wohnungen hat der Frankfurter Bildhauer Hugo Uhl im Jahre 1967 für das Plätzchen an der „Ernst-Kahn-Straße", gegenüber der Kirche Cantate Domino, in der Nordweststadt, das Werk „Abstreichende Wildgänse" aus einer Kupfer-Messing-Legierung geschaffen. Die Tiere sind lebensgroß dargestellt. Sie sollen eine belebende Untermalung der Spielplatzgestaltung erreichen und die kindliche Phantasie beflügeln.

Alt-Höchst. Höchst hat eine Altstadt, die mit rund 14 Gassen und Plätzen noch ein fast geschlossenes Bild der Wohnarchitektur vom 16. bis zum 18. Jahrhundert zeigt. Gerade diese noch vorhandene innere Geschlossenheit und die große Zahl von Häusern aus Renaissance- und Barockzeit machen Alt-Höchst zu einem interessanten Gebiet für die Denkmalpflege, das folgende Gassen, Plätze und Gebäude einbezieht: Bolongarostraße, Storchgasse, Hilligengasse, Albanusstraße, Alt-Höchst, Am Brand, Nach dem Brand, Schloßgraben mit Neuem Schloß, Altem Schloß, Schloßplatz, Allmeygang, Badstubengasse, einen Teil der Antonitergasse, die Wed, Kronengasse, Justinuskirche, Dalberg-Haus, Rotes Haus, Altes Rathaus, Haus Greifenklau und das Cronberger Haus. Höchster Bürger haben mit ihrem Kampf um das Dalberghaus in den Jahren 1968/69 bewiesen, daß sie sich des Wertes dieser geschlossenen Anlage durchaus bewußt sind. Dieses Haus, am westlichen Eingang der Bolongarostraße gelegen, ist um 1580 gebaut worden. Auf dem Merianplan von 1622 ist es gut zu erkennen. Es sollte dem Verkehr geopfert werden. Die Höchster wehrten sich. Der Landeskonservator griff ein. So blieb dieses Haus, das nach dem Steinernen Haus in der Innenstadt von Frankfurt zu den ältesten größeren Wohnhäusern im Stadtgebiet gehört, erhalten. Seitdem, in den letzten zehn Jahren, ist in Höchst zur Erhaltung der Altstadt viel geschehen.

Altes Portal des Hauptfriedhofes. Sebastian Rinz (1782—1861) hat im Jahre 1828 bei der Schaffung des neuen Friedhofes vor den Toren der Stadt seine Vorstellung, wie ein Friedhof seiner eigentlichen

Wortbestimmung entsprechend zu gestalten sei, verwirklicht. Noch heute steht am nun schon alten Eingang das einfache und doch so hoheitsvolle spätklassizistische Portal mit dorischer Säulenhalle und Putten, eine Arbeit von Friedrich Rumpf.

Anne-Frank-Gedenktafel. „In diesem Hause lebte Anne Frank, geb. 12. 6. 1929 in Frankfurt am Main. Sie starb als Opfer der nationalsozialistischen Verfolgung 1945 im KZ-Lager Bergen-Belsen. Ihr Leben und Sterben – Unsere Verpflichtung. Die Frankfurter Jugend." Die von Hans Bernt Gebhardt im Jahre 1958 in Bronze geschaffene Gedenktafel wurde anläßlich des 28. Geburtstages von Anne Frank an dem Hause Ganghoferstraße 24 angebracht.

Beckmanngedenktafel. Max Beckmann, 1884 in Leipzig geboren, starb 1950 in New York. 1915 kam er nach Frankfurt am Main als Lehrer an die Städelschule. Im Jahre 1925 wurde er hier Professor und 1933 entlassen. Er siedelte zuerst nach Berlin, dann nach Amsterdam und schließlich nach New York um. Er malte zunächst in der Art Corinths und wandte sich dann dem Expressionismus zu. Der Bildaufbau seiner späten Werke ist von monumentaler Einfachheit. Die Stadt Frankfurt am Main hat an dem Hause Schweizerstraße 3 im Jahre 1964 eine Erinnerungstafel, geschaffen von dem Frankfurter Bildhauer Georg Krämer, anbringen lassen, aus der hervorgeht, daß Beckmann von 1916 bis 1933 in diesem Hause lebte und arbeitete.

Beethovendenkmal. Im Jahre 1926 hatte der Magistrat der Stadt Berlin, kurz vor Beethovens 100. Todestag, acht Berliner Bildhauer aufgefordert, sich an einem Preisausschreiben zur Errichtung eines Beethovendenkmals zu beteiligen. Dabei wurde auch Georg Kolbe angesprochen. Er mußte ablehnen. Die gesetzte Frist war ihm zu kurz. Aber von diesem Tage an erfaßte ihn der Wille, das „Unmögliche" zu bewältigen und die Meinung von Rudolf G. Binding, „Unsterblichen werde man nie das Mal zu setzen vermögen, das ihnen gebühre", zu widerlegen. Im gleichen Sommer fuhr Kolbe mit seiner Frau in die Schweiz. Hier, im Eisgewirr des Rhônegletschers, sah er — nach Alfred Wolters — plötzlich in einem Augenblick schöpferischer Begnadung Beethoven, die Gestalten des Denkmals in Einzelgestalten und in Gruppen. Bei Ausbruch des Krieges war das Gußmodell fertig. Aber erst im Mai 1948 konnte die Gießerei Noack in Berlin das Werk

endgültig fertigstellen. Kolbe, der im November 1947 starb, hat keine dieser Figuren in fertigem Bronzeguß gesehen.

Das Denkmal ist 1948 im Anlagenring, nahe der Junghofstraße, dort wo früher das Schweizerhäuschen stand, auf einer breiten hügelartigen Erhebung, aufgestellt worden, ein Beethoven, der mit kraftvollen Armen das Widerstrebende mit den Ellenbogen zerteilt, kein unsterblicher Mensch, das Genie schlechthin, im Hintergrund die beiden Genien. Mit dieser Arbeit krönte Kolbe sein Lebenswerk.

Alfred Wolters hat 1951 über Ursprung, Werdegang und Vollendung, Sinn und Bedeutung dieses monumentalen Kunstwerkes unserer Zeit einen Deutungsversuch unternommen.

Befreite Saar. Professor Dr. Richard Scheibe hat als Leiter der Bildhauerklasse der Städelschule im Auftrag der Farbwerke Hoechst für diese im Jahre 1935 eine Mädchenfigur als Sinnbild der befreiten Saar, die ihre Ketten zerreißt, geschaffen.

Besetzungsmal. An die Besetzung von Höchst und der westlichen Vororte, vom Ende des ersten Weltkrieges an bis zum 30. Juni 1930, erinnert eine von dem Bildhauer J. Biringer im Jahre 1930 geschaffene Bronzetafel am Mainufer in Höchst, an der Mainanlage zwischen dem alten Zoll und der Mainmühle, mit der Inschrift: „1918 bis 1930 Besatzung in Höchst." Die Tafel ist 1953 restauriert worden.

Beschwingter Wandersmann. Der Frankfurter Bildhauer Hugo Uhl hat im Jahre 1967 auf Veranlassung der Aktienbaugesellschaft für kleine Wohnungen eine lebensgroße Skulptur, eine Betonarbeit, ge-

schaffen, die vor dem Hause „Im Weimel 9" in der Nordweststadt aufgestellt worden ist. Ein frohgestimmter Mensch wandert bei einem erholsamen Spaziergang durch die grüne Stadt der Fußgänger.

Bergens „Weißer Turm". Der im Jahr 1472 vollendete Weiße Turm ist aus Kalkbruchsteinen errichtet worden. Am Zinnenkranz ist die Mauer über einen Meter stark. Nach 1888 sollte der Turm, da er nicht mehr benötigt wurde, auf Wunsch des Bürgermeisters abgerissen werden. Der damalige Landrat widersetzte sich diesem Vorhaben und obsiegte schließlich in einem langen Prozeß, der 1897 zu seinen Gunsten in Kassel entschieden worden ist. So steht der Turm zu aller Freude bis auf den heutigen Tag. Letztmals Ende der sechziger Jahre ist der Weiße Turm besonders sorgfältig instand gesetzt worden.

Bethmanndenkmal. Simon Moritz von Bethmann war Inhaber des zu seiner Zeit bedeutendsten und kapitalkräftigsten Unternehmens der Stadt, russischer Staatsrat und Generalkonsul. Durch seine persönlichen Qualitäten und seine diplomatische Gewandtheit hat er seiner

Vaterstadt unschätzbare Dienste geleistet. So hat er unter anderem in seinem Hause durch persönliche Fürsprache bei Napoleon am 31. 10. 1813 die Beschießung der Stadt durch die Franzosen und deren Durchmarsch durch die Stadt verhindert. Er war zudem Kunstfreund und hochherziger Stifter. Die dankbare Bürgerschaft ließ ihm in der Friedberger Anlage ein Denkmal von Eduard Schmidt von der Launitz setzen. Die Rückseite trägt die Inschrift: „Dem patriotischen Bürger Simon Moritz von Bethmann, geboren den 31. Okt. 1768, gestorben den 28. Dez. 1826. Errichtet 1868." Das Denkmal ist im Jahre 1953 restauriert worden.

Bildstock am Kühhornshof. Im Norden der Stadt steht ein Gebäude, das an die frühe Vergangenheit der Stadtgeschichte erinnert. Dieses Haus auf dem Gelände des Hessischen Rundfunks, früher als Steinerner Stock bezeichnet, ist erhalten und restauriert worden. Es ist der

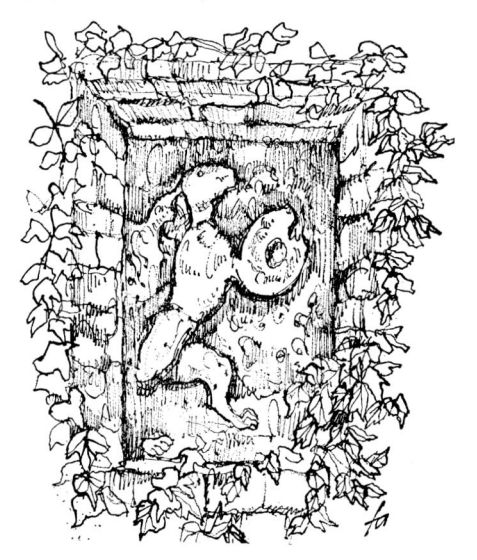

Kühhornshof. An seiner Abgrenzungsmauer ist ein Bildstock aus der Zeit des königlichen Frankfurt in die Mauer eingelassen. Noch heute kann man einen Fuchs erkennen. Der Stein bedeute, so meint man meistens, hier habe es ein Feldgericht gegeben.

Bismarckdenkmal. In dem Grundstein des Denkmals, das an der Brüningstraße in Höchst, noch heute den ehemaligen Kanzler überlebensgroß zeigt, ist unter anderem vermerkt, daß nationalgesinnte Einwohner der Stadt Höchst und Umgebung dieses Denkmal errichtet haben. Es wurde von dem Münchener Bildhauer Aloys Mayer geschaffen, in der Ruppschen Erzgießerei gegossen, am 30. 5. 1899 enthüllt und im Jahre 1953 restauriert.

Bismarckgedenktafel. An der Front des Hauses Hochstraße 45 ist ein

Bismarckdenkmal

Wappen angebracht. Hier wohnte Bismarck vom 25. Mai bis 30. September 1851; insgesamt wohnte er in Frankfurt acht Jahre. Eine Tafel am Haus in der Hochstraße erinnert an seinen dortigen Aufenthalt. Viele Jahre später, als Bismarck Fürst und Reichskanzler war, schwärmte seine Frau Johanna noch immer von der schönen Frankfurter Zeit.

Blüchergedenktafel. Feldmarschall Fürst Blücher hat nach der Schlacht bei Leipzig und dem Rückzug Napoleons aus Deutschland im November und Dezember 1813 in Frankfurt am Main und in Höchst sein Hauptquartier aufgeschlagen. In der ersten Novemberhälfte wohnte er im damaligen Hause Buchgasse 9, dann vom 16. 11. bis 27. 12. 1813, also nur wenige Tage nach Napoleon Bonaparte, im Bolongaropalast in Höchst. Hier ist sein Aufenthalt, ebenso wie der von Napoleon, durch eine Gedenktafel festgehalten worden.

Boehmergedenktafel. Johann Friedrich Boehmer (1795—1863) zählt zu den bedeutendsten Erforschern der Geschichte des Mittelalters. Er ist der Verfasser des bahnbrechenden Urkundenbuches der Stadt Frankfurt und anderer Quellenwerke zur Geschichte des Mittelalters.

Lange Zeit war er Leiter der Gesellschaft für ältere deutsche Geschichtskunde und Mitherausgeber der Monumenta Germaniae. Ein Standbild von ihm befand sich auf dem östlichen Dachsims der Stadtbibliothek. An dem Hause Großer Hirschgraben 17 ist am 22. 10. 1963, dem 100. Todestag des großen Gelehrten, auf Veranlassung der Stadt eine von dem Bildhauer Georg Krämer geschaffene Bronzegedenktafel angebracht worden. In deren Text wird darauf hingewiesen, daß Boehmer in diesem Hause, das bei den Bombenangriffen 1944 zerstört worden ist, gewohnt hat.

Börnegedenktafel. Der Schriftsteller Ludwig Börne war in Frankfurt großherzoglicher Polizeiaktuar, ehe er durch seine literarisch-politische Kritik zu einem der führenden Köpfe des „Jungen Deutschland" wurde. Sein Geburtshaus in der Judengasse und sein Denkmal von Kaupert sind im Kriege vernichtet worden. Eine Erinnerungsplatte an Börne, geschaffen von dem Frankfurter Bildhauer Georg Mahr, ist am Nebbienschen Gartenhaus in der Bockenheimer Anlage angebracht.

Böttgerdenkmal. Rudolf Christian Böttger (1806–1881) ist der Erfinder der Schießbaumwolle. Er war lange Jahre Lehrer am Polytechnischen Verein zu Frankfurt am Main. An der Südseite des Rathauses ist er als Vertreter der technischen Wissenschaften abgebildet. Sein

Denkmal, geschaffen nach einem Entwurf von Schierholz, steht neben dem Naturmuseum Senckenberg.

Brickegickel. In alter Schönheit ragt seit dem 7. Dezember 1967 das Rosenkreuz mit dem vergoldeten Korpus und dem Hahn auf der Spitze wieder über den Fluß. Es wurde aus technischen Gründen auf die andere Seite der Alten Brücke stromaufwärts gestellt, so daß es nicht wie einst vor der klassischen Silhouette der Mainfront erscheint. Es ist eine getreue Kopie des alten Werkes, dessen Sockel im Jahre 1748 von dem Frankfurter Bildhauer Datzerath aus Mainsandstein geschlagen worden war. Ausgeführt wurden die Arbeiten an der Kopie von dem Frankfurter Bildhauer Edwin Hüller, der Kunstgießerei A. Komo & Sohn und der Kunstschmiede Gotthard & Alig. Das Modell für die Gießformen fertigte das Atelier Alfred Jonas an.

Kreuz und Hahn haben ihre Geschichte. Einst standen sie über dem Scheitel des Kreuzbogens, der den Main an seiner tiefsten Stelle überspannte. An dieser Stelle wurden in früheren Jahrhunderten Verbrecher in den Main gestürzt. Im Jahre 1945 versank der vierte Gickel bei der Brückensprengung im Flußbett, konnte aber, mit seinen 200 Jahren recht altersschwach, geborgen werden. Er ruht nun im Historischen Museum. Der Hahn erinnert an eine Sage. Nach dieser forderte der Teufel, der beim Brückenbau geholfen hatte, für seinen Dienst das erste Lebewesen, das über die Brücke geht, für sich. In seiner Bedrängnis trieb der Baumeister, als er zum ersten Mal über sein vollendetes Werk schritt, einen Hahn vor sich her, den der betrogene Teufel in seinem Zorn durch die Brücke geworfen haben soll. Das Loch war, der Sage entsprechend, noch lange Zeit zu sehen und durch nichts zu schließen.

Das Kreuz wird erstmals im Jahre 1342 erwähnt. Schon eine Darstellung der Mainbrücke aus dem Jahre 1405 zeigt das Kruzifix mit dem Hahn. Die Brücke ist in der zweiten Hälfte des zwölften Jahrhunderts erbaut worden.

Bürgermeister-Gräf-Gedenktafel. Bürgermeister Eduard Gräf (1870–1936) war in jungen Jahren Gewerkschaftssekretär, dann Leiter der Ortskrankenkasse und später Dezernent des Fürsorge- und Jugendamtes dieser Stadt. Er war Mitbegründer des Hauses der Jugend und besaß in hohem Maße die Sympathie der Frankfurter Bevölkerung. In einem Pressewettbewerb wurde er im Jahre 1930 zum populärsten Frankfurter erklärt. Eine Gedenktafel, im Jahre 1960/61 von dem Frankfurter Bildhauer Georg Krämer geschaffen, und am Bürgermeister-Gräf-Haus, einem Alten-, Pflege- und Kinderheim, Hühnerweg 20–26, in Sachsenhausen, angebracht, erinnert an diesen verdienstvollen Kommunalpolitiker.

Bundesgartenschau 1989. Die Körperschaften der Stadt Frankfurt, die Stadtverordnetenversammlung und der Magistrat, haben beschlossen, im Jahr 1989 eine Bundesgartenschau zu veranstalten mit dem Hauptziel der Bewahrung des Niddatales und der Nidda-Aue vor weiterem Flächenverlust, der Erhaltung dieses Landschafts-

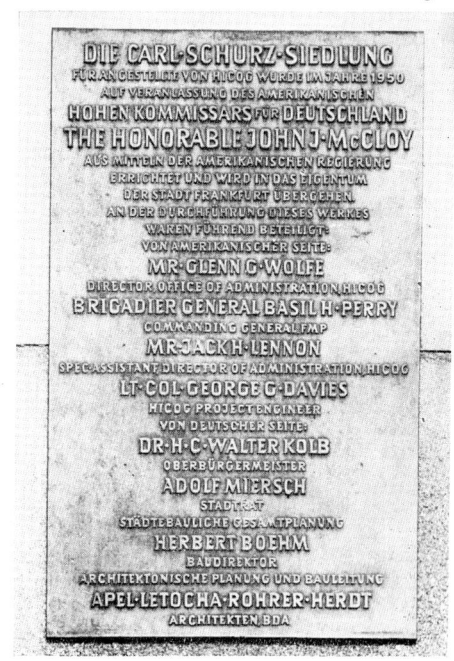

Carl-Schurz-Siedlung-Gedenktafel

raumes für das Stadtklima, der Sicherung von Natur-Landschaft im Stadtgebiet, für Grünimpulse für die ganze Stadt und einer Reihe von weiteren Zielen, die in dem Heft „Frankfurt bereitet sich vor — Bundesgartenschau 89", herausgegeben von der Bundesgartenschau 1989 GmbH, im Februar 1981, eingehend behandelt worden sind.

Carl-Schurz-Siedlung-Gedenktafel. Frankfurt am Main, das nach dem zweiten Weltkrieg in wesentlichen Teilen zerstört war, ist das Hauptquartier der amerikanischen Streitkräfte geworden. Es mußten damals nach Kriegsende für die zahlreichen Mitarbeiter und deren Familien Wohnungen neu geschaffen werden. So entstand im Jahre 1950 die Carl-Schurz-Siedlung. (Bild auf Seite 89.)

Delkeskamp-, Guhr- und Schindler-Gedenktafel. Beim Bau der evangelischen Dreifaltigkeitskirche ist im Jahre 1952 der alte Bockenheimer Friedhof an der Solmsstraße in eine Anlage umgestaltet worden. Damals hat der Frankfurter Bildhauer August Bischoff an die Friedhofsmauer in der Nähe der früheren Grabstätten von:
Friedrich Wilhelm Delkeskamp,
geboren 1794 in Bielefeld, gestorben 1872 in Bockenheim,
Karl Wilhelm Ferdinand Guhr,
geboren 1787 in Militisch, gestorben 1848 in Bockenheim, und
Anton Schindler,
geboren 1795 in Meedl, gestorben 1864 in Bockenheim,
eine Gedenktafel geschaffen, die 1966 renoviert worden ist. Der Kupferstecher Delkeskamp hat in den Jahren 1859 bis 1864 seinen bekannten Stadtplan von Frankfurt am Main geschaffen, Guhr war Kapellmeister des Frankfurter Theaters und Schindler ein Freund und Biograph Beethovens.

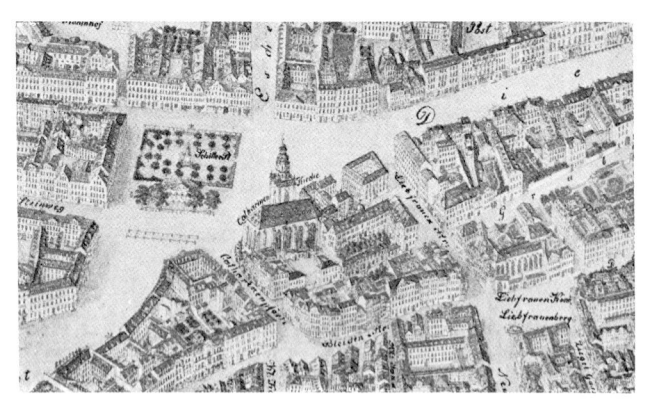

Denkmal des 20. Juli 1944. Zur Erinnerung an den 20. 7. 1944, dem Tag des Widerstandes gegen das nationalsozialistische Gewaltregime, und für die in der Strafanstalt Preungesheim von den Nationalsozialisten hingerichteten Widerstandskämpfer, hat der Bildhauer Professor Karl Hartung, Berlin, 1962 eine Plastik vor der Frauenstrafanstalt Preungesheim und eine Schriftwand aus römischem Travertin mit Worten von Ricarda Huch geschaffen. Die Vorderseite der Figur ist wie von entgegenkommenden Winden zerrissen und schartig. Den Auftrag zu diesem Werk haben die Justizbehörden im Benehmen mit dem Staatsbauamt gegeben.

Denkmalpflege und Denkmalschutz. In den Vorbemerkungen zum Teil II dieses Handbuches ist auf die Schaffung des Amtes für Denkmal- und Stadtbildpflege im Jahr 1972 eingegangen worden. Auf die Ausführungen (Seite 76) darf an dieser Stelle verwiesen werden.

Dom-Römerberg-Bereich. Auf dem Platz zwischen Dom und Römerberg ist in jahrelanger, mühevoller Arbeit in den Jahren 1959 bis 1969 von Mitarbeitern des Museums für Vor- und Frühgeschichte ein „Archäologischer Garten" entstanden. Die Ausgrabungen haben das

Wissen um die Vorgeschichte der Besiedlung auf dem Domhügel wesentlich verändert. Die Funde dieser Jahre haben einwandfrei den Beweis erbracht, daß sich bereits etwa um 3500 v. Chr. Menschen auf dem Hügel nahe der Mainfurt niedergelassen hatten. Nach den Bewohnern der Jungsteinzeit, der Bronzezeit und den Kelten kamen die Römer, deren Bauten nachzuweisen sind. Schautafeln geben Auskunft, was die Römer gebaut haben und was aus den Epochen der fränkischen, karolingischen und staufischen Herrschaft auf uns zugekommen ist. Auf vier Schautafeln ist die frühere Bebauung des Dom-Römer-Bereiches angegeben. Dazu wurden an den Mauern farblich unterschieden nach den großen Bauepochen gekennzeichnete Täfelchen angebracht. Das Gartenamt der Stadt hat in den 2800 Quadratmeter großen „Garten" Blumen, Sträucher und auch Bäume mit gutem Einfühlungsvermögen angepflanzt.

Ebertdenkmal. Zur Erinnerung an den ersten Reichspräsidenten der

Weimarer Republik Friedrich Ebert (1871–1925) wurde zu dessen 25. Todestag, am 28. Februar 1950, von der Stadt Frankfurt am Main ein von dem Bildhauer Professor Dr. Richard Scheibe geschaffenes Denkmal auf einer Konsole an der Außenwand der Paulskirche enthüllt. Bei Noack wurde es in Bronze gegossen. Ein stehender Jüngling, der die Hand zum Schwur erhebt, ıst Symbol für den Aufbruch der Nation.

Ehrenmäler zum Gedächtnis der Gefallenen beider Weltkriege. Die Zahl der Ehrenmäler in Frankfurt am Main zum Gedächtnis beider Weltkriege ist so groß, daß, stellvertretend für alle, nur einige wenige beschrieben werden können, zumal in diesem Zusammenhang auf den „Wegweiser zu den Grabstätten bekannter Persönlichkeiten auf Frankfurter Friedhöfen", bearbeitet von Fritz Althammer unter Mitwirkung von Paul Bierwirth, verwiesen werden kann.

In dem Ehrenmal in Sindlingen verkörpert die menschliche Gestalt, die der Bildhauer Professor Dr. Richard Scheibe geschaffen hat, edle Trauer, stille Ergriffenheit mit gesammelter Kraft. Die ruhig stehende, in ein schlichtes Gewand gehüllte Gestalt mit dem Schwert, die man zunächst für einen trauernden Krieger halten möchte, hat Flügel. Die

Gestalt ist nicht idealisiert, sie ist lebensvoll, der Kopf von fast individuellem Gepräge. Es geht Professor Dr. Richard Scheibe mit diesem Ehrenmal nicht um die Verherrlichung des Krieges, sondern um die Darstellung edlen Menschentums schlechthin.

Das Ehrenmal, das den im ersten Weltkrieg Gefallenen der Frankfurter 63er in der Taunusanlage gesetzt wurde, übt seine Wirkung durch die ausgewogene Gesamtanlage und die würdige Ausgestaltung der Einzelheiten aus. Die zwei gekreuzten, das Ganze nach oben abschließenden Kanonenrohre sind heute nicht mehr zu sehen. Sie werden im Historischen Museum verwahrt. Der Schöpfer dieses schlichten Ehrenmales ist der Oberurseler Bildhauer Harold Winter, der auch die Gedenktafel für den Reichsfreiherrn Heinrich Friedrich Karl von und zum Stein an der Paulskirche, die Goetheplakette der Stadt Frankfurt am Main und den Jugendherbergsbrunnen geschaffen hat.

Im Jahre 1964 hat die Bildhauerin Franziska Lenz-Gerharz auf Veranlassung der Stadt Frankfurt für den Höchster Friedhof die Ehrengedenkstätte Höchst geschaffen, die abgebildete Rundplastik (Seite 94), bestehend aus vier Gestalten, die Trauer in verschiedener Haltung und unter Versinnbildlichung der gegenseitigen Hilfe darstellen (siehe auch unter Hiob und Opferdenkmal).

Einheitsdenkmal. Am 50. Jahrestag des Paulskirchenparlamentes im

Jahre 1898, bei der Erinnerungsfeier, wurden neben dem Haupteingang der Kirche zwei erzene Tafeln eingelassen (Seiten 143 und 144), die der Erinnerung an die Tätigkeit des Parlamentes gewidmet sind. Derselbe Anlaß brachte auch die Idee der Errichtung eines Einheitsdenkmals, um die Erinnerung an die Vorkämpfer der deutschen Freiheit und Einheit wachzuhalten. Aus einem Wettbewerb gingen der Architekt Hessemer und der Bildhauer Kaufmann als Preisträger hervor. Die Aufstellung des Denkmals durch die Preisträger erfolgte im Oktober 1903. Der Steinobelisk aus weißem Kelheimer Kalkstein ist von der Statue der Geschichte gekrönt. Sie zeigt auf einem Schildchen die in Gold strahlenden Worte: Seid einig! An der Basis der Säule sind drei Reliefs angebracht: Abschied des Jünglings vom Vater, Schmieden der Waffe und Bereit zum Kampfe. Drei Bronzegruppen, die dem Denkmal vorgestellt waren, trugen die Widmung: „Dem Deutschen Bürgertum", „Den Deutschen Hochschulen" und „Den Sängern von Einheit und Recht". Diese Bronzegruppen sind im Jahre 1942 als Kriegsmaterial fortgeschafft worden. Auch nach der Restaurierung des Denkmals 1959 ist dieses ohne die Bronzegruppen geblieben.

Eythgedenktafel. Am Hause der Deutschen Landwirtschaftsgesellschaft e. V., Niedenau 48, ist in Erinnerung an deren Gründer, Max von Eyth (6. 5. 1836—25. 8. 1906) eine Gedenktafel angebracht worden.

Fellnergedenkstätte. In der Friedberger Anlage, im früheren Fellnerschen Garten, hat die Stadt Frankfurt am 24. 7. 1958, in Erinnerung an den letzten freistädtischen Bürgermeister, durch den Bildhauer Georg Mahr eine Gedenkstätte errichten lassen. Carl Constantin Viktor Fellner (1807—1866) nahm sich das Leben, weil er den Verlust der freistädtischen Selbständigkeit nicht überwinden, und die von der preußischen Mainarmee geforderte Kriegskontribution in Höhe von 25 Millionen Gulden, die binnen 24 Stunden zu zahlen waren, nicht aufbringen konnte. Die Anteilnahme der Bevölkerung an seinem Schicksal war sehr groß.

Fernmeldeturm — Ginnheimer Spargel. Die Bundespost hat im Jahr 1979 auf der Ginnheimer Höhe den vierthöchsten unter den Supertürmen in aller Welt, und zwar in der Wilhelm-Epstein-Straße, in Betrieb genommen. Er mißt 331,14 Meter und hat von der Frankfurter Bevölkerung den Namen „Ginnheimer Spargel" erhalten. Nur die Türme in Toronto, Moskau und Ostberlin überragen den hiesigen Riesen, der der Durchführung des Fernsprechverkehrs, zur Aufrechterhaltung von Fernschreibverbindungen, sowie der Ton- und Fernseh- Rundfunkübertragungen dient. In der Turmkanzel sind gastronomische Betriebe eingebaut, die bereits im Januar 1979 ihre Pforten öffneten. Das Drehrestaurant liegt in 218 Meter Höhe, die Aussichtsplattform unmittelbar darüber.

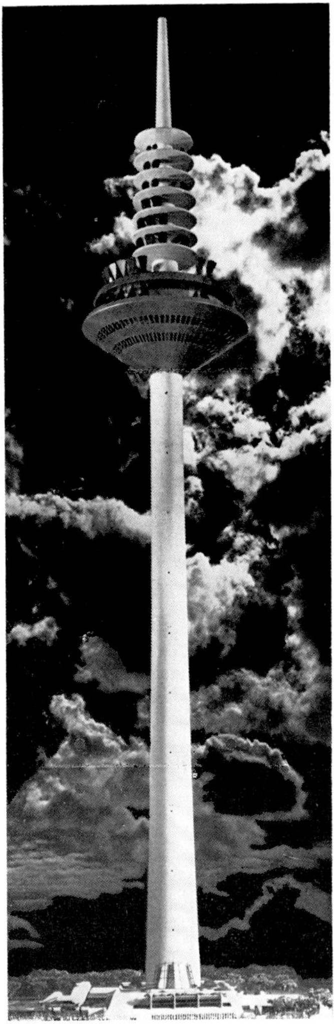

Einige technische Daten: Baubeginn am 9. 12. 1974, Grundsteinlegung am 3. 4. 75, Richtfest am 19. 10. 77, Schaftdurchmesser unten 20 Meter, oben 3 Meter, Wandstärke bis zur Kanzel 55 Zentimeter; die Kanzel ist eine sechsgeschossige Stahlkonstruktion mit Stahlbeton-Verbunddecken, sie ist mit Aluminium verkleidet, größter Durchmesser 57 Meter, Höhe 26 Meter; im Restaurant 220 Sitzplätze, im Aussichtsgeschoß mit Cafeteria 300 Plätze, Gesamtgewicht des Turmes 50 000 Tonnen; Aufzüge im Turm: ein Restaurantaufzug für 32 Personen und ein zweiter für 18 Personen, beide haben eine Geschwindigkeit von 6 m/sec., dazu ein Post- und Feuerwehraufzug mit 4 m/sec.; Baukosten ausschließlich der fernmeldetechnischen Einrichtungen ca. 100 Mio. DM.

Flora. Die Frauenfigur in der Taunusanlage stammt von dem im Jahre 1873 in Neustadt im Schwarzwald geborenen Bildhauer Paul Seiler. Sie ist eine Schenkung seiner Erben. Seiler ist am 9. 6. 1934 in Frankfurt gestorben.

Fröbelgedenkplatte. Friedrich Fröbel (1782—1852) war nach Spranger einer der zwei genialen Pädagogen deutscher Zunge, die die Neuzeit hervorgebracht hat. Von 1806 bis 1808 war er Hauslehrer bei der Familie von Holzhausen. Am Eingang zum Holzhausenschlößchen hat der Bildhauer Egon Schiffers 1940 auf einem Kalkstein eine Erinnerungsplatte mit dem Kopf Fröbels und der Inschrift „Selbst Mitleben ist die wahre und echte Erziehung" geschaffen. Der Text ist einem Brief von Fröbel an den Herzog von Meiningen entnommen. Das Schlößchen war ein früher Landsitz der Familie von Holzhausen. Der heutige Bau entstand in den Jahren 1722 bis 1728 anstelle einer mittelalterlichen Wasserburg nach einem Entwurf des französischen Architekten Rémy de la Fosse. Er ist jetzt Sitz des Museums für Vor- und Frühgeschichte.

Froschkönigin. Das Märchen der Hanauer Brüder Grimm „Der Froschkönig" hat, nach der Frankfurter Bildhauerin Cläre Bechtel, für sie den Anlaß zur Schaffung eines an der Ecke Bernburger Weg und Katzenstirn in Zeilsheim stehenden Abbildes einer nackten Mädchenfigur gegeben, zu deren Füßen ein ebenfalls aus Stein gearbeiteter Frosch sitzt. Zur Zeit fehlen der Mädchenfigur der Kopf und eine Hand. Es steht zu erwarten, daß beide — der Kopf hat sich inzwischen wieder gefunden — bald erneut an der richtigen Stelle sitzen werden.

Fußgängerbereiche und ein Radfahrerweg. Frankfurt hat im 2. Weltkrieg nicht nur seine weltberühmte, von dem Altstadtvater Lübbecke gemeinsam mit Baurat Derlam so fürsorglich betreute und gepflegte Altstadt verloren. Es mußte insgesamt 33 Luftangriffe über sich ergehen lassen, wobei tausende Tonnen Spreng- und Brandbomben vier Fünftel aller Bauten zerstörten oder beschädigten. Bei Kriegsende bedeckten 17 Millionen Kubikmeter Trümmer die Stadt. Der nach dem Krieg beginnende Wiederaufbau berücksichtigte aus reinem Selbsterhaltungstrieb vor allem Bauten für die so dringend benötigten Wohnungen und für den Wiederanlauf der Wirtschaft. In Verfolg dessen wurde Frankfurt in dieser Zeit und noch lange danach als amerikanischste Stadt Deutschlands bezeichnet, weil hier mehr Hochhäuser entstanden, das Leben in den Straßen stürmischer pulsierte und die Wirtschaft schneller anlief als anderen Ortes. In den siebziger Jahren begann dann die Besinnung auch auf andere Werte. Die Stadt sollte und wollte wieder „menschlicher" werden. Die Innenstadt soll von den Narben der U-Bahnbaustellen und den Provisorien des schnellen Aufbaus befreit werden. Die Stadtväter, die Bürger selbst mit vielen Initiativen, die Wirtschaft, der Handel, das Handwerk, sie alle meldeten sich zu Wort, denn die Stadt erstickte in dem Verkehr. Der Ruf nach autofreien Bezirken wurde unüberhörbar. Dieser Wunsch veranlaßte die Frankfurter Planer, das Stadtplanungsamt, zu eingehenden Überlegungen, die im Januar 1977 zur Herausgabe einer Broschüre in einer Auflage von 12 000 Stück führte, einer Schrift, die die Wünsche der Bevölkerung etwa widerspiegelte. Hat sich auch das eine oder andere inzwischen geändert, dem Grund nach ist die damalige Konzeption auch heute noch gültig. Zwölf Fußgängerbereiche und Fußgänger-freundliche Straßen weist das Heft aus, die Freßgaß, den Paulsplatz, die Zeil, Alt-Sachsenhausen, die Schweizer Straße, die Kaiserstraße, die Leipziger Straße, den Merianplatz, die Berger Straße, den Höchster Schloßplatz, den Seckbacher Rathausplatz und Alt-Fechenheim. Darüberhinaus wird in der gleichen Broschüre in Aussicht gestellt, weitere Fußgängerbereiche, zum Beispiel für Nieder-Erlenbach, Bergen-Enkheim und Ginnheim in das vorliegende Programm später noch einzubeziehen. Kurze, prägnante Texte und aufschlußreiche Bilder geben dem Heft eine besondere Note. In letzter Zeit ist ein neuer Vorschlag hinzugekommen: Der geplante Museumspark soll über den Eisernen Steg ,den

Römerberg, den Paulsplatz, die Neue Kräme, die Liebfrauenstraße, das Stoltze-Plätzchen mit einem neuen Brunnen, die Hauptwache, schließlich noch durch die Freßgaß mit der Alten Oper durch eine geschlossene Fußgängerzone verbunden werden.

Die bereits im Dezember 1973 von dem Presse- und Informationsamt der Stadt Frankfurt am Main herausgegebene Broschüre „Fußgängerbereiche in der City" von Dietsch, Gerner und Robek mit ihren vielen Anregungen kann dem interessierten Leser zur Lektüre empfohlen werden. Zwischen der im Süden gelegenen Oberschweinstiege, im Stadtwald und der Nordweststadt soll, nach einem Plan des Allgemeinen Deutschen Fahrrad Clubs (ADFC), der seit November 1980 den Planern der Stadtverwaltung vorliegt, als eine rotasphaltierte Vorfahrtsstraße eine fahrradgerechte ausgebaute, durchgehende Verbindung von über 10 Kilometern ohne Umwege führen. Es geht dem ADFC darum, bevölkerungsreiche Teile der Stadt mit einer radfahrerfreundlichen Verkehrsachse zu versehen. Die Verwirklichung des Planes wäre eine gute Ergänzung der schon in der Planung wesentlich weiter gediehenen Fußgängerbereiche in dieser Stadt.

Gedenksäule
an der
Berger Warte

Gedenksäule an der Berger Warte. Leopold II. ist am 30. 9. 1790 in Frankfurt am Main einstimmig gewählt und am 9. 10. des gleichen Jahres hier gekrönt worden. Zum Schutze der Stadt in den Wahl- und Krönungstagen war im Feldlager in Bergen vom 23. 9. bis zum 17. 10. 1790 ein größeres Truppenaufgebot — 6000 Mann — unter dem Landgrafen Wilhelm IX. von Hessen zusammengezogen worden. Dort empfing der Landgraf am 11. 10. 1790 den Besuch des Kaiserpaares samt hohem Gefolge, insgesamt 126 Personen in Zelten zum Mittagessen. Daran erinnert noch heute die in der Gemarkung Seckbach auf Veranlassung des Landgrafen aufgestellte Säule. Die Säule war 1960 wegen des Ausbaues der Frankfurter Stromversorgung in Einzelteile zerlegt und aufbewahrt worden. Sie ist im Frühjahr 1968 wieder aufgestellt worden. Gegenüber dem ursprünglichen Standort weist der neue Platz schöne Blickbeziehungen zum Taunus und zur Stadt auf.

Gedenkstele im Grüneburgpark. Auf der Mittelterrasse im Grüneburgpark ist eine von dem Frankfurter Bildhauer Hans Steinbrenner geschaffene Gedenkstele aus dem afrikanischen Aphzelia-Holz aufgestellt worden. Sie erinnert an den ursprünglich Bethmannschen Besitz, das 1845 entstandene Neue Palais von Amschel Mayer Freiherr von Rothschild, den durch Heinrich und Philipp Siesmayer 1879 bis 1901 angelegten Englischen Park und schließlich an den 1938 hier geschaffenen Stadtpark.

Gedenktafel für die Opfer der Luftangriffe. Der Frankfurter Bildhauer Willi Schmidt hat in der Nähe des Steinernen Hauses, am Römerberg, eine Bronzeplatte zur Erinnerung an die Opfer des Bombenkrieges mit einem Durchschnitt von 150 Zentimeter geschaffen.

Sie ist dort im März 1978 in den Boden eingelassen worden. Ihr Text lautet: „1939 — Zur Erinnerung — 1945." Zwischen dem 4. Juni 1940 und dem 24. März 1945 wurde Frankfurt von 33 Luftangriffen, zahllosen Störflügen und Tieffliegerangriffen heimgesucht. Tausende Tonnen Spreng- und Brandbomben zerstörten oder beschädigten vier Fünftel aller Bauten. Am 22. März 1944 löschte ein Großangriff den Altstadtkern völlig aus. Bei Kriegsende bedeckten 17 Mio cbm Trümmer die Stadt, die um 14 701 Gefallene und 5559 Bombenopfer trauerte."

Gedenktafeln für ehemalige Spielstätten der Städtischen Bühnen. Im zweiten Weltkrieg sind die Häuser der Städtischen Bühnen weitgehend zerstört worden. Die Oper ist wieder aufgebaut, nun als Konzert- und Kongreßhaus. Das Kleine Haus, das frühere Theater von Arthur Hellmer in der Mainzer Landstraße, ist völlig verschwunden. Bereits am 19. August 1945 begann mit einem Opernkonzert eine neue Zeit für die Bühnen. Die hiesige Industrie- und Handelskammer gewährte der Oper und dem Schauspiel der Städtischen Bühnen Frankfurt am Main erste Zuflucht. Dieses Interregnum endete am 31. Juli 1963 mit einer Aufführung von Ernst Niebergalls Datterich. In der Turnhalle in der Veitstraße 7, heute Walter-Kolb-Straße, war das Schauspiel vom 15. Juni 1946 bis zum 30. Dezember 1951 zu Gast. Das frühere Schauspielhaus, heute ein Teil der Theaterdoppelanlage am Theaterplatz, war im Jahre 1902 errichtet und im zweiten Weltkrieg fast völlig zerstört worden. In den Jahren 1949 bis 1951 wurde es wieder aufgebaut und als Großes Haus den Städtischen Bühnen für Oper und Schauspiel übergeben. Seit dem 14. Dezember 1963 ist dieses Theater die Spielstätte der Frankfurter Oper. Das Schauspielhaus hat mit diesem Tag auf dem gleichen Grund und Boden, unmittelbar neben der Oper, eine neue Bleibe gefunden.

Drei Gedenktafeln, zwei davon von Georg Krämer und eine von Carl Wagner, am Gebäude der Industrie- und Handelskammer, an der Mauer der Turnhalle und in der Eingangshalle der jetzigen Oper an der linken Seite des Treppenabsatzes, halten diesen Tatbestand fest.

Gerbermühle. Die Gerbermühle liegt bei Oberrad, also auf der südlichen Mainseite, kurz vor der Stadtgrenze mit Offenbach. Sie war einst der Sommersitz des Bankiers Johann Jakob von Willemer, als dessen Gast Goethe im Spätsommer 1815 auf der Gerbermühle weilte In dieser Zeit wechselten Goethe und Marianne von Willemer als Hatem und Suleika, die ersten der später im West-Östlichen Diwan vereinigten Lieder. Das Haus ist im zweiten Weltkrieg weitgehend zerstört worden und wartet noch auf seinen Wiederaufbau. In dem verwilderten Garten steht heute noch ein Heiligenstock, der daran erinnert, daß vor vielen Jahren der Besitzer der damaligen Mühle seine Frau ermordet hat.

Goethedenkmal. Nach dem Ende der Freiheitskriege wollte Frankfurt am Main seinem größten Sohn, Johann Wolfgang von Goethe, ein Ehrenmal schaffen. Ganz überragend sollte es sein, eine Nationalstiftung des ganzen deutschen Volkes sollte dazu beitragen. Aber die nötigen Gelder kamen nicht ein. Trotzdem kann sich Frankfurt rühmen, als erste Stadt Goethe ein öffentliches Denkmal errichtet zu haben, und zwar auf Grund einer erneuten Sammlung, die dann die erforderlichen Mittel doch noch erbrachte. Es wurde von Ludwig von

Schwanthaler, dem späteren Ehrenbürger der Stadt geschaffen, und am 22. 10. 1844 an der Stadtallee, die 1849 in Goetheplatz umbenannt wurde, enthüllt. Der Guß des Denkmals in der königlichen Gießerei zu München war das letzte Werk von Stiglmayer. Goethe blickte nach dem Roßmarkt. Erst später ist die Statue, dem auf den Theaterplatz versetzten Schiller zuliebe, diesem zugekehrt worden. Im zweiten Weltkrieg wurde das Denkmal schwer beschädigt und nahezu zerstört, wurde am Ort eingegraben und am 27. 12. 1948 in das Liebieghaus gebracht. Den bei dem Bombenangriff verloren geglaubten Kopf hatte ein Goetheverehrer ebenfalls vergraben und später wieder zurückgebracht. Das Denkmal ist inzwischen wieder instandgesetzt worden und fand in der Gallusanlage gegenüber der Theaterdoppelanlage im Jahre 1952, am 28. August, dem Geburtstag Goethes wieder Aufstellung. Die Reliefs am Sockel des Denkmals zeigen Gestalten aus Goethes Werken, auf der Vorderseite allegorische Figuren der Wissenschaft, der dramatischen und lyrischen Dichtkunst.

Im zweiten Weltkrieg ist ein weiteres Goethedenkmal in der Eingangshalle der Stadtbibliothek mit dieser vernichtet worden.
Über dem Eingang der „Alten Oper" steht heute noch ein Standbild Goethes. Am Gartenhaus im Brentanopark am Niddaufer ist eine Goethe-Gedenktafel angebracht.

Goetheturm. Die Goetheruhe liegt am höchsten Punkt des Frankfurter Stadtwaldes am Sachsenhäuser Berg an der Kreuzung von

Wendelsweg und Sachsenhäuser Landwehrweg. Goethe hat bei seinen Spaziergängen oft diesen Platz aufgesucht. 1867 wurde durch den Verschönerungsverein an der Goetheruhe ein hölzerner Aussichtsturm von 22 Meter Höhe errichtet. Kurz nach dem ersten Weltkrieg mußte der Turm wegen Baufälligkeit abgerissen werden. Die Bürgerschaft forderte einen neuen Goetheturm. Im November 1931, kurz vor Beginn des Goethejahres, wurde der neue Goetheturm eingeweiht. Der Fußpunkt liegt 147 Meter über dem Meeresspiegel, 54 Meter höher als der Main. Mit 43 Meter Höhe ist er der höchste hölzerne Aussichtsturm Deutschlands.

Oberforstmeister Dr. Jacobi, der die Frankfurter Forstverwaltung von 1927 bis 1940 leitete, hat sich um den Bau des Turmes besonders verdient gemacht. Er war es auch, der als Stifter für den neuen Turmbau den Frankfurter Bürger Gerst gewinnen konnte.

Grabstätte von Frau Aja. Goethes Mutter, Catharina Elisabeth Textor, wurde am 19. 2. 1731 als Tochter des Frankfurter Stadtschultheißen Johann Wolfgang Textor geboren. Die selbstbewußte Frau gab sich nicht als Dame, sondern als die gute Seele eines großen Kreises junger, froher Menschen voll von Ideen und Einfällen. Die Grafen Stollberg haben ihr nach der stets hilfreichen Mutter der Haimonskinder den Namen „Frau Aja" gegeben. Sie hat ihre letzte Ruhe-

stätte nach ihrem Tode am 13. 10. 1808 im Textorschen Familiengrab auf dem Peterskirchhof gefunden. Die ehrwürdige, von dem Nürnberger Bildhauer Hans Korners geschaffene Grabstätte, liegt heute auf dem Liebfrauenschulhof. Sie ist im Jahre 1954 restauriert worden. Die Grabplatte trägt die Inschrift „Hier ruht Goethes Mutter".

Grabstätte von Johann Caspar Goethe. Goethes Vater ‚Johann Caspar Goethe, wurde am 29. 7. 1710 im ehemaligen Gasthaus zum Weidenhof als Sohn eines Schneidermeisters und erfolgreichen Gasthalters geboren. Durch unverschuldetes Mißgeschick am öffentlichen Wirken verhindert, hat er sein ganzes Leben wissenschaftlicher Arbeit und seinen Sammlungen gewidmet. Er hat den berühmten Sohn, dessen Erfolge er durch seinen Tod (am 27. 5. 1782) nicht mehr erleben durfte, viel mehr auf den Lebensweg mitgegeben, als gemeinhin anerkannt wird. Er ruht in dem Familiengrab Walther auf dem Peterskirchhof, an der Mauer nach der Brönnerstraße, der Grabstätte seiner Frau Aja im Liebfrauenschulhof gerade gegenüber. Die im Jahre 1954 restaurierte Grabstätte trägt die Inschrift „Hier ruht Goethes Vater".

Grabstätte von Matthäus Merian d. J. Als Matthäus Merian der Jüngere im Jahre 1650 die väterliche Firma übernahm, stand sie auf bedeutender Höhe. Er arbeitete in Amsterdam, London, Paris und Rom als vielbeschäftigter Porträtist. Als politischer Agent war er für mehrere Fürsten tätig. Er führte ein großes Haus. Sein Grabmal auf dem Peterskirchhof ist noch heute erhalten. Er entstammt der Frankfurter Kupferstecher- und Verlegerfamilie, die durch die Herausgabe der 1624 bis 1688 in Frankfurt erschienenen „Topographia" der Nachwelt

einzigartige Ansichten fast aller größerer Orte der damaligen Zeit überliefert hat. Seine Schwester Maria Sybilla reiste im Jahre 1699 nach Surinan, um die tropische Insektenwelt zu studieren. Ihre dort gewonnenen Erkenntnisse veröffentlichte sie 1705 mit wissenschaftlicher Exaktheit und mit 60 geschmackvoll kolorierten Stichen in Amsterdam.

Guiollettdenkmal und -grab. In der Zeit von Fürstprimas Carl von Dalberg mußte die Stadt auf Geheiß Napoleons entfestigt werden.

Der im Jahre 1806 als Leiter des Bauwesens und der Entfestigungsarbeiten nach Frankfurt am Main berufene Jakob Guiollett hat sich durch die Schaffung der Frankfurter Anlagen zusammen mit dem Stadtgärtner Rinz (Seite 150), die durch die Entfestigungsarbeiten ohne besondere Kosten rund um die Altstadt entstanden sind, den Dank der Nachwelt verdient. Das von Eduard Schmidt von der Launitz 1837 geschaffene Denkmal steht auf dem Hügel, von dem aus man den schönsten Ausblick auf die Taunusanlage genießt. Der obere Teil des Sockels zeigt die Zerstörung der Festungswerke und die Gründung der Anlage.

Guiollett war von 1811 bis 1815 Maire von Frankfurt. Das Denkmal ist im Jahre 1953 restauriert worden. Seinem Gehilfen Rinz ist 1892 ebenfalls ein Denkmal im Anlagenring errichtet worden. Guiollett ruht inmitten seiner Anlagen. Nächst dem Rechneigrabenweiher befindet sich seine Grabstätte aus rotem Maintalkernsandstein mit der Inschrift: J. Guiollett geb. 25. Febr. 1746, gest. 5. Sept. 1815.

Gutenbergdenkmal. Für Johannes Gutenberg und seine Mitarbeiter Fust und Schöffer war 1840 zur Vierhundertjahrfeier der Schwarzen Kunst ein Ehrenmal aus Gips von Eduard Schmidt von der Launitz geschaffen worden, das allgemein gefallen hatte und deshalb als Bronzeguß verewigt werden sollte. Eine Sammlung erbrachte — zwar mit Schwierigkeiten, aber dennoch — die erforderliche Summe, so daß das Werk im Jahre 1858 auf dem Roßmarkt enthüllt werden konnte. 1954 wurde es neu aufgestellt. Die lebensgroßen Figuren in Bronze (galvanoplastischer Überzug) stellen Johann Gutenberg mit

der beweglichen Letter, zu seiner Linken Peter Schöffer, einige der verbesserten Werkzeuge tragend, und zu seiner Rechten Gutenbergs Gläubiger Johann Fust, der die Erfindung Gutenbergs zu seinem Nutzen auszubeuten verstand, dar, eine Dreiergruppe, deren Eintracht schwer mit den geschichtlichen Tatsachen vereinbar ist. Die vier sitzenden allegorischen Figuren verkörpern Theologie, Poesie, Naturwissenschaft und Industrie. Oben an dem Sandsteinsockel finden sich ringsherum vierzehn Porträtköpfe, teils berühmte Buchdrucker, darunter die Köpfe der Frankfurter Buchdrucker Egenolff, Feyerabend und Andreä, teils Gönner und Förderer der Kunst und das Bild von Eduard Schmidt von der Launitz.

Gutenberg lebte in Frankfurt vom Jahre 1454 bis wahrscheinlich 1457. Zur Zeit (Anfang 1982) wird geplant, dem Denkmal einen Brunnen anzugliedern.

Gutzkowgedenktafel. Carl Ferdinand Gutzkow (1811–1878), einer der Hauptstimmführer des „Jungen Deutschland", schrieb neben zahlreichen politisch-literarischen Abhandlungen eine große Reihe von Dramen und Romanen meist zeitkritischen Inhaltes. Bald war er im Repertoire aller größeren Bühnen Deutschlands ständig vertreten, zeitweilig der erfolgreichste Autor. Er hat wiederholt für kürzere Zeiträume in Frankfurt gelebt, zuletzt von 1876 bis zu seinem Tode in Sachsenhausen. Das Haus Stegstraße 29, Ecke Oppenheimer Straße 50 ist im zweiten Weltkrieg vollständig zerstört worden. An dem neuen Eckhaus ist eine von dem Frankfurter Bildhauer Georg Krämer geschaffene Bronzetafel mit einem Porträtrelief zur Erinnerung an Gutzkow im Jahre 1960 angebracht worden.

Hahnbüste. Die von dem Bad Nauheimer Bildhauer Dr. Knud Knudsen geschaffene Büste des Entdeckers der Kernspaltung, des

111

Nobelpreisträgers und Ehrenbürgers der Stadt Frankfurt, Professor Dr. Otto Hahn, wurde an dessen 10. Todestag, am 28. 7. 1978 in der Ziegelgasse, an der Stelle seines im Krieg zerstörten Geburtshauses, enthüllt.

Hafenarbeiter und Sämann. Die Hauptgestalten des belgischen Bildhauers Constantin Meunier (1831–1905) sind arbeitende Menschen, die er realistisch und wuchtig mit natürlichem Pathos der Handlung darstellte. Aus dem von Leo Gans, dem großzügigen Leiter der Cassella-Werke in Fechenheim, im Jahre 1899 gestifteten Kunstfonds von 150 000 Mark wurden unter anderem zwei Werke von Meunier, der Hafenarbeiter auf der Ostseite der Friedensbrücke am Sachsenhäuser Ufer, und der Sämann, der im Güntherburgpark steht, beschafft, beides lebensgroße Bronzefiguren, die als Symbole der Arbeit in Frankfurt hohe Anerkennung fanden. Es sind Wiederholungen von um das Jahr 1890 geschaffenen Plastiken. Der Sämann sollte die Bekrönung eines „Denkmals der Arbeit" sein, das der Künstler nicht mehr schaffen konnte.

Hafenarbeiter

Sämann

Haus von Goethes Großvater. An dem Haus einer Schweizerischen Versicherungsgesellschaft in der Berliner Straße ist an dessen Rückfront im Kornmarkt eine Gedenktafel aus Bronze angebracht worden mit dem Hinweis darauf, daß in diesem Hof um 1700 Haus und Werkstatt des Schneidermeisters Friedrich Georg Goethe standen. Dieser Schneidermeister ist der Großvater von Johann Wolfgang von Goethe.

Haus „Zum Goldenen Brunnen". Frau Aja, Goethes Mutter, hat von 1795 bis zu ihrem Tode am 13. 10. 1808 in dem Haus „Zum Goldenen Brunnen" gewohnt, das im Jahre 1895 einem Neubau weichen mußte. Dieser ist dann im zweiten Weltkrieg zerstört worden. An dem danach entstandenen Neubau „An der Hauptwache 2" ist ein von dem Frankfurter Bildhauer Georg Krämer geschaffene Bronzetafel mit einem entsprechenden Hinweis am 18. 7. 1962 angebracht worden.

Heiligenstöcke. Heiligenstöcke sind stumme Zeugen mittelalterlicher Heiligenverehrung, die früher in der Feldmark den vorübergehenden Wanderer zur kurzen Rast und Gebetssammlung einluden. Sie dienten einem ähnlichen Zweck wie die Feldkreuze. Sie sind einfache Säulen, auf denen ein kapellenartiges Gehäuse zur Aufnahme eines Marien- oder Heiligenbildes ruht. Ohne vollständig zu sein, seien hier die Heiligenstöcke in den Gärten der Gerbermühle, des Niederräder katholischen Pfarrhauses Kniebisstraße 27, des Ginnheimer katholischen Pfarrhauses Pflugstraße 1, in der Friedberger Landstraße 529—531 „Zum Heiligenstock" und in der Homburger Landstraße 87 genannt. Ein Heiligenstock am Lettigkautweg mußte 1904/05 dem Bau der Mühlbergschule weichen. Viele Jahre stand er dann, schließlich von Gebüsch überwuchert und kaum noch zu erkennen, im alten Sachsenhäuser Friedhof. Nun ist er im Herbst 1972 zum Mühlberg zurückgekehrt und zwar in die Anlagen neben der Herz-Marien-Kirche.

Heinedenkmal. Georg Kolbe hat für Frankfurt eine Reihe von Denkmälern geschaffen. Das Heinedenkmal, das unter dem Motto „Schreitender und Ruhende" steht, gehört zu den schönsten Denkmälern der Stadt, eine weitausschreitende, im Schritt dahinschwebende Jünglingsgestalt über einem sich wie noch träumend emporrichtenden Mädchen. Es war als eine Stiftung von Freunden und Verehrern zum Geburtstag des Dichters Heine am 13. 12. 1913 in der Friedberger Anlage aufgestellt worden. 1933 wurde es vom Sockel gestürzt, gleichzeitig wurde das Steinrelief mit dem Bildnis von Heinrich Heine zerstört. Die Gruppe wurde durch die Gießerei Noack restauriert und vom Städel unter dem Titel „Frühlingslied" im Städelgarten aufgestellt. Zum 150. Geburtstag Heines ist das Denkmal in der Taunusanlage vor einem Magnolienbaum wieder aufgestellt worden.

Henninger Turm. Der Turm ist nach einer Idee von Hubert Stadler entstanden. Der ausführende Architekt war Prof. Dr. Ing. Lieser aus Darmstadt. Der Bau hat mehrere Funktionen zu erfüllen. Er bringt seiner Brauerei vor allem eine ständig in die Augen fallende Reklame. Der Siloteil mit 65 Meter Füllhöhe, sein Hauptzweck, hat ein Fassungsvermögen von 16 000 Tonnen Gerste. Er ist der höchste Brauereisilo der Welt. Der Bau begann im Juli 1959, die Eröffnung erfolgte am 18. Mai 1961. Doch schon 1969/70 mußten die Restaurationsräume wesentlich erweitert werden. Es sind jetzt vorhanden: im Erdgeschoß eine Turmschänke, in 85 Meter Höhe Dachgarten-Salons mit Bar, in 101 Meter Höhe das Panorama-Drehrestaurant und schließlich noch 6 Meter höher die Frankfurter Drehscheibe. Unterhalb der Turmspitze von 120 Meter befindet sich außerdem, auf 112 Meter Höhe, eine Aussichtsplattform. Der Turm steht auf gewachsenem Fels mit einer Grundfläche von 441 Quadratmetern. Sein Gewicht beträgt 28 000 Tonnen. Verarbeitet wurden 6000 Kubikmeter Beton und 500 Tonnen Stahl. Neben einem Haupt- und Nottreppenhaus hat er zwei Schnellaufzüge (4 m/sec.), dazu einen Lasten- und Personalaufzug.
Im Frühjahr 1981 haben die Henninger-Brauer neue Ideen, ihren Turm gegen den „Ginnheimer Spargel" attraktiver zu gestalten. Es wird in 107 Meter Höhe ein Brauerei-Museum entstehen und dadurch bedingt, eine teilweise Umfunktionierung der zur Zeit gastronomisch genutzten Räume notwendig werden.

Henselruhe. Die Henselruhe liegt östlich der Babenhäuser Landstraße zwischen Stoltze- und Goetheschneise im Oberwald. Ein Findling erinnert an einen der früheren Dienststellenleiter des Frankfurter Forstamtes. Bänke laden zur Rast an einem schattigen Platz, der bis Ende 1967 durch eine hundertfünfzigjährige, gewaltige, kerzengerade Buche seine besondere Note erhalten hatte. Der Baumriese ist das Opfer eines Sturmes geworden.

Hessendenkmal. Das Denkmal, vor dem Friedberger Tor gelegen, ist 1792 von dem preußischen König Friedrich Wilhelm II. gestiftet und nach einem Entwurf, den der Erbauer des Brandenburger Tores in Berlin, der Oberhofbaumeister Langhans, geliefert hat, von Professor Johann Christian Ruhl und von Heinrich Christoph Jussow ausgeführt worden. Es wurde zum Andenken an die tapferen Hessen, die hier am 2. 12. 1792, dem 1. Adventssonntag, bei der Erstürmung und Wiedereroberung der Stadt aus der Gewalt der Franzosen mit ihrem Feldherrn Prinz Carl von Hessen-Philippsthal starben, errichtet. Verteidigung gegründet auf Stärke ist der Grundgedanke des Denkmals. Die Stärke ist in dem Sockel, einem Marmorwürfel, ausgedrückt. Das Symbol der Verteidigung zeigt sich in der Verbindung antiker und neuzeitlicher Waffen, ein Sturmbock, ein Löwenfell, Schild, Helm und die Keule des Herkules. Sie alle sind aus erbeuteten französischen Kanonen gegossen. Das Denkmal wird wegen seiner Einfachheit und

Größe besonders gerühmt und als das schönste Denkmal der Stadt bezeichnet. Es ist 1844, 1930 und 1953 restauriert worden.

Im Februar 1971 mußte es den Straßenbauarbeiten am Bethmannpark weichen und erhielt im Frühjahr 1973 seinen neuen Standplatz hundert bis zweihundert Meter weiter nördlich. Der Sockel war brüchig geworden und mußte erneuert werden, der Basaltwürfel und seine Attribute sind heil geblieben.

Heuss-Porträt-Relief. Der verstorbene Alt-Bundespräsident Professor Dr. Theodor Heuss war ein Freund dieser weltoffenen, demokratischen Stadt. Sein Verhältnis zu ihr hat er bei einer Ansprache am 11. 10. 1959 in der Paulskirche in folgende Worte gekleidet: „Immer wenn ich hier war, spürte ich beides: Weite einer Weltgesinnung und Nähe eines Heimatgefühles, Goethe und Friedrich Stoltze." Am 25. Juni 1966 hat Frankfurt das von dem Bildhauer Dr. Knud Knudsen, Bad Nauheim, an der Südseite des östlichen Portals der Paulskirche in belgischem Marmor geschaffene Porträtrelief eingeweiht.

> THEODOR HEUSS-GEBOREN 31. JANUAR 1884
> GESTORBEN 13. DEZEMBER 1963 - DEM ERSTEN
> PRÄSIDENTEN DER BUNDESREPUBLIK DEUTSCH-
> LAND UND EHRENBÜRGER DIESER STADT - DEM
> GROSSEN MENSCHEN - DEM WAHRHAFTEN
> BÜRGER - DEM FREUND DER WISSENSCHAFTEN
> DIE STADT FRANKFURT AM MAIN

Der Name des Bildhauers Knud Christian Knudsen wird in diesem Handbuch noch oft erscheinen. Er ist am 16. 1. 1916 in Berlin geboren und sollte nach dem Wunsch des Vaters Jurist werden. Ein akademischer Abschluß ist erfolgt, aber er probierte neben dem Studium seine Talente in verschiedenen Künsten aus. Maler Stumpf, Berlin, wurde sein erster Lehrer. Nach dem 2. Weltkrieg war Knudsen am Kulturamt in Berlin, hatte hiernach einen eigenen Verlag, beschäftigte sich nebenher mit freier künstlerischer Tätigkeit und fand damals erste Kontakte zu der Kunstgießerei Noack. Der Künstler entwickelte eine individuelle Handschrift, modellierte naturnahe, porträtgetreue Bildnisse, wobei er sein Leben lang geblieben ist. Käthe Koliwitz und Ernst Barlach waren ihm Vorbild.

Für Frankfurt hat er viele Kunstwerke geschaffen, die in diesem Handbuch, gestützt auf Fotos, beschrieben werden. Eine Reihe von Büsten sind, obwohl in geschlossenen Innenräumen untergebracht und deshalb der Allgemeinheit nicht zugänglich, der Vollständigkeit halber hier nach dem Zeitpunkt ihres Entstehens wenigstens genannt worden. Es sind dies:

1954, Heinrich von Mettenheim (1867–1944), Ffm., Universität, Fachbereich Humanmedizin. Mettenheim war Kinderarzt, 1908 erster Direktor der hiesigen Kinderklinik,

1959, Hanns W. Eppelsheimer (1890–1972) Ffm., Deutsche Bibliothek, Gründer und 1. Direktor dieser Bibliothek,

1965, Max Horkheimer (1895–1973), Ffm., Stadt- und Universitätsbibliothek, Neugründer des Frankfurter Instituts für Sozialforschung,

1967, Max Tau (1897–1976), Ffm., Börsenverein des Deutschen Buchhandels, Schriftsteller, erster Träger des Friedenspreises des Deutschen Buchhandels 1950, und

1967, Victor Gollancz (1893–1976), Ffm., Victor Gollanczhaus, Friedenspreisträger des Deutschen Buchhandels 1960.

Zu seinem, Knudsens, 65. Geburtstag hat das Dezernat Kultur und Freizeit der Stadt Frankfurt das Heft „Knud Knudsen, Skulpturen und

Bildnisse" herausgegeben und eine Ausstellung im Foyer der Oper durchgeführt.

Hindemithgedenktafel. Der am 26. 11. 1895 in Hanau geborene Komponist Paul Hindemith war sein ganzes Leben lang mit Frankfurt besonders verbunden. Im Jahre 1915 wurde er erster Konzertmeister an den Städtischen Bühnen Frankfurt. Hier hat er 1923 „Das Marienleben" im Kuhhirtenturm in Sachsenhausen, ein Werk das zu seinen besten und charakteristischsten zählt, komponiert. In Frankfurt ist er am 26. 12. 1962 gestorben. Emma Lübbecke-Job, die Frau des Frankfurter Altstadtvaters Fried Lübbecke, hat seinen Werken in aller Welt mit ihrem meisterlichen Klavierspiel zum Durchbruch verholfen. Eine Bronzetafel des Frankfurter Bildhauers Georg Krämer, die am Kuhhirtenturm angebracht worden ist, hält fest, daß Hindemith hier in diesem Turm von 1923 bis 1927 lebte und wirkte, und daß in dieser Zeit seine Kompositionen Cardillac und Marienleben entstanden sind (siehe auch Seite 126).

Hiob. Die von dem Bildhauer und Graphiker Gerhard Marcks geschaffenen Figuren überzeugen durch ihren herben Reiz, durch die Knappheit der plastischen Form. Das Frankfurter NS-Opfermal, das im Rahmen des Kriegs- und NS-Opferfeldes im Gewann VII des Hauptfriedhofes aufgestellt worden ist, der Hiob von Marcks, erinnert an 1325 NS-Opfer aus dem zweiten Weltkrieg.

Hölderlingedenkstätte. Eine Versicherungsgesellschaft hat aus Anlaß ihres 125jährigen Bestehens im Park ihres Grundstückes in Frankfurt eine Hölderlingedenkstätte an der Bockenheimer Landstraße, Nähe Freiherr-vom-Stein-Straße, in der Form einer Exedra mit stehender, überlebensgroßer Jünglingsfigur in Bronze, auf einem viereckigen Steinsockel, inmitten von Bäumen, von Professor Hans Mettel, dem Lehrer an der Städelschule in Frankfurt, errichten lassen, zur Erinnerung daran, daß Hölderlin in dieser Stadt die Jahre seiner höchsten Schaffensleistung verbracht hat. In den Jahren 1796 bis 1798 war er Erzieher und Lehrer im Hause des Kaufmanns Gontard. Hier entstanden seine schönsten Gedichte, hier lebte seine „Diotima", Susette Gontard, geborene Borckenstein, die sein Leben erhellte und sein dichterisches Schaffen beflügelte. Und auf Gontardschem Grund und Boden steht nun auch diese Gedenkstätte. Sie ist am 31. August 1957 eingeweiht worden.

Hölzernes Kreuz. An der Autobahnstrecke Frankfurt am Main – Würzburg zwischen Steingrund- und Vogelschneise steht das Hölzerne Kreuz. Es ist ein Grenzzeichen aus der Karolingerzeit. Aus dem Jahre 1599 liegt eine Forstrechnung vor, in der die Reparaturkosten für die Wiederherstellung des beschädigten Kreuzes aufgeführt sind. Die Stätte wurde 1963 ausgebaut und ein Rundweg um das Hölzerne Kreuz mit Verbindung zu einem Spielplatz angelegt.

Holzhausengedenkstein. Hamann von Holzhausen, die bedeutendste Persönlichkeit des alten Frankfurter Patriziergeschlechtes, er war viermal und zwar in den Jahren 1507, 1518, 1524 und 1530 älterer Bürgermeister, und in seiner besonnenen und großzügigen Politik eine überragende Gestalt der Frankfurter Geschichte, hat in den ersten Jahren der Reformation weit über die Stadt hinaus in die Geschicke von Land und Bürger eingegriffen. Er setzte 1520 die Errichtung einer Lateinschule unter der Leitung des Humanisten Wilhelm Nesen durch. Anläßlich der vierhundertsten Wiederkehr seines Todestages, am 30. 10. 1936, hat ihm und dem gesamten Geschlecht derer von Holzhausen die Stadt am Holzhauseweiher einen Gedenkstein errichtet, der 1952, nach seiner Beschädigung im zweiten Weltkrieg, wieder errichtet worden ist.

Horkheimerbüste. Eine Büste von Professor Dr. Max Horkheimer, einem Ehrenbürger dieser Stadt, die der Bildhauer Dr. Knud Knudsen, Bad Nauheim, geschaffen hat, ist im Jahre 1966 in der Stadt- und Universitätsbibliothek aufgestellt worden.

Humperdinck- und Hoffmann-Gedenktafel. Der Komponist Engelbert Humperdinck (1854–1921) studierte in Köln und München, war Lehrer am Hochschen Konservatorium in Frankfurt am Main und später an der Berliner Akademie. Er ist in der Hauptsache durch seine Märchenoper „Hänsel und Gretel" und durch die Oper „Die Königskinder" bekannt geworden.

Das weltbekannte Kinderbuch „Der Struwwelpeter" hat der Frankfurter Arzt Dr. Heinrich Hoffmann (1809–1894) im Jahre 1844 in einer ersten handschriftlichen Fassung seinen Kindern unter den Weihnachtsbaum gelegt.

Beide Männer haben im Jahre 1894 für kurze Zeit gemeinsam in dem Hause Grüneburgweg 95 gewohnt. Dieser Tatsache gedenkt eine an dem Haus am 22. 6. 1952 angebrachte, von dem Frankfurter Bildhauer August Bischoff geschaffene, Tafel aus Stein mit den beiden Bronzeporträts.

Jahngedenkstein. Johannes Crohn hat im Jahre 1953 zu dem Lohrberg-Turnfest einen Jahngedenkstein aus Muschelkalk geschaffen, der am 31. 5. 1953 an der höchsten Stelle der Spielwiese aufgestellt worden ist. Der Stein trägt die Inschrift „Friedrich Ludwig Jahn" und das Turnerzeichen „Frisch, Fromm, Fröhlich, Frei".

Jacobiruhe. Die Jacobiruhe liegt südlich der Gaststätte Oberschweinstiege am Jacobiweiher. Ein Findling mit der Inschrift „Oberforstmeister Dr. Jacobi zum Gedächtnis" ist dort zur Erinnerung an einen der früheren Dienststellenleiter des Frankfurter Forstamtes am 25. 5. 1941 aufgestellt worden. Der Vierwaldstättersee, wie der Weiher im Volksmund auch genannt wird, verdankt seine Entstehung Dr. Jacobi.

Judenfriedhof. Frankfurt besitzt eine einzigartige Stätte des frommen Gedenkens in seinem alten Judenfriedhof in der Battonnstraße aus dem 13. Jahrhundert mit über 5500 Grabsteinen, teils unter teils

über der Erde. Nirgends in der Welt gibt es ein jüdisches Gräberfeld von solcher Geschlossenheit. Der älteste Grabstein datiert aus dem Jahre 1284.

Kennedy-Porträt-Relief. Zur Erinnerung an den ermordeten Präsidenten der Vereinigten Staaten von Amerika hat die Stadt Frankfurt am Main am 25. 6. 1966, dem Tage der dritten Wiederkehr seines hiesigen Besuches, das von dem Frankfurter Bildhauer Georg Krämer an der Nordseite des östlichen Portals der Paulskirche in belgischem Marmor geschaffene Porträtrelief eingeweiht.

Kirchnerdenkmal. Durch die Ehrungen, die Frankfurt im Anlagenring den berühmten Mitbürgern schuf, ist ein Ehrenhain entstanden, der nicht zur Siegesallee ausgeartet ist. Zu diesen Schöpfungen gehört auch das schlichte von Heinrich Petry geschaffene und am 14. 6. 1879, dem hundertsten Geburtstag von Konsistorialrat Anton Kirchner, enthüllte Denkmal des evangelischen Pfarrers und Geschichtsschreibers seiner Vaterstadt. Es zeigt auf einem Sockel aus Syenit das Brustbild von Kirchner. Die Rückseite trägt die Inschrift „Anton Kirchner, dem Geschichtsschreiber seiner Vaterstadt errichtet von seinen dankbaren Mitbürgern". Dieses Denkmal stand am Scheffeleck und steht nun seit kurzem an der Ecke Petersstraße in der Eschenheimer Anlage.

Kirchner war ein großer Kanzelredner, zuletzt in der Paulskirche, daneben Lehrer am Gymnasium und an der Musterschule. Er war ein sehr volkstümlicher Seelsorger, der sich auch im politischen Leben betätigt hat.

Kisselgedenktafel. Fritz Kissel (1890–1951) war leitender Direktor der hiesigen Ortskrankenkasse und danach der Landesversicherungsanstalt Hessen-Nassau. Eine große Wohnsiedlung in Sachsenhausen trägt seinen Namen. An dem Haus Mörfelder Landstraße 175 ist eine Gedenktafel angebracht mit dem Hinweis darauf, daß Fritz Kissel ein Förderer des sozialen Wohnungsbaues war.

Kobeltruhe. Die Kobeltruhe, südlich und in unmittelbarer Nähe von Schwanheim an der Dammschneise gelegen, erinnert mit einem Findling an den verdienten Schwanheimer Arzt, Kommunalpolitiker und Weichtierforscher Professor W. Kobelt.

Körnerdenkmal. Dem Freiheitsdichter Theodor Körner (23. 9. 1791 – 26. 8. 1813) schuf Carl Stock ein Denkmal auf der Körnerwiese, mit dem in Frankfurt am Main erstmals der Weg gefunden worden ist, nicht das vergängliche Äußere eines Menschen im Standbild zu zeigen, sondern seinen Geist in einem Kunstwerk zu verewigen. Das Denkmal ist im Jahre 1915 enthüllt worden.

Körnerruhe. Zum Gedächtnis an den Freiheitsdichter Theodor Körner hat gelegentlich des deutschen Turnfestes der Frankfurter Turnverein im Jahre 1863 einen Gedenkstein mit Leier und Schwert errichten lassen. Aus Anlaß des 150. Todestages ist die Gedenkstätte am Schnittpunkt Oberschweinstiegschneise und Samstagsweg hergerichtet worden. Ein neuer Stein aus dem Odenwald ist gesetzt worden. Auf seiner Vorderseite steht: „Theodor Körner 1813"; auf der Rückseite trägt er die Inschrift: „Frankfurter Turner pflanzten 1863 die Körnereiche." Der Platz ist mit seinen vielen Bänken und im Schatten der Bäume ein schöner Ruheplatz für die zahlreichen Waldbesucher.

Kreuzigungsgruppe auf dem Peterskirchhof. Der gekreuzigte Christus — im Gegensatz zu der Gruppe am Dom — nur mit der Figur der

Mutter Maria und des Lieblingsjüngers Johannes beiderseits des Kreuzes, ist eine Arbeit des Künstlers Hans Backofen aus Sulzbach und eine Stiftung des Gärtners Nenter. Inhalt und Anlage dieses Werkes sind der spätgotischen Zeit verbunden. Die starke Bewegtheit des Ausdrucks wie die einzelnen Formen verraten ein fast barockes Temperament. Rein renaissancehaft ist der klar ausgewogene Bau der Gruppe und die lebendige Durchgliederung der einzelnen Gestalten. Das Original befindet sich im Historischen Museum. Das wahrscheinlich um 1509 bis 1510 geschaffene Werk aus Heilbronner Sandstein ist im Jahre 1895 restauriert, danach vielfach ergänzt worden. Die Kopie stammt aus dem Jahre 1911. Der Schwanheimer Bildhauer Edwin Hüller hat sie erneut überarbeitet. Christus fehlt nun nicht mehr. Die Gruppe ist im Oktober 1980 wieder auf dem Petersfriedhof, der Begräbnisstätte der Eltern Goethes, aufgestellt worden. Die Figuren wurden aus Sandstein gehauen, der aus Kordel bei Trier stammt.

Kreuzigungsgruppe vom ehemaligen Domfriedhof. Die Gruppe steht vor der Ostseite des nördlichen Querschiffes des Doms. Die Gesichter und die Gesten der sieben Figuren der Kreuzigungsgruppe, neben Christus und den Schächern die beiden Marien, Johannes und

Longinus, zeigen besonders die ergreifende Realistik der Darstellung. Es ist die Absicht des Künstlers Hans Backofen aus Sulzbach, die Schilderung der Kreuzigung Christi durch die Verwendung dramatischer Effekte der Auffassung der Zeit nahezubringen. Die von Jakob und Katharina Heller im Jahre 1509 gestiftete und 1604 restaurierte Figurengruppe stellt den Künstler Backofen den ersten deutschen Bildhauern der Zeit zur Seite. Stilgeschichtlich ist sie ein Hauptwerk der barocken Richtung der Spätgotik. Mit ihrer starken Realistik, besonders betont durch die modische Kleidung und die Vermenschlichung der Heiligengesichter, bezeichnet sie den Endpunkt einer Entwicklung. Das Original befindet sich im Dominnern. Die Kopie ist in den Jahren 1917 bis 1919 auf dem originalen Sockel entstanden.

Kuben in der Nordweststadt. In dem großen Hof des Geschäftszentrums der Nordweststadt hat der Frankfurter Bildhauer Hans Steinbrenner ein Werk im Oktober 1968 aus aufeinandergeschichteten Kuben — eine Arbeit aus Edelstahl auf einem Betonsockel — gestaltet, das die Spannung des Raumes aufnehmen soll.

Kuhhirtenturm. Carl Theodor Reiffenstein schrieb im Juni 1869 zu einem von ihm am 2. 11. 1857 gefertigten Bild des Turmes: „Von den alten Türmen in Sachsenhausen, welche noch erhalten sind, ist er der bedeutendste und schönste." In früheren Jahren trug er den Namen „Elphant". Heute ist er in das Areal des Hauses der Jugend einbezogen. In den Jahren 1923 bis 1927 lebte und wirkte in ihm Paul Hindemith. Eine Steintafel des Frankfurter Bildhauers Georg Krämer aus dem Jahre 1964 weist auf die Herkunft und die Bedeutung des Turmes hin. Den Turm schmücken zwei Wetterfahnen, ebenfalls von Georg Krämer, von denen eine im Volksmund den zärtlichen Namen „Das Wasserweibchen" erhalten hat. Die andere Wetterfahne bildet einen in die Ferne entschwebenden Vogel Greif, ein symbolischer Hinweis auf die Gäste der angrenzenden Jugendherberge. Eine Bronzetafel weist auf Paul Hindemith hin.

Kuhhirtenturm

Läuferin am Start. Das Monumentale, Gespannte ist in der im Waldstadion hinter dem Eingangsportal aufgestellten Bronzefigur glücklich mit einer Ausgeglichenheit der Bewegung vereint, die dem Bildwerk die Geschlossenheit plastischer Wirkung gibt. Die Figur ist von dem allzu früh verstorbenen, hochbegabten Bildhauer Richard Martin Werner geschaffen worden. Er war ein Schüler von Professor Dr. Richard Scheibe, dessen Werk unter anderem das Friedrich-Ebert-Denkmal an der Paulskirche ist.
Der Zufall führt hier zwei Figuren zusammen, die nur rund hundert Meter in dem 1921/1925 erbauten und 1953 großzügig erweiterten Frankfurter Waldstadion auseinanderstehen, die Läuferin und den Radrennfahrer. Das Stadion ist eine der schönsten Anlagen dieser Art in Deutschland. Es liegt im Stadtwald mit guten Verbindungen zur Stadt, mit sechs Spielfeldern, darunter einer Hauptkampfbahn für 72 000 Besuchern, einer Radrennbahn, in deren Innenraum sich eine Eiskunstbahn der besonderen Gunst der Jugend erfreut, einer Wintersporthalle, dem Schwimmstadion mit Planschbecken für die Kleinsten

und dem schönen Struwwelpeterbrunnen und Anlagen für Kleingolf und Tennis. Mit dem Gedanken, in Frankfurt ein Stadion zu bauen, hat man sich erstmals vor dem ersten Weltkrieg befaßt, um für die für 1916 geplant gewesenen Olympia-Wettkämpfe gerüstet zu sein.

Landesgrenzsäule. Inmitten des Paradiesgärtchens in Alt-Höchst steht ein um das Jahr 1800 bearbeiteter weißer Marmorblock, durchzogen von dunklen Adern. Er ist fast drei Meter hoch und im oberen Teil mit den Symbolen Löwe und Krone des Herzogtums Nassau verziert. Gar über 200 Jahre alt ist der zu Füßen der Landesgrenzsäule, die ursprünglich bei Griesheim, nahe dem wehrfähigen Hof Rebstock, an der Grenze zwischen der freien Reichsstadt Frankfurt und dem Herzogtum Nassau gestanden hat, liegende arg verwitterte Löwe aus rotem Sandstein.

Lehrstatue. Zum Gedenken an den in ganz Europa bekannten und beliebten Frankfurter Radrennfahrer, den Weltmeister August Lehr (1867–1922), stiftete die Familie Opel ein Denkmal, das von dem Frankfurter Bildhauer Emil Hub geschaffen und im Jahre 1925 am Rande der Radrennbahn im Frankfurter Stadion aufgestellt worden ist. Das Denkmal ist 1954 restauriert worden.

Leinwandhaus. Das vermutlich von Madern Gertener erbaute und seit 1399 für den Leinwandhandel benutzte Haus, im Weckmarkt am

Landesgrenzsäule

Lehrstatue

Dom gelegen, ist – wie so vieles in Frankfurt – ein Opfer des 2. Weltkrieges geworden. Das große Steinhaus, von dem nur noch einige Trümmer stehen, hatte den mittelalterlichen Charakter gut bewahrt. Es war mit Erkern und Nischen für Statuen ausgestattet. Als Abschluß der Fassade diente ein Zinnenkranz, die Ecken betonten sechseckige Türmchen. Es soll nun wieder aufgebaut, den Frankfurter Künstlern eine neue Bleibe werden und Räume für Ausstellungen und Tagungen erhalten.

Lessingdenkmal. Hundert Jahre nach dem Tode von Gotthold Ephraim Lessing stiftete der Bürger Herz Hayum Goldschmidt für den Dichter und Gelehrten, den späteren Bibliothekar zu Wolfenbüttel, ein Denkmal, das bereits im Jahre 1882 enthüllt werden konnte. Sinnigerweise wählte man den Platz vor der Stadtbibliothek. Die von

Professor Gustav Kaupert aus weißem Marmor geschaffene Büste ruht auf einem Porphyrsockel. Das Denkmal steht nun, nach der Zerstörung der Stadtbibliothek im zweiten Weltkrieg, seit September

1961, im Anlagenring der Obermainanlage, nördlich des Rechneiweihers.

Lichtigfeldgedenktafel. Zur Erinnerung an den am 24. 12. 1967 verstorbenen Gemeinde- und Landesrabbiner Isaac E. Lichtigfeld hat die jüdische Gemeinde an dessen erstem Todestag an der jüdischen Schule in der Friedrichstraße 29, die gleichzeitig den Namen des Verstorbenen erhalten hat, eine Gedenktafel anbringen lassen.

Liegende. Die aus Muschelkalk von dem Bildhauer Rudolf Kipp im Jahre 1937 gestaltete Frauenfigur in der Taunusanlage an der Junghofstraße darf nicht mit der „Liegenden" (Am Wasser) des Bildhauers Fritz Klimsch vor dem Hauptverwaltungsgebäude der Farbwerke Hoechst und der Liegenden (in der Freßgaß) verwechselt werden.

Liegende (Am Wasser). In den Jahren 1928 bis 1930 hat Professor Hans Poelzig das I.G.-Hochhaus als Verwaltungsgebäude des früheren Chemietrustes, eines der eindrucksvollsten Bürogebäude unserer Zeit, auf dem Gelände des alten Affensteines, errichtet. Zwischen dem Verwaltungsgebäude und dem Kasino fand die von dem Bildhauer Fritz Klimsch 1931 geschaffene Figur „Liegende" an einem Wasserbassin ihren Platz. Das Bürogebäude ist heute Sitz amerikanischer Dienststellen. Die Figur befindet sich jetzt vor dem Hauptverwaltungsgebäude der Farbwerke in Höchst.

Liegende (in der Freßgaß). Willi Schmidt, Lehrer am Frankfurter Städel, hat aus griechischem weißgrauen Marmor eine Frauenfigur geschaffen, wie er sagt, einen gesunden, in sich ruhenden Menschen, der nach des Künstlers Ansicht eine gelegentlich unruhige nervöse

Umgebung erträgt. Sie hat im Juni 1977 in der Freßgaß ihren Platz gefunden und reckt ihre Rückseite der Alten Oper zu.

Luthergedenktafel. An dem Eckhaus Bethmannstraße und Buchgasse, dem Bethmannhof, ist eine Tafel angebracht, die daran erinnert, daß hier das Haus stand, in dem Martin Luther auf der Durchreise zum Reichstag nach Worms, vom 14. auf den 15. April 1521, gewohnt hat. Ein Engelchen mit ausgebreiteten Flügeln beschirmt die Tafel.

Mahnmal für die Opfer des Naziterrors. Professor Hans Wimmer, München, hat nach einem Preisausschreiben, neben einem Pfeiler des nordwestlichen Treppenhausvorbaues der Paulskirche, auf Veranlassung der Stadt und zu deren Lasten, ein Mahnmal für die Opfer des Naziterrors geschaffen, das am 24. Oktober 1964 enthüllt werden konnte. Die überlebensgroße, gefesselte, kniende Gestalt bringt die

Unterdrückung des Menschen durch den Terror und das Sichauflehnen bis zuletzt bedrückend zum Ausdruck. Am Sockel sind 53 Namen von Konzentrations- und Vernichtungslagern eingemeißelt.

Mendelssohnruhe. Etwa 800 Meter von der Oberschweinstiege, in südlicher Richtung, entfernt, am Rindspfad unweit der Isenburger Schneise, wurde im Jahre 1906 dem Komponisten Felix Mendelssohn-Bartholdy auf Veranlassung der Frankfurter Familie seiner Frau, einer geborenen Jeanrenaud, ein schlichter Syenitblock, ein Findling, errichtet. Der Stein trägt die Inschrift „Zur Erinnerung an Felix Mendelssohn-Bartholdy, zu dessen Ehren hier im Jahre 1839 von Frankfurter Familien ein Fest gefeiert wurde". Der im Dritten Reich beseitigte und von Förstern und Waldarbeitern vergrabene Stein ist 1948 ausgegraben und neu aufgestellt worden.

Montfortsches Gartenhaus. Das denkmalgeschützte achteckige Gartenhaus ist etwa um 1820 von Friedrich Rumpf als Nachfolger des in Frankfurt tätigen Architekten Salins de Monfort im Auftrag von Karl-

Ludwig Barckhaus, in Hausen, und dort in der Häusergasse 11, erbaut worden. Es mußte Straßenbauarbeiten weichen, steht seit 1964 im Grüneburgpark am Ende der August-Siebert-Straße und dient seit 1980 den Bürgern dieser Stadt als Kleines Kaffeehaus.

Mozartdenkmal. Am 23. Juni 1913 ist das von Georg Bäumler nach einem Entwurf von K. Krüger geschaffene Mozartdenkmal enthüllt worden. Es war eine Stiftung von Gustav Mack-Flinsch und ist im zweiten Weltkrieg zerstört worden. Am 11. Mai 1963 konnte, dank einer erneuten Stiftung und zwar durch die jetzige Besitzerin des Grund und Bodens Bockenheimer Anlage 15, ein neues, nun von Professor Gerhard Marcks geschaffenes Mozartdenkmal, der Öffentlichkeit übergeben werden. Die 4,92 m hohe Säule mit einem Flügelkopf mit einer Spannweite von 1,45 m besteht aus schwedischem Granit. Ein Gedenkstein, der an das alte, zerstörte Denkmal erinnert, liegt auf.

Museumspark und Museumsufer. Am Schaumainkai in Sachsenhausen ist seit Jahren eine Reihe von wichtigen Museen beheimatet, hinzu kommt eine ähnliche Anhäufung von Museen auf der Nordseite des Mains in Frankfurt, denen in Sachsenhausen gegenüber gelegen. Die Reihe beginnt in Sachsenhausen mit einer Dependance des Museums für Vor- und Frühgeschichte in dem Deutschordenshaus, Brückenstraße 3–7, unweit des Schaumainkais gelegen. Die Stadt konnte nach langen Querelen nun endlich mehrere Liegenschaften auf der Sachsenhäuser Seite zusätzlich erwerben. Sie wird damit die Realisierung eines großen Museumsparkes möglich machen können. Das Museum für Kunsthandwerk, Schaumainkai 15, erhält einen größeren Anbau, Schaumainkai 17, in dem weit mehr als bisher der insgesamt 30.000 Objekte umfassende Bestand, der nie geschlossen gezeigt werden konnte, nun ausgestellt werden kann. Planender Architekt ist R. Meier, New York. Schaumainkai 29 beherbergt auch in Zukunft das Museum für Völkerkunde. Das Musikmuseum soll im Schaumainkai 35 eröffnet werden und zwar als Begegnungsstätte für Spezialisten wie für Laien. In ihm sollen Objekte aus allen Bereichen des Musiklebens gezeigt werden. Der Umbau erfolgt durch den Architekten Teuto-Rocholl, Frankfurt, für die Museographie ist Günter Kieser zuständig. Dieses Vorhaben wird sich vielleicht nicht verwirklichen lassen, da die Landesregierung nicht mehr bereit ist, ihre in Darmstadt eingelagerte Musikinstrumentensammlung in das beabsichtigte Museum einzubringen. Es folgt das Deutsche Filmmuseum im Hause Schaumainkai 41. Dort wird mit Ausstellungen und Filmvorführungen das Medium Film und seine Geschichte den Besuchern nahe gebracht werden. Für den Umbau ist der Architekt Bofinger, Wiesbaden, zuständig. Das im Hause Schaumainkai 43/43 a geplante Deutsche Architekturmuseum wird unter dem Gesichtspunkt einer umweltgerechten Architektur auch für die breite Öffentlichkeit eingerichtet werden. Den Umbau und den Erweiterungsbau plant Prof. O. M. Ungers, Köln. In der nahe gelegenen Metzlerstraße 31, einer Parallelstraße zum Schaumainkai, entsteht das Museum für zeitgenössische Kunst, das die Ströher-Sammlung und im übrigen Arbeiten aufnehmen soll, deren Entstehung nicht länger als zehn Jahre zurückliegt. Nun wieder weiter am Schaumainkai mit Nr. 53, dem Bundespostmuseum. Die Bundespost wünscht einen Neubau und übernimmt die hierdurch entstehenden Kosten. Es bleiben nun noch das Städel, das Städtische Kunstinstitut, Schaumainkai 63, und die Städtische Galerie, das Liebieghaus, Schaumainkai 71, zu nennen. Sie bilden den trefflichen Abschluß dieses großartigen Museumsparkes auf der Sachsenhäuser Seite. Es folgt die Nord-, die Frankfurter Seite mit dem Leinwandhaus, Am Weckmarkt, planender Architekt Alois Giefer, Frankfurt, dem

Kunstverein im Steinernen Haus, und dem Historischen Garten, beide Am Römerberg, das Historische Museum mit dem Münzkabinett, das Kindermuseum und das Kommunale Kino, Saalgasse 19, das Museum für Vor- und Frühgeschichte, das von der Justinianstraße 5 in das Karmeliterkloster wandern wird – ein Architektenwettbewerb ist im Mai 1980 ausgeschrieben worden und ein annehmbarer Entwurf für den Museumsneubau scheint von dem Wettbewerbssieger, dem Berliner Architekten Prof. Josef Paul Kleinhues, Ende 1980 schon gefunden zu sein –, das Stadtarchiv mit Ausstellungsräumen in der Münzgasse, das Historische Museum mit der Dependance im Rotschildpalais, das Hindemith-Archiv, das geplante jüdische Museum, das eine historische Darstellung des jüdischen Anteils an der Entwicklung der Stadt vom Mittelalter bis zum heutigen Tag enthalten soll, alle Untermainkai 14, und schließlich das Goethemuseum und das Freie Deutsche Hochstift im Großen Hirschgraben. In diesem Zusammenhang wäre noch das Museum für Moderne Kunst zu nennen, das auf der Hofstraße, hinter dem Schauspielhaus entstehen soll.

1980 hat der Magistrat der Stadt Frankfurt das Büro Speer beauftragt, seinerseits für die beiden Mainufer einen Gesamtplan im Benehmen mit den zuständigen Dezernenten im Frankfurter Magistrat und im Kontakt mit den Museumsdirektoren zu erstellen. Dies ist inzwischen geschehen. Auch der Landeskonservator wird beteiligt werden. Eine solche Planung und deren Durchführung kann keine Angelegenheit von wenigen Jahren und überstürzten Baumaßnahmen sein. Endgültige Entscheidungen werden auch wohl nicht in Kürze zu erwarten sein, und was von den jetzigen vorgeschilderten Vorstellungen schließlich übrig bleibt, das wird die Zukunft weisen. Hier geht es um eine kulturpolitische und stadtgeschichtliche Aufgabe besonderer Art für die nächsten zwei bis drei Jahrzehnte. Das Projekt ist, obwohl noch keineswegs entscheidungsreif, für Frankfurt so wichtig, daß ihm in diesem Handbuch heute schon einige Seiten gewidmet werden müssen.

Mutter und Kind. Der Bildhauer Hugo Uhl, Frankfurt, hat im Jahre 1967 aus Kunststein eine lebensgroße Plastik Mutter und Kind im Auftrag der Aktienbaugesellschaft für kleine Wohnungen geschaffen, die in der Nordweststadt vor dem Hause „In der Römerstadt 158" aufgestellt worden ist, einem Wohngebiet, das vornehmlich kinderreichen Familien als Heim dient.

„Mutter und Kind" und weitere Skulpturen von Peter Knapp. Der 1939 in Frankfurt geborene und im August 1978 in Frankfurt gestorbene Bildhauer Peter Knapp hat in seinem Atelier im Boehlehaus, nahe der Sachsenhäuser Warte, in stiller Abgeschiedenheit mehr als zweihundert Arbeiten, vor allem aus dem vollen Marmorstein,

Skulptur vor dem Landesarbeitsamt Hessen in der Feuerbachstraße

aus dem von Carrara, aus dem von Naxos, zuletzt aus dem zart getönten portugiesischen Marmor geschaffen. In Frankfurt stehen drei seiner Werke, jeweils eine Skulptur vor dem Landesarbeitsamt Hessen in der Feuerbachstraße, seine monumentalste Arbeit, und in der Grundschule von Eschersheim und außerdem eine 1977 entstandene Muschelkalk-Plastik am Opernplatzausgang der Freßgaß, von den Frankfurtern liebevoll „Mutter und Kind" genannt.

Napoleon-Bonaparte-Gedenktafel. Napoleon ist nach der Schlacht bei Hanau, in der er sich den Rückzug aus Deutschland erkämpfte, am 31. 10. 1813 in Frankfurt eingetroffen. In dem Landhaus des Frankfurter Bankiers Moritz von Bethmann nahm er Quartier. Nur dessen mutiger Fürsprache hat es die Stadt Frankfurt zu danken, daß Napoleon seine Truppen unter Umgehung der Stadt an den Rhein zurückführte. Damit war Frankfurt der drohenden Plünderung entgangen. Vom 1. auf den 2. 11. 1813 übernachtete er im Bolongaropalast in Höchst zum letzten Mal auf deutschem Boden. Eine Gedenktafel erinnert hieran.

Nizza. Nizza nennen die Frankfurter ihr subtropisch bepflanztes nördliches Mainufer zwischen Untermainbrücke und Friedensbrücke. Hier finden wir außer einer von dem Bildhauer P. Kratz aus Bronze geschaffenen Ebergruppe, die von den Lehrlingen einer großen Frankfurter Firma in jahrelanger Arbeit zusammengestellte Äquatorial-Sonnenuhr und ein Bronzerelief von Agricola, das an die Tätigkeit des Gartendirektors Andreas Weber (1861–1901) erinnert. Zum Herbst 1980 ist wieder ein Stück „Schöneres Frankfurt" fertig geworden. Im Nizza sind Spielplätze und Kleinsportanlagen entstanden. Die Spielanlage beginnt auf halbem Weg vom Eisernen Steg zur Untermainbrücke hin. Tischtennisplatten stehen da. Drehbalken gibt es, Schaukeln und eine Kinderbaustelle. Man kann Verstecken spielen. Bei den Wasserspielen können Kinder eine kleine Mühle in Bewegung setzen. Die turniergerechte Minigolfanlage ist vorbildlich. Unter der Brücke entsteht eine Gokartbahn.

Nürnberger-Hof-Erinnerungstafeln. Die ausgedehnte Anlage des Nürnberger Hofes war ursprünglich im Besitz der Familie Glauburg. In Messezeiten war der Hof das Standquartier zahlreicher Nürnberger Kaufleute. Im Jahre 1496 ging der Hof in den Besitz Jakob Hellers über. Er wurde nach seinem Tod bis in das zwanzigste Jahrhundert für eine Ganerbschaft verwaltet. Der Hauptteil fiel 1904 dem Durchbruch der Braubachstraße zum Opfer. Zwei Bronzetafeln von dem Frankfurter Bildhauer Georg Krämer, in der Braubachstraße und in der Berliner Straße 1963 und 1964 angebracht, erinnern an diesen alten Hof.

Opferdenkmal. In Frankfurt mahnen 36 Kriegerdenkmäler an das Leid der Kriege. Zu den ergreifendsten Gestalten gehört die vom Leid gebeugte Mutter des Opferdenkmals von Benno Elkan in der Gallusanlage. Der früher in Frankfurt tätige Künstler hat es im Jahre 1920 im Auftrag der Stadt für die Gefallenen des ersten Weltkrieges

geschaffen. In den Jahren 1933 bis 1945 war es privat magaziniert. Im Jahre 1954 ist es restauriert, um 90 Grad gegen seinen früheren Standort gedreht und leicht östlich zurückversetzt, um die Anlegung eines Promenadenweges zu ermöglichen, erneut aufgestellt worden.
„Orgelpfeifen". Das Straßen- und Brückenbauamt hat einen Autotunnel zwischen der Berliner- und der Gutleutstraße gebaut. In Zusammenarbeit mit der AEG sind dabei notwendige Entlüftungsschächte entstanden, die das Aussehen von Orgelpfeifen haben.
Paar. Im Oktober 1968 konnte das Geschäftszentrum der Nordweststadt eingeweiht werden. Dabei wurde der Öffentlichkeit die von dem Hamburger Bildhauer Fritz Fleer geschaffene Bronzeskulptur „Das Paar" übergeben.
Palmengartenplastiken. Der Palmengarten ist im Jahre 1868 aus der Gründung der Palmengartengesellschaft entstanden, die die berühmte Pflanzensammlung des Herzogs Adolf von Nassau in Biebrich erworben hat. In seinem älteren Teil ist der Garten eine Schöpfung des

Das Paar

Frankfurter Gartenarchitekten Heinrich Siesmayer. Schöne Plastiken beleben den Park durch sorgfältig gewählte Standorte.

Der von dem Bildhauer Richard Petraschke um 1930 geschaffene knieende Frauenakt aus Bronze auf hohem Steinsockel (Seite 141)

stand ursprünglich im Garten der im Krieg zerstörten Hartmannschen Villa. Die Plastik steht heute am Hauptweg vor dem Palmenhaus.

Von dem Bildhauer Kowalschek steht in dem ehemaligen Goetheschen Baumgarten das Denkmal der Frau Aja, Goethes Mutter. Sie ist auf einem Sessel sitzend dargestellt, wie sie dem jungen Wolfgang, ihrem Hätschelhans, Märchen erzählt.

Im April 1892 erfreute sich der Palmengarten eines kostbaren Geschenkes der Freifrau C. M. von Rothschild. Es bestand aus einer Reihe von Marmorstatuen, wahrscheinlich aus dem ersten Drittel des 19. Jahrhunderts von unbekannten Künstlern stammend. Davon sind einige noch bis in die heutige Zeit erhalten geblieben, eine Statue Pluto auf einem Marmorsockel und drei Werke „Frühling", „Sommer" und „Herbst", in gleichen Ausmaßen wie die Statue des Pluto.

Am Ende der Mittelhalle der Schauhäuser, zur Zeit durch tropischen Pflanzenwuchs fast versteckt, finden wir ein etwa um die Jahrhundertwende entstandenes Werk von Professor Kaupert Perseus und Andromeda.

Einer Antilope von Carl Wagner und zwei liegenden Löwen begegnen wir auf unserem Weg durch den Park. Diese Löwen bewachten einstmals den Eingang zum Ariadneum beim Landhaus der Familie von Bethmann am Hessendenkmal.

Ein Panther von Kratz und spielende Panther von Prack, beide Skulpturen Anfang der dreißiger Jahre entstanden, bevölkern Schauhäuser. Hier und da stehen kleine von Prack geschaffene Putten. Sie symbolisieren Frühling, Sommer, Herbst und Winter, Wasser, Feuer, Luft und Erde.

Seit dem 6. 6. 1972 ziert Papilia, ein junges Bronzemädchen mit Schmetterling, die Rosenabteilung des Palmengartens mit seiner überlebensgroßen Anwesenheit, eine Arbeit des Frankfurters Heinz Saalig.

Paulskirche. Die Paulskirche ist in der Zeit von 1789 bis 1833 als eliptischer Rundbau in klassizistischen Formen erbaut worden. In den Jahren 1848 bis 1849 war sie Sitz der Deutschen Nationalversammlung. Zwei Gedenktafeln, rechts und links am Haupteingang der Kirche, zum 50. Jahrestag der Eröffnung des ersten deutschen Parlaments auf Veranlassung der Stadt Frankfurt angebracht, erinnern hieran. Die Tafeln stammen von Franz Krüger, gegossen wurden sie bei A. G. Schaeffer & Walcker, Berlin. Die linke Tafel trägt folgenden Wortlaut: Hier tagte das Deutsche Vorparlament vom 31. März bis zum 3. April 1848 und die Deutsche Nationalversammlung vom 18. Mai 1849 bis zum 30. Mai 1849." 1944 ist die Kirche völlig ausgebrannt. Zum 18. Mai 1948 war sie mit Spenden aus ganz Deutschland

Tafel (rechts am Eingang)

wieder aufgebaut worden. Seitdem dient sie als Stätte hoher Feierlichkeiten und Versammlungen. Vor ihrer inneren Zerstörung waren auf den Sitzbänken noch die Messingschilder mit dem Namen der

Tafel (links am Eingang)

berühmtesten Abgeordneten aus dem Jahre 1848 zu sehen: Ernst Moritz Arndt, Robert Blum, Heinrich von Gagern, Turnvater Jahn, Ludwig Uhland u. a. An dem Gebäude sind außer den vorgenannten Gedenktafeln angebracht: Gedenktafeln an Bundespräsident Theodor Heuss, Reichsfreiherrn vom und zum Stein, den Präsidenten der Vereinigten Staaten von Amerika John Fitzgerald Kennedy, den Vater des Pietismus Philipp Jakob Spener, den verstorbenen hessischen Ministerpräsidenten Georg August Zinn, ein Denkmal zur Erinnerung an den Reichspräsidenten Friedrich Ebert und ein Mahnmal für die Opfer des Naziterrors.

Pferdestandbild. Staatsrat Simon Moritz von Bethmann hatte im Jahre 1781 das in England geborene Pferd Edips für 500 englische Pfund erworben. Dieses, sein Lieblingspferd, hatte dem Staatsrat in den napoleonischen Kriegen durch sein verständnisvolles Verhalten das Leben gerettet. 1812 ließ Bethmann diesem Pferd von Christian Daniel Rauch, dem berühmten Berliner Hofbildhauer, ein Denkmal in halber natürlicher Größe errichten. Dieses Denkmal stand in dem Bethmannschen Park am Waldrande, in der Nähe der heutigen Bahnstation Louisa. Das Standbild wurde im zweiten Weltkrieg von Bomben zerschlagen. Die Trümmer wurden 1955 durch die Buderusschen

Eisenwerke in Hirzenhain neu zusammengefügt und das Denkmal danach restauriert. Es steht seitdem im Louisapark in der Nähe des Kinderspielplatzes.

Plastik mit Wasserspielen. Im Oktober 1968 konnte das Geschäftszentrum der Nordweststadt eingeweiht werden. Für den Platz vor dem Gemeinschaftshaus hat der Frankfurter Bildhauer Hermann Goepfert eine Plastik mit Wasserspielen und mit Wasserreflektionsflächen erstellt, bei der das fließende Wasser die Dynamik und das ruhende Wasser die Statik verkörpern.

Portikus der Stadtbibliothek. Die in den Jahren 1820 bis 1825 von Stadtbaumeister Heß d. J. errichtete Stadtbibliothek an der Obermainanlage ist im zweiten Weltkrieg bis auf den Portikus vernichtet worden. Er soll als Mahnmal erhalten bleiben. Auf dem Anbau zur

Stadtbibliothek waren acht Standbilder aufgestellt: Johann Friedrich Böhmer, August Achilles von Lersner, Philipp Jakob Spener, Dr. Eduard Rüppell, Arthur Schopenhauer, Johann von Fichard, Matthäus Merian d. Ä. und Dr. Georg Varrentrapp. Die Standbilder waren Arbeiten der Bildhauer Herold, Krüger, Rumpf und Schierholz.

Postreiter. In der Altstadt, in dem östlichen Hof zwischen Kannengießergasse und Fahrgasse, auf dem Gelände des im Krieg zerstörten Hainerhofes, steht seit 1954 der Postreiter, ein Pferd auf hohem Sockel, auf dem ein die Trompete blasender Reiter sitzt. Der Bildhauer Albrecht Glenz aus Erbach im Odenwald hat dieses Denkmal aus Kirchheimer Muschelkalk geschaffen. Es soll daran erinnern, daß etwa von 1670 bis 1807 sich hier der Kurhessische Posthof befand. Das Werk ist eine Stiftung der Frankfurter Siedlungsgesellschaft.

Postreiter

Prima vera. Zu dem einhundertjährigen Geschäftsjubiläum der Höchster Farbwerke im Jahre 1963 hat die Stadtverwaltung Frankfurt dem größten Geschäftsunternehmen im Stadtbereich die Figurengruppe „Prima vera" aus Bronze, eine Mädchen- und eine Jünglingsfigur, von dem Bildhauer Gerhard Marcks geschaffen, geschenkt. Die Gruppe ist im Innenhof der neuen Kantine der Farbwerke und des Restaurants der Jahrhunderthalle aufgestellt worden (Bild Seite 148).

Rathaus in Bergen. In den Jahren zwischen 1300 und 1350 benötigte die Gemeinde eine Mehrzweckhalle. Das zusätzliche Fachwerkgeschoß dieses Gebäudes, das nur ebenerdig errichtet worden war, wurde zwischen 1520 und 1530 auf das Massiverdgeschoß aufgesetzt. Um 1700 wurde das schöne Fachwerkgefüge verputzt, und die gotischen Bögen an den Längsseiten wurden zugemauert. 1910 erfolgte eine Renovierung des Gebäudes. Damals mußte aus Kostengründen von einer Freilegung des Fachwerks Abstand genommen wer-

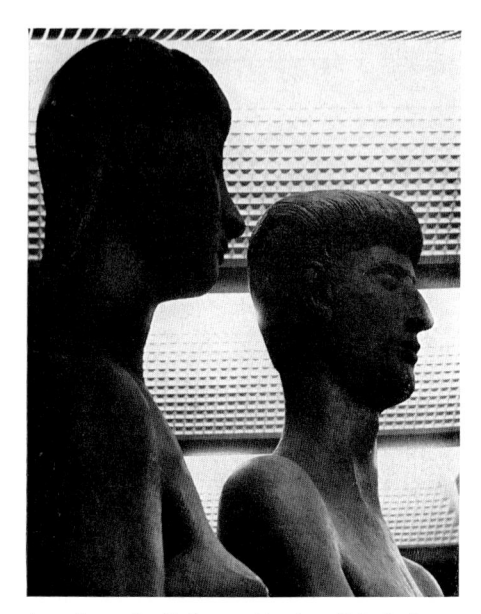

Prima vera

den, denn die Balken unter dem Putz hatten zu sehr gelitten, ihre Erneuerung überstieg damals die Möglichkeiten der Gemeinde. 1934 kam dann ein grundlegender Umbau. Viele Balken des zerstörten Fachwerks wurden ausgewechselt, die Vermauerungen der gotischen Bögen wurden entfernt, dafür entstanden Fenster. Im Jahre 1972 wurden die im Erdgeschoß eingeflickten Wände wieder entfernt. Nun

Reisdenkmal

steht das Rathaus in der Marktstraße wieder — liebevoll gepflegt — vor den Augen der zufriedenen Einwohner in altem Glanz.

Reisdenkmal. Johann Philipp Reis (1834–1874), der Erfinder des Fernsprechers, hat in den Jahren 1850 bis 1858 hier in Frankfurt gelebt. Seine Erfindung hat er am 26. 10. 1861 zum ersten Male im hiesigen Physikalischen Verein vorgeführt. 50 Jahre später wurde der Grundstein zu einem Denkmal gelegt, dessen Errichtung durch freiwillige Spenden möglich gemacht worden war. Geschaffen hat dieses Denkmal Professor Friedrich Hausmann. Es steht in der Eschenheimer Anlage am Eingang zum Oeder Weg.

Ring der Statuen. Georg Kolbe (1877–1947) gestaltete, kaum berührt von der Problematik der modernen Kunst, in ruhenden wie in bewegten Figuren die Beziehung von Raum und nacktem menschlichen Körper im Sinne einer völlig harmonischen gegenseitigen Durchdringung. In maßvoll vereinfachten Formen verwirklichte er ein eigenes, klassisch bestimmtes Ideal des beseelten schönen Leibes. Das gilt für die frühen Werke Kolbes in gleicher Weise wie für sein späteres Schaffen, denn bei allen Wandlungen und Entwicklungen ist das Werk des Künstlers von einer seltenen Einheitlichkeit. Zu seinen Spätwerken zählt der Ring der Statuen. In dem neu geschaffenen Rothschildpark stehen die sieben überlebensgroßen Figuren: Junges Weib, Hüterin, Auserwählte, Amazone, Herabschreitender, Stehender

Jüngling und Sinnender zwischen 14 Pylonen. An der Statue des Sinnenden, der letztgeschaffenen, hat Koibe bis zu seinem Tode gearbeitet. Professor Scheibe hat diese, wie auch das Beethovendenkmal, schließlich vollendet.

Rinzdenkmal. Auf Geheiß Napoleons mußte die Stadt entfestigt werden. Maire Guiollett schlug vor, auf dem freiwerdenden Gelände Parkanlagen für die Bürgerschaft zu schaffen. Der Gedanke gefiel Fürstprimas Carl von Dalberg, der einen jungen Schloßgärtner, Sebastian Rinz (1782–1861), von Aschaffenburg nach Frankfurt berief. Dieser verstand es, anstelle der Festungswerke nach den Plänen von Guiollett einen Grüngürtel um die Altstadt, die Wallanlagen, ohne besondere Kosten entstehen zu lassen. Die zur Bepflanzung erforderlichen Bäume und Sträucher holte er in Kahnladungen aus den fürstlichen Schloßgärten von Aschaffenburg, zum Teil ließ er sie sich aus Frankfurter Bürgergärten schenken. Freunde schafften ihm im Jahre 1892 durch das von Heinrich Petry entworfene Denkmal ein würdiges Andenken. Die Bronzefigur, Rinz in behaglich sitzender Stellung, eine Rose betrachtend, ist auf einem Granitsockel aufgestellt. Das Denkmal mußte seinen Platz in der Gallusanlage 1902 verlassen, um dem inzwischen eingeschmolzenen Bismarckdenkmal Platz zu machen. Jetzt ist es eine Zierde der Friedberger Anlage. Rinz ist nicht nur der Mitschöpfer der Wallanlagen, sondern des ältesten Teiles des Hauptfriedhofes, des Günthersburgparkes und des Parkes von St. Georgen. Als letzte Arbeit begann er im Jahre 1860 mit dem Nizza.

Die Figur wurde im zweiten Weltkrieg zur Einschmelzung nach Hamburg transportiert, konnte aber am 30. 11. 1949, nach Zurückholung, in der Nähe des ehemaligen Standplatzes wieder aufgestellt werden.

Römerberg-Ostseite-Bebauung. Am 21. Juni 1980, dem Tag des Sommeranfangs, hat eine von der Stadt eingesetzte Jury sich einstimmig auf ein von der Berliner Architektengruppe Bangert–Jansen–Scholz und Schulte vorgelegtes Modell zur Römerberg-Ostseite-Bebauung geeinigt. Der Vorsitzende der Jury, der Darmstädter Professor Max Bächer, sprach von einer genialen Lösung. Das neue Modell baut auf dem Konzept dieser bereits beschlossenen Ostzeile schlüssig auf. Ohne die historische Zeile geht es nach Ansicht der Juroren nicht. In dieser Häuserreihe sind vor allem Läden, Lokale und Wohnungen vorgesehen. Diese Häuser sollen mit Giebelhäusern auf der Rückseite verbunden werden. Dahinter — weiter nach Osten und damit dem Dom zu und vor dem historischen Garten, der erhalten bleibt — soll in Form einer Rotunde ein halbkreisförmiger zentraler Treffpunkt aufgebaut werden. Dieser Bau wird eine Reihe von Mehrzwecksälen für Großveranstaltungen, Ausstellungen und dergleichen mehr aufnehmen. In einem Langbau, der von der Nikolaikirche bis fast zum Dom führt, sollen Räume der Volkshochschule, ein Altentreff, Seniorenwerkstätten und Läden untergebracht werden. Parallel zu dieser Häuserzeile — und damit zur Saalgasse hin verlaufend — sind Wohnungen geplant. Auch der „Schwarze Stern", um das Jahr 1600 neben der Nikolaikirche erbaut, eines der schönsten Fachwerkhäuser der Stadt, das 1944 bis auf das steinerne Untergeschoß abgebrannt war, soll in der Nähe der Nikolaikirche wieder aufgebaut werden.

Die Zustimmung der Fachleute aus dem In- und Ausland sowie der Vertreter aller politischen Parteien zu dem vorgelegten und prämierten Entwurf war in der Jury so groß, daß die Preissumme von 100.000 DM auf 120.000 DM erhöht worden ist.

Es wird mit einem Kostenaufwand bei der Gesamtverwirklichung von 100 Mio. DM gerechnet.

Am 30. Januar 1981 hat der Frankfurter Oberbürgermeister Walter Wallmann mit dem ersten Schlag einer Spitzhacke die Rekonstruktion der historischen Römerbergzeile mit den Häusern Großer Engel,

Goldener Greif, Wilder Mann, Kleiner Dachsberg, Großer und Kleiner Laubenberg, dazu dem Schwarzen Stern, begonnen. Diese Ostzeile und der Schwarze Stern sollen bis 1983 beziehbar sein. Die Kulturschirn und die Wohnhäuser entlang der Saalgasse, das zweite und damit nachfolgende Vorhaben, werden wohl erst 1988 fertig werden.

Rosemeyergedenkstätte. Der berühmte Rennfahrer Bernd Rosemeyer, der auf der Autobahn Frankfurt – Darmstadt am 25. Oktober 1937 erstmalig mit einem deutschen Rennwagen eine Stundengeschwindigkeit von mehr als 400 Kilometern erreichte, verunglückte hier am 28. Januar 1938 bei neuen Rekordversuchen tödlich. An der Unglücksstelle, bei Kilometer 9,2 der Autobahn, wurde am 28. Januar 1939 durch die Auto-Union ein schlichtes Erinnerungsmal eingeweiht. Die Witwe von Bernd Rosemeyer ist die bekannte Fliegerin Elly Beinhorn.

Rothschild-Palais-Gedenktafel. Das ehemalige Rothschildpalais, Untermainkai 14–15, ist am 27. 9. 1968 dem Historischen Museum übergeben worden. In den restaurierten Erdgeschoßräumen stellt das Museum ständig Teile seiner Sammlungen aus. Das Haus wurde im Jahre 1848 von Meyer Carl von Rothschild, dem Enkel Meyer Amschel Rothschilds, erworben. Eine Marmortafel, die am Hause angebracht ist, berichtet über die Geschichte des Hauses.

Rückergedenktafel. An den 1908 gestorbenen Stifter für allgemeine Armenzwecke Franz Rücker erinnert an dem Haus Franz-Rücker-Allee 2 eine Gedenktafel.

Säulen des einstigen Löwensteinschen Palais stehen seit Mitte 1977 nun am Dalberger Haus in Höchst. Die fünfzehn auf der Schloßterrasse ebenfalls nun wieder aufgestellten Säulen haben über dreihundert Jahre im Hauptgebäude des Renaissancebaues die Decke des großen Saales getragen.

Sandgasse, die Skulpturenstraße. Die zwischen Bleidenstraße und der Paulskirche gelegene ruhige Geschäftsstraße „Sandgasse" hat im Laufe des Jahres 1980 durch die Aufstellung von fünf Werken von Frankfurter Künstlern eine freundliche Aufwertung erlebt. Vom Main herkommend, vorbei an Römer und Paulskirche, treffen wir dort zuerst auf ein Schnitzwerk aus Platanenholz von Hans Steinbrenner und danach auf eine Bronzestele von Christa von Schnitzler, die leider von losen Buben schon einmal beschädigt worden war. Es folgt ein Eisenguß „Stehender" von dem Städelprofessor Michael Croisant und zum Abschluß zwei Arbeiten von Marita Kaus. – Der Weg von der Paulskirche zum Goethehaus soll den Besucher dieser Stadt wie auch den Einheimischen auf einem lohnenden kleinen Umweg durch dieses Schatzkästlein der Moderne führen.

Schillerdenkmal. Als im Jahre 1859 Schillers hundertster Geburtstag gefeiert wurde, sollte auch er in Erz erstehen, so wie ihn Johannes Dielmann von der Städelschule auf dem Römerberg im Gipsmodell gezeigt hatte. Der Erzguß erfolgte nach erfolgreich abgeschlossener Geldsammlung durch F. von Miller in München. Schiller steht auf einem Syenitblock aus dem Fichtelgebirge. Das Denkmal wurde am 9. Mai 1864 an der Hauptwache, dem früheren Paradeplatz, enthüllt. Danach hieß dieser Platz Schillerplatz. Später stand Schiller der modernen Technik im Wege. Vom Schillerplatz kam er auf den Rathenauplatz und von dort, um dem weiter wachsenden Autoverkehr zu weichen, auf seinen jetzigen Platz in der Taunusanlage mit dem Blick zu dem Theater. Friedrich von Schiller wohnte im Herbst 1782 auf der

Flucht vor dem Herzog von Württemberg unter falschem Namen in Sachsenhausen. Bei einem zweiten Frankfurter Aufenthalt, nun bereits als gefeierter Dichter, hat er im ehemaligen Pariser Hof, im Steinweg, gewohnt.

Schillerruhe. Wandert man vom nördlichen Ortsausgang von Neu-Isenburg auf dem östlichen Waldweg nach Frankfurt, dann gelangt man kurz hinter der Autobahnüberquerung zur Schillerruhe Ecke Darmstädter Landstraße und Schillerschneise. Hier ruhte Friedrich von Schiller mit seinem Freund Andreas Streicher auf seiner Flucht vor dem Herzog von Württemberg in der Nacht vom 22. zum 23. 9. 1782 aus. Eine im Jahre 1860 an dieser Stelle geschaffene Anlage wurde zu Schillers 200. Geburtstag, am 10. 11. 1959, umgestaltet und der Öffentlichkeit übergeben. Es ist ein großer Buntsandsteinblock mit der Inschrift: „Schiller mit Streicher auf der Flucht 1782", umrahmt von Bänken, die den Wanderer zu beschaulicher Rast einladen.

Schneewittchendenkmal. Auf dem Kinderspielplatz in der Taunusanlage, an der Rückfront der Bankenklamm der Neuen Mainzer Straße, abseits vom Straßenverkehr gelegen, finden wir das von August Haag geschaffene Schneewittchendenkmal.

Schopenhauerdenkmal. Der große, eigenwillige Denker Arthur Schopenhauer aus Danzig ließ sich 1831 in Frankfurt nieder. Fünfunddreißig Jahre nach seinem 1860 hier erfolgten Tode, am 5. Juni 1895, wurde das von Friedrich Schierholz geschaffene Denkmal am Nordende des Rechneiweihers aufgestellt. Die Bronzebüste stand auf einem Sockel, an deren Fuß eine Sphinx auf das Rätsel des Menschenlebens, dessen Lösung sich die Philosophie widmet, deutete. Die Skulpturen rund um den runden Sockel spielten auf diese Lösung an. Die Kosten des Denkmals wurden durch freiwillige Beiträge der Bürgerschaft bestritten. In der Nacht vom 13. auf den 14. 3. 1951

ist das Denkmal gestohlen und am 19. April des gleichen Jahres in einem Keller in Bornheim von der Polizei entdeckt worden. Am 21. 9. 1952 ist es, nunmehr am südlichen Ende des Rechneiweihers, der Sphinx und seiner Skulpturen entkleidet, erneut aufgestellt worden. Die überlebensgroße Büste ist von dem Kunstgießer Milberg restauriert worden.
Schopenhauer hatte mit Bedacht seine Wohnung in Frankfurt und daselbst in der „Schönen Aussicht" gewählt. Sein Essen nahm er regelmäßig an der gepflegten Tafel eines der für seine gute Küche bekannten Hotels ein. Er war als ein verschrobener Kauz seinen Mitbürgern eine bekannte Figur, die noch in mancher wohlgelungenen Karikatur weiterlebt. Die Häuser Schöne Aussicht 16 und 17, in denen Schopenhauer gelebt hatte, sind mit dem Schopenhauer-Museum 1944 ein Raub der Flammen geworden. Fried Lübbecke, der verstorbene Altstadtvater, hat den Untergang der Häuser in dem Georg-Hartmann-

Buch „Alt-Frankfurt — Ein Vermächtnis" mit bewegten Worten beschrieben. Das Schopenhauer-Archiv konnte gerettet werden.

Schwatzende Hausfrauen. Auf Veranlassung der Aktienbaugesellschaft für kleine Wohnungen hat der Frankfurter Bildhauer Hugo Uhl im Jahre 1967 für einen Einkaufsweg in der Nordweststadt vor dem

Hause „In der Römerstadt 118" eine Betonplastik „Schwatzende Hausfrauen" in Lebensgröße geschaffen, eine zarte Anspielung auf tägliche, menschliche, allzumenschliche Begebenheiten.

Schwindgedenktafel. Im Jahre 1967 hat der Bad Nauheimer Bildhauer Dr. Knud Knudsen eine Bronzetafel zur Erinnerung an Moritz von Schwind geschaffen, die an dem Hause Bockenheimer Anlage 3, das nach dessen Plänen erbaut wurde, und in dem er von 1846 bis 1847 lebte, angebracht worden ist. Schwind, ein Maler der Spätromantik, lebte von 1804 bis 1871, davon nur einige wenige Jahre in Frankfurt. Hier hatte er ein Atelier im Städel zu der gleichen Zeit, zu der Johann Heinrich Hasselhorst, der Maler des Bildes „Der Wäldchestag", im Städel Schüler war. Als Illustrator und Zeichner für die „Fliegenden Blätter" sowie in zyklischen Gemäldekompositionen und Einzelbildern schuf Schwind seine besten Werke.

Senckenbergdenkmal. Das einfache von August von Nordheim geschaffene Denkmal wurde im Jahre 1864 zu Ehren des Frankfurter Arztes Johann Christian Senckenberg (1707—1772) errichtet. Außer der Büste von Senckenberg trägt der Sockel aus Syenit nur die kurze Inschrift: „Johann Christian Senckenberg. Zur hundertjährigen Feier seiner am 18. August 1763 errichteten Stiftung für Arzneikunde und Krankenpflege. 1863." Senckenberg hat sich selbst zu seinen Lebzeiten ein würdigeres Denkmal gesetzt. Er hat seiner Vaterstadt seine Sammlungen, sein Haus und sein bedeutendes Vermögen für ein medizinisches Lehrinstitut und für ein Bürger- und Beisassen-Hospital gestiftet. bei dessen Bau, den er genau überwachte, er durch einen Sturz seinen Tod fand. Das Denkmal steht heute in der Senckenberganlage vor dem Natur-Museum und Forschungs-Institut Senckenberg, das seit 1817 seinen Namen in alle Welt getragen hat.

Sitzende. Die Marmorstatue ist ein Werk des Bildhauers Heinrich Harick. Im Jahre 1952 ist sie von dem Bildhauer Edwin Müller nachgeschaffen worden. Sie ist im Schauhaus des Bethmannparkes zu finden.

Skulpturen. Von der Praunheimer Bildhauerin Marita Kaus, einer Mettelschülerin, haben in der Frankfurter Innenstadt, in der Freßgaß' und in der Sandgasse, einige Skulpturen Aufstellung gefunden. In der Freßgaß' liegen zwei ihrer Diabasköpfe, altvulkanisches Ergußgestein, und in der Sandgasse liegt ein schöner abstrakter Stein der frühen Phase.

Spenergedenktafel. Zu seinem 275. Todestag, am 5. Februar 1980, ehrten Stadt und Evangelischer Religionsverband gemeinsam den Mann, der den Beinamen „Vater des Pietismus" trägt und sich als Senior der lutherischen Pfarrerschaft in Frankfurt von 1666 bis 1686 bemühte, innerliche Frömmigkeit mit sozialem Wirken zu verbinden:

Philipp Jakob Spener. Eine dreiteilige Bronzetafel des Frankfurter Künstlers Hans-Bernt Gebhardt zeugt nun an der Paulskirche von dem Wirken und Schaffen des Theologen in dieser Stadt.

Spielende Bären. Auf Veranlassung der Aktienbaugesellschaft für kleine Wohnungen hat der Frankfurter Bildhauer Karl Trumpfheller eine Plastikgruppe „Spielende Bären", ein Spiel zwischen Bärenmutter und Bärenkind, geschaffen, die vor dem Hause Hans-Pfitzner-Straße 14 aufgestellt worden ist. Sie liegt am Weg eines Teiles der Schwanheimer Jugend zur Minna-Specht-Schule. Das Material der Plastik besteht aus Basaltsplitt, gebunden mit grauem Zement.

Springende Fische.   Ebenfalls auf Veranlassung der Aktienbaugesellschaft für kleine Wohnungen hat der Frankfurter Bildhauer Hugo Uhl im Jahre 1967 für den Hof der Häuser Ernst-Kahn-Straße 1—7, in der Nordweststadt, eine Plastik, eine Kupfer-Messing-Legierung, „Springende Fische" geschaffen. Die Plastik symbolisiert das durch den Bau der Nordweststadt neu entstandene und sich dort ständig erneuernde Leben (Bild Seite 176).

Staufenmauer.   Reste der zu Beginn des 19. Jahrhunderts abgetragenen Befestigungsanlagen blieben im Raum um den Eschenheimer Turm und vor allem in Sachsenhausen bis zum Ausgang des Jahrhunderts stehen. Ein Rest der hohenstaufischen Stadtmauer vom Jahre 1150 an der Börnestraße (an der Einmündung der Töngesgasse in die Fahrgasse) ist erst durch die Vernichtung der Hinterhäuser an der Fahrgasse im zweiten Weltkrieg 1944 sichtbar geworden. Die Abtragung der Befestigungsanlagen um den Stadtkern erfolgte auf Grund einer Anordnung von Napoleon. Ein weiteres Stück des alten Wehrganges ist heute noch zwischen Turm und Kirche (Liebfrauen) geblieben. Der Delkeskamp-Plan aus dem Jahre 1864 läßt bei genauer Betrachtung Teile des hier gezeigten Mauerstückes erkennen. Eine von dem Frankfurter Bildhauer Georg Krämer geschaffene Bronzetafel ist am 14. 7. 1962 in der Fahrgasse an der Mauer angebracht worden.

Stehendes Mädchen. Im Jahre 1936 hat Georg Kolbe den Goethepreis der Stadt Frankfurt erhalten. Bereits im Jahre 1937 hat Kolbe für das Museum auf Bitte des damaligen Direktors Ernst Beutler eine Mädchenfigur geschaffen. Dieses „Stehende Mädchen" zeigt in seinen plastisch gerundeten Formen den mächtigen Wuchs der allen Werken des Künstlers eigen ist. Zugleich aber ist der Körper von jener freien Anmut und dem menschlichen Adel, der alle Gestalten Kolbes zu beseelten Schöpfungen macht. Die Figur steht heute in dem Arkadenhof des neuen Goethemuseums.

Steingedenktafel. Der Erneuerer Deutschlands, Heinrich Friedrich Karl Reichsfreiherr vom und zum Stein (1757–1831), zog am 12. 11. 1813, wenige Wochen nach der Schlacht bei Leipzig, als Haupt der von den verbündeten Mächten eingesetzten Zentralverwaltung in Frankfurt ein. Seinem Wirken verdankte die Stadt die Wiederherstellung ihrer Selbständigkeit. Aus Dankbarkeit hierfür verlieh ihm Frankfurt am 4. 2. 1817 das Ehrenbürgerrecht. Anläßlich seines hundertsten

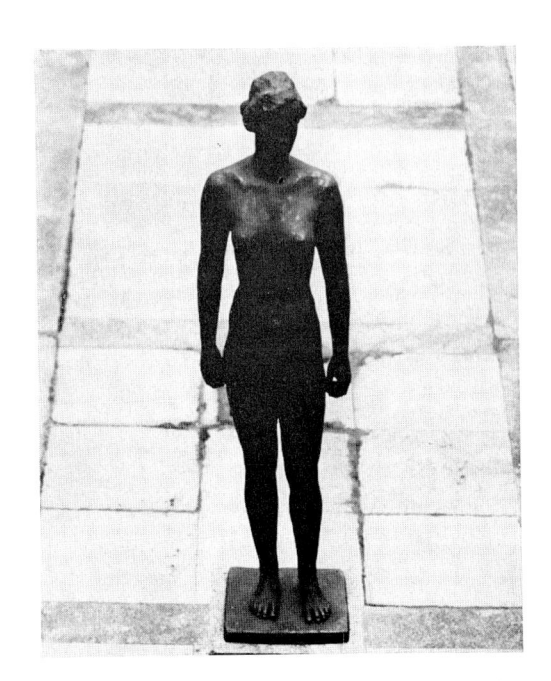

Stehendes Mädchen

Todestages (29. 6. 1831) wurde an der Ostseite der Paulskirche eine Gedenktafel mit dem Kopf des großen Staatsmannes enthüllt. Die Tafel wurde im Jahre 1950 von dem Oberurseler Bildhauer Harold Winter erneuert. Vom Stein wohnte zuerst im Hause Buchgasse 9 und von 1816 bis 1824 während der Wintermonate im Palais Mülhens in der Großen Eschenheimer Gasse 74.

Steinhausengedenktafel. Wilhelm Steinhausen (1846—1924) lebte seit dem Jahre 1877 in Frankfurt. Neben zahlreichen Gemälden und einem reichen graphischen Werk hat er eine große Zahl von Wandgemälden geschaffen. Die Lukaskirche in Sachsenhausen war hierfür ein Musterbeispiel. Deren Bilder sind im zweiten Weltkrieg zerstört worden. Sein Selbstbildnis befindet sich im Städel. An dem Hause Wolfsgangstraße 152, das Steinhausen von 1885 an bis zu seinem Tode bewohnte, ist eine Gedenktafel angebracht.

Steinplastik im Japanischen Garten in Höchst. Die Steinplastik Royo Daruma, ein Werk des japanischen Bildhauers Kaoru Kitagawa, war aus dem Japanischen Garten in Höchst entwendet worden. An Stelle der Originalfigur steht heute eine Zweitausfertigung. Royo heißt auf Deutsch Schilfrohr und bedeutet wohl kleines Boot, in dem Daruma — der Legende nach — den Jangtsekiang überquert haben soll. Daruma gilt als Symbol für Glück und Ausdauer.

Stier. Der Maler Fritz Boehle hat sich erst gegen Ende seines Lebens der bildhauerischen Arbeit zugewandt. Nur eines seiner Werke,

den großen Stier, der nach manchen Wanderungen jetzt im Günthersburgpark steht, den konnte er vollenden. Der Stier war dazu bestimmt, auf einem hohen Sockel zu stehen. Die Wucht des Monumentes wäre dadurch stärker betont worden. Das Modell war bereits in den Jahren 1904/05 geschaffen worden. Die Ausführung in getriebenem Kupferblech ist erst im Jahre 1910 erfolgt.

Stoltzedenkmal. Der Sohn des Gasthalters im Rebstock Friedrich Stoltze ist am 21. 11. 1816 in Frankfurt geboren und am 26. 3. 1891 hier gestorben. Schon vier Jahre nach seinem Tode erhielt er auf dem Hühnermarkt, nahe dem Vaterhaus und im Herzen von Alt-Frankfurt, ein Denkmal, damals ein Brunnen mit drei wasserspendenden Tauben. Die Kosten kamen durch freiwillige Beiträge der Bürgerschaft zusammen. Der erste Entwurf ist von Friedrich Schierholz, die Ausführung von Fritz Klimsch. Der Sockel aus Sandstein trägt die

Büste des gefeierten Lokaldichters und trug unter dieser ursprünglich einmal drei aus Sandstein gemeißelte Köpfe. Diese stellten den Sachsenhäuser Gärtner Kiezehipper, den roten Schornsteinfeger und den David, den Helden der „Kapp" dar. Das Urbild zum David ist der nachmals bekannte Frankfurter Mediziner Moritz Schiff, Professor der Physiologie an der Universität in Genf. Unten auf dem Sockel fanden sich drei auf eingelegten Bronzeplatten dargestellte Gruppenbilder. Die aus Sandstein gemeißelten Köpfe und die Bronzeplatten hat das Denkmal im zweiten Weltkrieg verloren. Teile davon verwahrt noch das Historische Museum. Dem Denkmal mußte im November 1895 der Freiheitsbrunnen weichen. Es mußte 1970 im Bereich der Fußgängerzone zwischen Katharinenkirche und Liebfrauenberg aufgestellt werden und hat dort nun wieder einen Brunnen mit plätscherndem Wasser erhalten. Stoltze war ein Schützling von Marianne Willemer und wurde von dem Frankfurter Seidengroßhändler Marquard Seufferheld gefördert.

Stoltze ist der bedeutendste und bekannteste Frankfurter Mundartdichter, der in zahlreichen heiteren und ernsten Versen und Dichtungen ein ausgezeichnetes Bild von Frankfurt und seinen Bürgern gezeichnet hat. Er hat für sein mannhaftes Eintreten für die menschliche Freiheit weit über seine Vaterstadt hinaus Bedeutung erlangt und seinen Freimut durch zeitweilige Verbannung aus seinem geliebten Frankfurt hart büßen müssen.

Straßennamenschilder. Oberbürgermeister Bockelmann hat vor Jahren veranlaßt, daß zu den Straßennamenschildern belehrende Zusätze angebracht worden sind. Auf diese darf ebenso verwiesen werden wie auf die entsprechenden Hinweise im Adreßbuch der Stadt Frankfurt am Main und im Frankfurter Straßennamenbüchlein von Kurt Wahlig. Diese Erläuterungen sind zwar keine Gedenkstätten im Sinne dieses Handbuches, an ihnen kann aber ein Teil der Frankfurter Stadtgeschichte mühelos abgelesen werden.

Stürmergedenkstätte. Der Bruno-Stürmer-Gedenkstein ist im Jahre 1960 auf Veranlassung des Hessischen Sängerbundes im Benehmen mit dem Frankfurter Forstamt an der Einmündung der Eifelstraße in die Rheinlandallee, unweit der Schwanheimer Turnhalle, gesetzt worden. Der sechs Tonnen schwere Findling, eine Stiftung von Martin Henrich, kommt aus dem Odenwald. Die Ehrung gilt dem zeitgenössischen Freiburger Chorkomponisten Bruno Stürmer, der dem Chorgesang unserer Tage wesentliche Impulse zur Erneuerung gegeben hat. Der Stein trägt die Inschrift: „Dem Komponisten Bruno Stürmer, 1892–1958, Hessischer Sängerbund e. V." Das Porträtrelief stammt von dem Frankfurter Bildhauer Georg Krämer.

Synagogengedenksteine. Bei dem großen Brand im Jahre 1711 wurden nicht nur alle Häuser der Judengasse zerstört, sondern auch die Synagoge. Schon am 23. März des gleichen Jahres legten die Juden den Grundstein zu ihrer neuen Synagoge. Diese wurde am 9. November 1938 zerstört. Zur Erinnerung an diese Hauptsynagoge ist an der gleichen Stelle, in der Börnestraße, am Haus Nr. 31, eine Erinnerungstafel aus schwarzem Marmor angebracht worden.

Zur Erinnerung an die ebenfalls am 9. November 1938 zerstörte, in den Jahren 1905 bis 1907 erbaute Friedberger-Anlage-Synagoge hat die Stadtverwaltung in der Friedberger Anlage 7 einen aus schwarzem Marmor erstellten Gedenkstein, eine liegende Platte, auflegen lassen. Die abgebildete Tafel erinnert an die am gleichen Tage zerstörte Synagoge in Höchst.

Seit dem 8. 11. 1979 erhebt sich an der Stelle, an der im Rödelheimer Inselgäßchen seit 1838 die Synagoge gestanden hat, ein Mahnmal. Es erinnert an deren Zerstörung in der „Reichskristallnacht", die Nacht vom 9. auf den 10. November 1938. Der Bad Homburger Bildhauer Christoph Krause hat eine Vierkantsäule, einen Buntsandstein-

HIER STAND DIE SYNAGOGE
DER JÜDISCHEN
      GEMEINDE HÖCHST.
1938 DURCH DIE NATIONAL-
SOZIALISTEN ZERSTÖRT.
WIEDERERICHTET MIT HILFE
DER STADT
      FRANKFURT AM MAIN
IN NEVE-EFRAIM / ISRAEL.

Block, geschaffen, die eine Gruppe von Menschen trägt, die in die Gaskammer geführt werden. Das Mahnmal ist auf Initiative der evangelischen Cyriakusgemeinde mit Bürgerspenden errichtet worden.

Tanzpaar. Der Frankfurter Bildhauer Hugo Uhl hat im Jahre 1969, auf Veranlassung der Aktienbaugesellschaft für kleine Wohnungen, eine überlebensgroße Betonplastik „Tanzpaar" geschaffen, die in der Bernadottestraße in der Nordweststadt aufgestellt worden ist.

Teplitz-Schönau-Gedenksäule. In Frankfurt-Höchst, in der Gerlachstraße – Thiotmannstraße, hat die Stadt Frankfurt am 15. 6. 1958, aus Anlaß des fünfjährigen Bestehens der Vertriebenensiedlung, eine von dem Frankfurter Bildhauer Georg Krämer gestaltete Gedenksäule aus rotem Sandstein, als Symbol der Patenschaft der Stadt Frankfurt zu den Vertriebenen aus Teplitz-Schönau, aufstellen lassen.

Thomagedenktafel. Der Maler und Radierer Hans Thoma (1839–1924) lebte von 1876 bis 1899 in Frankfurt, davon die letzten 13 Jahre in dem Haus Wolfsgangstraße 150. Eine Tafel, gleich der an dem Nebenhaus, dort allerdings mit dem Hinweis auf Thomas Freund, den Maler Steinhausen, hält diese Tatsache fest. Eine bedeutende Sammlung von Thomas Bildern befindet sich im Städel. Er malte Bildnisse seiner Familie, bäuerliche Figurenbilder und Landschaften. Unter den graphischen Arbeiten ragen die Lithographien hervor.

Töpferöfen des römischen Nida

Töpferöfen des römischen Nida. Es ist gelungen, zwei Töpferöfen des römischen Nida auszugraben. Die Töpferei liegt in der Nordweststadt unmittelbar an der Einmündung der Titusstraße in den östlichen Erich-Ollenhauer-Ring. Es handelt sich um eine besonders komplizierte und in dieser Weise noch nirgendwo sonst aufgefundene Anlage, zu der ursprünglich wohl vier Öfen gehörten (Seite 166).

Uhrtürmchen. Auf der Kreuzung Berger- und Arnsburger Straße steht seit 1977 das neue alte Uhrtürmchen wieder. Die Bornheimer Bürger haben damit so etwas wie eine Garantie dafür, daß ein Stück Alt-Bornheim in die neue Zeit gerettet worden ist. Es gibt andere aufwendigere Uhrtürmchen, so zum Beispiel das in der Friedberger Anlage, aber das Herz der Bornheimer hängt an diesem. Im Sommer 1980 ist hier ein Brunnen entstanden.

Umweltakzente. Der jetzt — 1980 — 55 Jahre alte Münchner Alf Lechler ist Schöpfer der gigantischen Stahlplastiken, die auf dem Freigelände der Auto Union in der Mainzer Landstraße ihre Aufstellung gefunden haben. Er nennt sie Umweltakzente.

Vorhaben Denkmäler und Gedenkstätten. Bei dem Abschnitt „Vorhaben Brunnen und Wasserspiele" ist mit einigen Worten auf zu erwartende Aktivitäten auf diesem Gebiet hingewiesen worden. Das dort in der Einleitung Gesagte gilt für das Vorhaben Denkmäler und Gedenkstätten gleichermaßen. Auch hier geht die Reihenfolge nach dem Alphabet ohne damit eine Bewertung darzustellen (Seite 68).

1. Betonplastik.
Jaques Delahaye, Paris, hat eine abstrakte Betonplastik geschaffen, die in einem flachen Wasserbecken Aufstellung finden soll. Es war einmal an einen Platz vor der Katharinenkirche gedacht. Eine Entscheidung ist noch nicht gefallen.

2. David und Goliath.
Am Schnittpunkt Zeilende — Hauptwache — Neue Kräme wird voraussichtlich nach Beendigung des dortigen U-Bahnbaues eine Bronzeplastik des Darmstädter Bildhauers Richard Heß aufgestellt werden. David sitzt auf dem geschlagenen Riesen.

3. Ehrlich-Porträt-Relief.
Der Bad Nauheimer Bildhauer Knud Knudsen arbeitet zur Zeit an einem Porträt-Relief für Prof. Dr. Paul Ehrlich, geb. am 14. 3. 1854 in Strehlen (Schlesien), gestorben am 20. 8. 1915 in Bad Homburg. Ehrlich war Chemiker und Serumforscher, seit 1906 Direktor des Institutes für experimentelle Therapie und des Georg-Speyer-Hauses und ist der Begründer der modernen Chemo-Therapie. 1908 erhielt er den Nobelpreis. Er hat das Salvarsan entdeckt.

4. Gruppe von drei Raum-Zeit-Gnomonen — Frankfurter Himmelshaken.

Eingerahmt von Bäumen sollen einmal in der Mitte der Konstabler Wache drei Figuren stehen. Eine Basalttreppe erinnert an einen Tempel. Dahinter sind zwei Marmorkegel vorgesehen, etwas über neun Meter hoch. Durch eine Öffnung in der Mitte des Kegels wird man nachts den Polarstern sehen können. Es ist dies eine Arbeit des Hamburger Bildhauers Ulrich Beier.

5. Neubau Rathenauplatz.

Der Italiener Gio Pomodoro hat eine zehn Meter hohe Stele aus poliertem schwarzen Marmor geschaffen. Sie soll einem Vorschlag des „Fördervereins Schöneres Frankfurt" folgend, vielleicht einmal im Zusammenhang mit der Beseitigung der Narben des U-Bahn-Baues auf dem Rathenauplatz aufgestellt werden.

6. Rosenzweig-Porträt-Relief.

Annelise Sund, Süßen, arbeitet zur Zeit an einem Porträt-Relief für Franz Rosenzweig, geboren am 25. 12. 1886 in Kassel, gestorben am 10. 9. 1929 in Frankfurt. Er war jüdischer Philosoph, Theologe und Übersetzer. Gemeinsam mit Martin Buber, dem späteren Friedensbuchpreisträger, verdeutschte er die Heilige Schrift.

7. Steingruppe.

Michel Croisant hat eine Steingruppe geschaffen, über deren Verwendung noch diskutiert wird.

An dieser Stelle muß auf die Tätigkeit des „Fördervereins Schöneres Frankfurt" und dessen Vorsitzenden Walter Hesselbach besonders hingewiesen werden, der in aller Stille segensreich für Frankfurt wirkt. Die vorgenannten Vorhaben sind zu einem Teil auf dessen Initiative zurückzuführen.

Auf die Abhandlungen unter den Titeln: Opernhaus, Denkmalpflege, Fußgängerbereiche, Leinwandhaus, Museumspark und Vorhaben Brunnen und Wasserspiele darf zur Vermeidung von unnötigen Wiederholungen hingewiesen werden. In ihnen wird ausführlich auf wesentliche Vorhaben, deren Fertigstellung sich zum Teil über Jahre, ja Jahrzehnte, hinziehen wird, eingegangen.

Wappen des Kurfürsten Diether von Isenburg. Der stark verwitterte rote Sandstein, etwa aus dem Jahre 1465, zeigt an der Stadtmauer mit gotischem Fries, an der Mainanlage in Höchst, das Wappen des Kurfürsten Diether von Isenburg.

Wegebezeichnungen im Stadtwald. Die Erholungsteile unseres Stadtwaldes sind durch sinnvolle Wegebeschilderung für die Stadtbevölkerung erschlossen worden. Der Frankfurter Bildhauer Hugo Uhl hat kunsthandwerklich gefertigte Wegweisertafeln geschaffen, die jeweils eine oder mehrere dem Ort angepaßte Figuren tragen. Für den Goetheturm ist die Gerichtsszene aus Reinecke Fuchs gewählt, für den Samstagsweg eine Gruppe von Kaffeetanten, die den Weg zur Oberschweinstiege weisen (das Bild). Am Hainerweg ist die Szene

Wegebezeichnungen im Stadtwald

dargestellt, die zum Erwerb des Frankfurter Stadtwaldes geführt hat. Ähnliche Hinweisschilder finden sich an vielen markanten Wegstellen.

Wegekreuz. Am Ausgang des ehemaligen kurmainzischen Dorfes Zeilsheim (1928 in Frankfurt eingemeindet), an der Oberpforte, in unmittelbarer Nachbarschaft der Michaelskapelle, steht ein Wegekreuz, das im Jahre 1752 von dem Flörsheimer Steinmetz Munk auf Kosten der Gemeinde errichtet wurde. Der Korpus wurde vor einer Reihe von Jahren erneuert.

Weinbauerdenkmal. Am Weg von dem Vorort Nieder-Eschbach nach Harheim liegt das Pfingstwäldchen, ein Rest des einstigen Auwaldes. Dort, am Hügel neben dem Wäldchen, wuchs einmal Wein, der seiner geringen Qualität wegen, schon lange nicht mehr angebaut wird. Ein Denkmal mit einem Weinbauer, dem man die linke Hand abgeschlagen hat, ist die einzige Erinnerung an das Gewesene. Auf dem Sockel steht „Zum Gedächtnis der früheren Weinbauer" und „Dem Wahren, Guten, Schönen".

Weinberggedenkstein. Dr. Carl von Weinberg, Wirtschaftsführer, Generalkonsul und ein großer Förderer der Künste und Wissenschaften, war Jude. 1861 in Frankfurt geboren, mußte er im Dritten Reich emigrieren. Er ist 1943 in Rom gestorben. Sein Bruder, Dr. phil. Arthur von Weinberg, Geheimer Regierungsrat, Ehrenbürger der Stadt Frankfurt, Ehrensenator der Universität, 1860 in Frankfurt geboren, ist 1943 in dem KZ-Theresienstadt gestorben. Baron von Szilviny hat zur Erinnerung an Carl von Weinberg, seinen Schwiegervater, dem Mäzen und dem Mitbegründer der Cassella-Werke, Frankfurt-Fechenheim, zu dessen 100. Geburtstag, am 14. 9. 1961, in dem Carl-von-Weinberg-Park an der Flughafenstraße, eine Bronzebüste auf einem Sockel, geschaffen von Bildhauer Alexander Archipenko, aufstellen lassen.

Weltkugel mit Friedenstaube. Das einzige, schon vor dem zweiten Weltkrieg auf dem Frankfurter Flughafen aufgestellte Denkmal trug auf einer schlanken Säule einen Adler mit ausgebreiteten Flügeln. Der Adler ist in den Nachkriegswirren abhanden gekommen. Seit dem Jahre 1950 ziert diese Säule eine Weltkugel mit einer Friedenstaube. Das Denkmal ist durch den dauernden Um- und Erweiterungsbau des Flughafens heute von zahlreichen Abfertigungshallen umgeben und damit der Betrachtung durch das Publikum zur Zeit entzogen.

Westhausener Friedhof. Für den Friedhof Westhausen hat der Bildhauer Hajo Hajek aus Stuttgart im Jahr 1962 eine künstlerisch gestaltete Betonmauer geschaffen, die diesem Friedhof seine besondere Note gibt. Die F.A.Z. schreibt am 29. 11. 1968 dazu: „Der Tod hat die Architektur in großartiger Weise heimgesucht und die Nekropolen der Antike über Jahrhunderte zusammengefügt wie im Tal von Delphi, das in mykenische Tage zurückreicht, oder vor dem Töpfermarkt von Athen, der die schönsten Grabdenkmäler des Altertums trägt. Unsere Zeit war oder ist schäbig, oder sanft in Waldfriedhöfen. Einige Beispiele etwa aus Schweden ausgenommen (Asplund) oder den großen Glockenturm von Hamburg im Ohlsdorfer Friedhof, im

Affekt eines noch nicht ausgelöschten Unglücks gebaut. Als Beispiel aus Frankfurts Nähe nennen wir die Friedhofshalle (Architekt Günter Bode), die wieder die härtere Spur des außergewöhnlichen Augenblicks zeigt. Die Halle mit dem gefalteten Dach und einer innen gefalteten Decke, welche den Zwang dieses Augenblicks für die hier Versammelten abbildet; und der auswandernde Riegel, ein Mauerrest, der mehr markiert als trennt, was Nicht-mehr-Leben und Leben,

was noch unsere Welt und die andere ist. Die tief eingelassene konkave Spur als laufendes Bildwerk dieser Wand erscheint wie der Siegelabdruck und wurde von Hajek entworfen. Es steht schon einige Jahre und hat die Probe der Dauer bestanden."

Willemerhäuschen. Marianne von Willemer geborene Jung (1784—1860) lernte Johann Wolfgang von Goethe im Jahre 1814 kennen. Die tiefe Seelengemeinschaft zwischen Goethe und Marianne hat dem „West-Östlichen-Diwan" erst rechtes Leben und rechte Fülle gegeben. Marianne ist die Suleika des West-Östlichen-Diwan. In dem Willemerhäuschen auf dem Sachsenhäuser Berg, im Hühnerweg, verbrachten Marianne und Goethe manche Stunde schöner Freundschaft. Das im Kriege zerstörte Häuschen ist durch Spenden und unter tätiger Mitarbeit des Sachsenhäuser Bezirksvereins in seiner alten Form wiederaufgebaut worden. Es kann in den Sommermonaten, an schönen Sonntagen, in den Vormittagsstunden auch in seinem Inneren, besichtigt werden (Bild nächste Seite).

Willemerhäuschen

Zeppelingedenkstein. Die Stelle der ersten Luftschifflandung in Frankfurt ist gekennzeichnet durch eine in den Boden eingelassene Schriftplatte aus Muschelkalk. Am 31. Juli 1909, nachmittags 15.30 Uhr, landete am Dammgraben, Ecke Buzzistraße, westlich des Rebstöcker Waldes, anläßlich der ersten Internationalen Luftfahrtausstellung (IIa). das Zeppelinluftschiff LZ II. Diese Ausstellung auf dem Festhallengelände und dem Rebstock war für die Entwicklung der Luftfahrt in der ganzen Welt eine bahnbrechende Tat.

Zinn-Portrait-Relief. Links neben dem Bildnis des Freiherrn vom Stein an der Paulskirche ist seit dem März 1978 das Hochrelief des überlebensgroßen Kopfes des am 27. 3. 1976 verstorbenen ehemaligen hessischen Ministerpräsidenten Georg August Zinn angebracht. Geschaffen hat es der Bad Nauheimer Bildhauer Knud Knudsen. Die sichtbare Ehrung gilt dem Mitschöpfer des Grundgesetzes und dem Gestalter des neuen Hessens ebenso wie dem Ehrenbürger von Frankfurt.

PLANMÄSSIGE LANDUNG
EINES ZEPPELIN LUFT-
SCHIFFES AM 31. JULI 1909

GEORG AUGUST ZINN
Dr. phil. h.c. Dr. sc. agr. E.h. 27.5.1901-27.3.1976
MINISTERPRÄSIDENT 1950-1969
MITSCHÖPFER DES GRUNDGESETZES
GESTALTER DES NEUEN HESSEN
EHRENBÜRGER VON FRANKFURT

Zoologischer Garten. Am 8. August 1858 konnte der erste Frankfurter Zoo, und zwar an der Bockenheimer Landstraße, eröffnet werden. Im Januar 1874 schloß er seine Pforten, da die Administration des Städelschen Instituts, der das Gelände gehörte, den Pachtvertrag nicht verlängerte. Ein Vertrag mit der Stadt sicherte das heutige Gelände an der Pfingstweide. Nach und nach zog der gesamte Zoo um. Am 16. Dezember 1876 konnte schließlich das Gesellschaftshaus eröffnet werden. Dieses einzige stattliche klassizistische Großgebäude,

das heute noch aus der Gründerzeit steht, ist im zweiten Weltkrieg weitgehend zerstört, später aber mit der teilweise erhaltenen Hauptfassade, die wiederhergestellt worden ist, erneut aufgebaut worden. Vier überlebensgroße weibliche Figuren schließen die Fassade nach oben ab. Am 28. Dezember 1957 konnte das Haus feierlich eröffnet werden.

Über das ganze Gelände zerstreut sind Denkmäler, Gedenkstätten, Kinderspielplätze mit und ohne Planschbecken, Wasser- und Brunnenanlagen zu finden, so am Max-Schmidt-Gehege eine 1903 von W. Riedisser geschaffene Bronzestatue eines nackten, auf einem Stein sitzenden Jünglings, unweit des Giraffenhauses, auf einem nahezu zwei Meter hohen Kunststeinsockel ein Pavian von Joseph-Franz Pallenberg,

am Straußenhaus, vor dem Nutriabecken, ein Brunnen mit einem lebensgroßen Affen, das Ganze aus Sandstein,

an der Eingangswand des Exotariums Mosaiken von L. Obst aus dem Jahre 1958 mit Pinguinen, Feuer- und anderen Fischen und einem Krebs,

im Exotarium selbst, dort im Insektarium, eine Bronzeplakette von dem Frankfurter Bildhauer Carl Wagner, den Kurator des Exotariums der Jahre 1913 bis 1958, Dr. h. c. Gustav Lederer, darstellend,

im Priemelhöfchen, an den Affenanlagen, ein Bronzerelief des Frankfurter Zoodirektors der Jahre 1908 bis 1938 Dr. Kurt Priemel

und eine Gorillaplastik, ein auf dem Rand des Brunnens und Zierbeckens in diesem Höfchen sitzender Gorilla, beides ebenfalls von Carl Wagner

und schließlich, im Planschbecken im Kinderzoo, wasserspeiende Frösche.

Springende Fische

(Text auf Seite 159)

Teil III

Kunst am Bau

Vorbemerkung

Der moderne Architekt strebt an, Baukunst und bildende Kunst zu integrieren. Zur Realisation dieser Forderung ist die rechtzeitige Zusammenführung und die unabdingbar notwendige Zusammenarbeit zwischen Architekt und Künstler schon von der Planung an bis zur Vollendung des Bauvorhabens notwendig. Von dem Künstler fordert dies eine umfassende Kenntnis über zu verwendende Materialien und ebensolche Kenntnisse über das formale Verhalten der Architektur unserer Zeit. Der Architekt seinerseits muß über die bildnerischen Verhaltensweisen, ihre Problematik und die vielfältigen Strömungen und Konzeptionen der bildenden Kunst präzise informiert sein. „Kunst am Bau" gibt es seit archaischer Zeit, nur der Terminus als solcher stammt aus unserer Zeit. Er ist ein Begriff geworden, der — an weltlichen gleichermaßen wie an Sakralbauten — in eine bauliche Einheit bewußt oft Kunstwerke, die zwar getrennt vom Bau, aber in räumlicher Beziehung zum Hauptwerk stehen, in die Gesamtkonzeption mit einbezieht, wobei die Aussage der Kunstwerke figurativ, aber auch rein formal aufgefaßt werden kann. Damit sind Künstler und Architekten davon abgerückt, mit der Kunst nur reines Dekor oder Dekoration zum Bau zu liefern. Das schließt aber nicht aus, daß nach wie vor auch mit dem Bau nichtintegrierte Kunstwerke dort aufgestellt werden. Drei Beispiele für viele werden diese These erläutern. Der Stuttgarter Bildhauer Otto-Herbert Hajek hat für die hiesige Heinrich-Kleyer-Schule — abseits vom Schulbau, aber bewußt in Beziehung zu diesem — eine begehbare Betonplastik „Frankfurter Frühling" im Jahr 1964 geschaffen. Er kommentiert sein Werk wie folgt: „Der Betrachter soll nicht nur mit den Augen betrachten, sondern sich mit seinem ganzen Körper in der Plastik befinden und bewegen. Erst dann nämlich wird er in eine menschlich verfremdete Umwelt gestellt und dadurch in seinem Bewußtsein verändert, zu höchster Aufmerksamkeit und Intensität gezwungen, so daß er immer wieder nur sich selbst begegnet; er wird sich seiner Persönlichkeit bewußt. Diese Formulierungen ... treffen den Kern der Sache, daß kein Unterschied mehr besteht zwischen ‚Kunst' und ‚Leben'."

Soweit der Bildhauer Hajek. Der Wiener Architekt Prof. Franz Schuster fordert im Mai 1963 für den Bau eines Frankfurter Schulzentrums unter anderem:

„Zur Aufklärung allgemein gültiger Grundfragen beizutragen, ist eine wichtige Erziehungsaufgabe. Die Ausstattung von Schulen mit künstlerischen Werken ist keinesfalls als eine dekorative Ausschmückung anzusehen. Es werden daher einige Hinweise gegeben, die Jugend durch eine entsprechende Wahl der Werke auch mit gewissen Gestaltungsgesetzen vertraut zu machen, die eine zwar einfache, aber doch helfende Einfühlung in künstlerisches Schaffen vermitteln können ...

In dem Schulzentrum der Nordweststadt, wo Förderstufe, Hauptschule, Realschule und Gymnasium vereinigt sind, könnte beispielhaft der Form- und Kunstunterricht stufenweise aufeinander abgestellt werden. Zu all den künstlerischen, materialmäßigen und technischen Fragen, wären kurze Hinweise zu verfassen, sowohl allgemeiner Art, aber auch besonders die ausgestellten Werke betreffend..."

Als Beispiel drei diene der von dem Maler Hermann Goepfert gestaltete Lichtturm, der bei dem Heinrich-von-Gagern-Gymnasium, im Bild, auf das verwiesen werden darf, gezeigt wird. Hier ist eine völlige Integration von Kunstwerk und Baukörper erreicht (Seite 272).

Bei den nach dem zweiten Weltkrieg wiederaufgebauten oder auch gänzlich neu geschaffenen Bauten, die im Zusammenhang mit Kunstwerken entstanden sind, waren die Auftraggeber überwiegend Kirchenbehörden, der Staat oder die Gemeinde. Das private Mäzenatentum ist gegen früher stark in den Hintergrund getreten, und – soweit vorhanden – nachfolgend bei den einzelnen Werken besonders vermerkt. Es ist zu hoffen, daß sich dieser Zustand ändern wird; erste Anzeichen lassen dies erwarten.

Es fehlt bisher für Frankfurt eine Zusammenstellung all der Werke, die unter den Begriff „Kunst am Bau" fallen. Diese Lücke zu schließen, ist mit ein Grund zur Erstellung dieses Handbuches. Zwei Jahre nach seiner Herausgabe hat dann das Presse- und Informationsamt der Stadt Frankfurt am Main, im Herbst 1971, eine Schrift mit dem Titel „Kunst + Bau Frankfurt am Main" herausgebracht. In diesem Heft werden künstlerische Unternehmungen der Stadt aus den sechziger Jahren dargestellt und vom besonderen Blickpunkt des Autors Günther Vogt her beleuchtet.

Es kann nicht Aufgabe des Handbuches „Mit offenen Augen durch Frankfurt" sein, „alle" Kunstwerke am Bau zu beschreiben, vor allem auch nicht das Innere von Bauten, auch nicht von Sakralbauten, wie Kirchenfenster, Altäre, Monstranzen und Kruzifixe. Darüber gibt es vielfältige, gute und erschöpfende Literatur. Auch hier dürfen einige wenige Beispiele genügen. Über „Sakralbauten in Frankfurt am Main" ist eine Schrift gleichen Titels erschienen. Auf diesen Band, mit den darin enthaltenen Artikeln von Baudirektor Ernst Görcke und Dombaumeister Hermann Mäckler, darf verwiesen werden, ebenso auf das Handbuch der deutschen Kunstdenkmäler – Südliches Hessen – von Dehio/Gall. In vorliegendem Handbuch wird nur auf die dem Betrachter von außen sichtbaren Kunstwerke, auch an Sakralbauten, hingewiesen mit Ausnahme der Schulbauten. Hier werden auch Kunstwerke im Inneren der Bauten mit einbezogen, da die Schulen täglich von Tausenden von Schülerinnen und Schülern besucht werden. Sie sind damit in erweitertem Sinne zu fast allen Zeiten öffentlicher Raum und damit jederzeit zugänglich. Unsere Jugend soll mit

diesem Handbuch bewußt mit den in ihren, aber auch in allen anderen Schulen vorhandenen Kunstwerken vertraut werden.
Eine eingehende Beschreibung der einzelnen Kunstwerke erübrigt sich in fast allen Fällen. Fotos, die in großer Zahl dem Text angeschlossen sind, geben besser als beschreibende Worte dem Leser die erforderlichen Erläuterungen.

Adler am Postamt 1. Der Adler ist als weit sichtbares Symbol des Bundesadlers anläßlich des Wiederaufbaus des Postamtes 1 auf der Zeil dort im Februar 1960 angebracht worden. Entworfen hat den Adler der Landshuter Bildhauer Fritz Koenig; in Bronze gegossen wurde er von der Kunstgießerei Hans Mayr, München.

Adler und Metallreliefs an der Oberfinanzdirektion. Am niedrigeren Vordergebäude der Oberfinanzdirektion, Adickesallee 32, ist im Jahre 1956 ein von dem Grainauer Bildhauer Hans Oskar Wissel geschaffener Bundesadler, und im gleichen Jahr sind um die Säulen der Eingangshalle Metallreliefs von dem Kölner Professor Gieß angebracht worden.

Adler vor dem Bundesrechnungshof. Den Bundesadler vor dem Bundesrechnungshof in der Berliner Straße hat im Jahre 1951 auch der Grainauer Bildhauer Hans Oskar Wissel geschaffen und aufgestellt. Es handelt sich um eine Arbeit aus Schmiedeeisen. An der Eingangshalle befindet sich ein Sgraffitorelief „Erinnerung an Potsdam", ebenfalls aus dem Jahre 1951, von dem Darmstädter Eberhard Schlotter.

Altes Portal des Hauptfriedhofes. Sebastian Rinz (1782—1861) hat im Jahre 1828 bei der Schaffung des neuen Friedhofes vor den Toren der Stadt seine Vorstellung, wie ein Friedhof seiner eigentlichen Wortbestimmung entsprechend zu gestalten sei, verwirklicht. Noch heute steht am nun schon alten Eingang das einfache und doch so hoheitsvolle spätklassizistische Portal mit dorischer Säulenhalle und Putten, eine Arbeit von Karl Rumpf.

Aluminiumrelief. Der Klingenberger Bildhauer Hans König hat im Jahr 1969, in dem gleichen Jahr in dem der Keramikbrunnen von Kissel vor dem Haus entstanden ist, an der Feuerwache in Nied, Dürkheimer Straße 1—5, ein Aluminiumrelief geschaffen.

Atlas auf dem Hauptbahnhof. Die Mittelkuppel des in den Jahren 1881 bis 1888 nach den Plänen von Eggert erbauten Frankfurter Hauptbahnhofes trägt auf ihrer Stirnseite eine kolossale bekrönende Figurengruppe aus getriebenem Kupfer, einen Atlas darstellend mit der Erdkugel nebst begleitenden Figuren des Dampfes und der Elektrizität als Andeutung auf die treibenden Kräfte, die den Weltverkehr beherrschen. Eine Frankfurter Bürgerin weiß heute noch zu berichten, daß es sich bei dem Modell dieser Figur um ihren Großvater, den Sachsenhäuser Ruderer Matthias Suter, gehandelt hat. Unter den Künstlern, die den figürlichen Schmuck des Werkes entworfen haben, ist an erster Stelle der Frankfurter Gustav K. M. Herold zu nennen, der in einem engeren Wettbewerb um die bekrönende Gruppe des Mittelbaues den Sieg errungen hatte. Die Gruppe ist von Howaldt in Braunschweig in Kupfer getrieben worden. Auch Adler harren da oben aus und an dem ganzen gewaltigen Bauwerk andere Figuren mehr.

Aufsteigender Engel. Die Plastik „Aufsteigender Engel" aus Muschelkalkstein am Abschlußpfeiler der Hauptverwaltung der Deutschen Bundesbahn in der Friedrich-Ebert-Anlage 35, eine Arbeit des in Erbach im Odenwald geborenen Bildhauers Albrecht Glenz, ist am 22. 10. 1953, kurz vor der Einweihung des Gebäudes, aufgestellt worden. Mit dieser Plastik sollte der „Wiederaufbau" sinnbildliche Gestalt finden.

Außenwandgestaltung. In Schwanheim sind viele Wohnhochhäuser entstanden, einige mit großen freien Wänden. Die Aktienbaugesellschaft für kleine Wohnungen hat dem Grafiker von Garnier aus Wehen bei Wiesbaden den Auftrag gegeben, zwei dieser Wände farbig zu gestalten. Das Haus „Am Auerborn 15 a" trägt nun — weithin sichtbar — auf der Ost- und auf der Westseite farbige Kreise, Quadrate und Rechtecke in Edelputz.

Bezirksbad Sachsenhausen. Die Wandgestaltung in dem Bezirksbad Sachsenhausen in der Textorstraße 42 haben nach einem Entwurf von Bildhauer Heinz Heierhoff, H. Seippel und Maler Ernst Slutzky durchgeführt. Alle Künstler sind Frankfurter.

Bildhauerwerke am Verwaltungsgebäude der Farbwerke Hoechst. Das Hauptportal des Ende des vorigen Jahrhunderts erbauten Verwaltungsgebäudes der Farbwerke Hoechst zieren zwei Bildhauerwerke eines unbekannten Meisters. Diese sollen auf die Bedeutung von Handel und Wandel für das Werk hinweisen. Die 1893 entstandenen und 1952 restaurierten Kunstwerke sind trotz der nicht gerade freundlichen Höchster Luft gut erhalten geblieben. Nur das Gestein ist stark nachgedunkelt.

Börse. Die Börse geht zurück auf die im Jahre 1585 in Frankfurt am Main gegründete „Burs". 1843 stand das Börsengebäude am Paulsplatz. 1874 wurde der Bau am Börsenplatz von den Architekten Rudolf Heinrich Burnitz und Oscar Sommer, den Gewinnern eines Börsenneubau-Wettbewerbes, begonnen. Die Eröffnung des neuen Börsengebäudes erfolgte am 4. März 1879. Die Architekten hatten damals den Bildhauern die Aufgabe gestellt, die Beziehungen der Börse zum öffentlichen Leben zu versinnbildlichen. Demgemäß stellen die Statuen, die die Zerstörung des Hauses in der Nacht vom 22. zum 23. März 1944 weitgehend überstanden haben und an deren Ausführung sich die Frankfurter Künstler Eckhardt, Rumpf, Schierholz und Schwind beteiligt hatten: die Post, den Handel, die Schiffahrt, die Eisenbahn, die Industrie und die Telegraphie dar. Auf der die Hauptfassade abschließenden Balustrade sind auf den beiden Avantcorps als Gruppen Krieg und Trauer (Baisse) und Frieden und Wohlstand (Hausse) dargestellt. Sie sind Arbeiten des Städelprofessors Gustav Kaupert. Auf der von Doppelsäulen getragenen Vorhalle sind sechs Kindergruppen aufgestellt, deren Idee sich jeweils dem

entsprechenden Skulpturschmuck anschließt. Die Zwickelfelder zwischen den Bogenfenstern am Hauptbau sind durch Relieffiguren geschmackvoll dekoriert. Von den Städtewappen der damals sechs bedeutensten Börsen sind heute nur noch die beiden Wappen von Wien und Berlin erhalten geblieben. Die Börse mußte nach den Zerstörungen im zweiten Weltkrieg weitgehend wieder aufgebaut werden. Die alte Börse am Paulsplatz ist vernichtet und völlig verschwunden.

Börsenplatz 5. Fünf gewichtige Männer aus Stein scheinen — als Balkonstützen — die Sorgen einer in dem Haus Börsenplatz 5, der Börse gegenüber gelegen, beheimateten Sparkasse mittragen zu wollen. Das Haus ist um das Jahr 1880 entstanden. Gebaut hat es Christian Ludwig Schmidt.

Braubachstraße-Häuser. Künstlerischer Schmuck findet sich an vielen Häusern dieser Straße: an der nordöstlichen Ecke Braubachstraße und Kruggasse der Rattenfänger, gegenüber Putten und ähnliche Figuren und baulicher Schmuck mehr. Diese, zu einem großen Teil von dem 1878 geborenen Architekten Hermann Ernst Senf gebauten Häuser, haben den zweiten Weltkrieg verhältnismäßig gut überstanden. Eine Tafel an dem Gebäude des Hauptzollamtes, das Haus Nr. 13, erinnert daran, daß an dessen Stelle das Geburtshaus von Friedrich Stoltze, das Gasthaus zum Rebstock, gestanden hat, das — ebenso wie alle anderen Häuser dieser Straße — im Jahre 1904 dem Altstadtdurchbruch zum Opfer gefallen ist. Friedrich Stoltze, der Sohn des Gasthalters zum Rebstock, ist der Altmeister der Frankfurter Mundartdichtung. Er hat von 1816 bis 1891 gelebt. Stoltze war ein begeisterter Demokrat, Verfasser von mundartlichen und hochdeutschen Gedichten und Erzählungen und der Herausgeber politisch-satirischer Zeitungen. Sein Denkmal steht im Bereich der Fußgängerzone zwischen Katharinenkirche und Liebfrauenberg.

Dem Bau des Technischen Rathauses mußte nun ein Teil der auf der südöstlichen Braubachstraße stehengebliebenen Häuser weichen. Fragmente des dabei entfernten künstlerischen Schmuckes, unter anderem „der Apfelweintrinker", fanden eine Bleibe im Karmeliterkloster.

Bürgergemeinschaftshäuser. Eine Reihe von Bürgergemeinschaftshäusern tragen künstlerischen Schmuck, so
das 1959 errichtete Haus Dornbusch, Eschersheimer Landstraße 248, ein im Jahre 1961 geschaffenes Mosaik von Robert Freund; „Die Familie",

das 1960 gebaute Haus Ronneburg, Gelnhäuser Straße 2, ebenfalls ein Mosaik von Robert Freund „Die Familie" aus dem Jahre 1962,
das Haus Gallus, Frankenallee 11, 1963 erbaut, ein Bronzerelief „Der große Mittelpunkt", 1966 von Heinz Heierhoff geschaffen,
das Käthe-Kollwitz-Haus, 1963, Lötzener Straße 31, eine Bronzebüste der Namensgeberin,

das 1963 erbaute Haus Nidda, Harheimer Weg 18, eine im gleichen Jahr geschaffene Gruppe, aus Beton mit Zusatz von weißem Zement, „Die Familie" von Robert Freund und schließlich

das am 4. Oktober 1968 eingeweihte Haus Nordwest, Nidaforum 2, ein Bild „Balance" auf einem Zylinder, im Volksmund Litfaßsäule genannt, geschaffen von Bernhard Schultze und Hein Heckroth. Es ist ein Bild zweier Künstler, die versucht haben, ihre verschiedenen Stile miteinander zu verbinden.

Bürgermeister-Gräf-Haus. Im Kinderheim des Bürgermeister-Gräf-Hauses, Hühnerweg 20—26, stehen als Spielplastik ein Pferd und ein Esel, die der Frankfurter Bildhauer Georg Krämer für die Kleinen geschaffen hat. Auf der Ecke, im Hühnerweg, zeigt eine Mosaik- und

Sgraffitoarbeit ein Einhorn mit einem Reiter und einen Storch, ein Kind bringend. Vor dem Altenheim haben zwei überlebensgroße Kraniche aus Bronze, die in den Jahren 1957/58 entstanden sind, von dem Bildhauer Hans Bernt Gebhardt ihren Platz gefunden.

Claar-Sgraffito. Zur Erinnerung an Emil Claar, den ersten Intendanten des alten Opernhauses, dessen Tätigkeit als Intendant sich über die Jahre 1880 bis 1900 und erneut über die Jahre 1911/12 erstreckt hat, ist am Hause der Emil-Claar-Straße 30 ein von A. Kammermeier geschaffenes Sgraffito angebracht worden.

Constantinhaus. Das Haus Ecke Stiftstraße und Katzenpforte trägt an seiner Ostseite ein Sgraffito, einen überlebensgroßen Bergmann mit Grubenlampe darstellend.

Diabolische Fratzen am Gerichtsgebäude. Die Frankfurter Bildhauerin Cläre Bechtel hat Anfang 1950 zur Vollendung einer Galerie von Köpfen die drei letzten Fratzen aus Sandstein am Gerichtsgebäude erarbeitet.

Eckmadonna. Das Haus des Gesamtverbandes der Katholischen Kirchengemeinden, Liebfrauenstraße 4, ziert eine Eckmadonna — Mutter Gottes mit Kind —, im Jahre 1925 von dem Bildhauer Lebdor geschaffen.

Engel in der Großen Friedberger Straße 44. Sie wurden lange Zeit viel belächelt, heute stehen sie hoch im Kurs und werden jetzt als Kostbarkeiten bewundert. So geht es dem 1905 entstandenen gußeisernen Engel, dem Wahrzeichen einer Frankfurter Apotheke. Es läßt sich leider nicht mehr feststellen, welcher Künstler diese Skulptur geschaffen hat. Im 2. Weltkrieg sind die entsprechenden Unterlagen zerstört worden.

Epsteinrelief. Das Bronzerelief von Else und Wilhelm Epstein in der Eingangshalle des Volksbildungsheimes hat der Bildhauer Dr. Knud Knudsen, Bad Nauheim, für den Bund für Volksbildung geschaffen. Es ist bei der Eröffnung der Neu- und Erweiterungsbauten des Volksbildungsheimes am 9. 3. 1963 enthüllt worden. Dr. Wilhelm Epstein, geb. am 26. 10. 1860 in Leipzig, gest. im Februar 1941, war in den

Jahren 1906 bis 1930 Leiter des Frankfurter Bundes für Volksbildung. Else Epstein geb. Beling, geb. am 22. 12. 1881 in Frankfurt am Main, gest. am 13. 12. 1948 in Frankfurt am Main, war viele Jahre seine engste und treueste Mitarbeiterin. Sie waren beide mit dem Volksbildungsheim und seinem geistigen und kulturellen Wirken auf das engste verbunden.

Eschenheimer Turm. Der Abbruch des in den Jahren 1426 bis 1428 von dem Dombaumeister Madern Gertner erbauten stolzesten Turmes der Frankfurter Stadtbefestigung, einem Wahrzeichen dieser Stadt, ist wiederholt gefordert, aber immer wieder verhindert worden. Mit der gesamten Befestigungsanlage sollte dieser von der Sage umrankte Turm nämlich im Beginn des 19. Jahrhunderts fallen, fand jedoch für sein Verbleiben zahlreiche Fürsprecher, unter anderem sogar in der Person des französischen Gesandten.

Nach der Sage soll der zum Tode verurteilte Wilddieb Hans Winkelsee sein Leben dadurch gerettet haben, daß er die heute noch sichtbare „9" mit neun Kugeln in die Wetterfahne des Turmes geschossen hat. Der Schlußstein des südlichen Torbogens zeigt einen Männerkopf, von einem unbekannten Bildhauer geschaffen, die Nordseite einen von Madern Gertner in Stein gehauenen Frankfurter Adler.

Fachwerkbauten in Frankfurt. Die Frankfurter Altstadt ist mit einem der schönsten und größten zusammenhängenden Fachwerkhäuserverbandes im März 1944 vernichtet worden. Beachtlich sind jedoch noch die bedeutenden Fachwerkbestände der meistens nach 1900 eingemeindeten Vororte, gibt es doch zur Zeit in diesen Stadtteilen noch etwa 3 500 bis 4 000 Fachwerke. Die Frankfurter Sparkasse von 1822 hatte mit einer Ausstellung im Herbst 1979 hierauf aufmerksam gemacht. Manfred Gerner hat dazu im Verlag von Waldemar Kramer das aufschlußreiche Buch „Fachwerk in Frankfurt am Main" herausgebracht, in dem erstmals mitgeteilt wurde, daß das älteste bisher bekannte Fachwerkhaus Deutschlands hier entdeckt worden ist. Sein Entstehen fällt in die Jahre 1291/92. Es steht in der Schellgasse an der Walter-Kolb-Straße in Sachsenhausen. Allerdings soll es in Zusammenarbeit mit dem Landesdenkmalpfleger abgerissen und an anderer Stelle wieder aufgebaut werden.

Fahrgasse 27. Über dem Eingang des nach dem zweiten Weltkrieg erbauten Hauses Fahrgasse 27 befindet sich eine Steinhauerarbeit – ein Wappen aus der zweiten Hälfte des 18. Jahrhunderts, ein Löwe. Dieses Wappen hatte dem Vorgängerhaus seinerzeit den Namen „Goldener Löwe" gegeben.

Figuren am Hause Roßmarkt 19 – Ecke Am Salzhaus 6. Besondere Beachtung verdient das Haus „Zur goldenen Kette", Ecke Roßmarkt – Am Salzhaus, das, um die Jahrhundertwende gebaut, die Unbillen des zweiten Weltkrieges überstanden hat. Reiche bildhauerische Arbeiten schmücken das ganze Haus. Im II. Stock, genau auf der Ecke, steht eine überlebensgroße Frau mit Kind, ein Bronze- oder Eisenguß. Das Kind hält eine früher sicher einmal goldene heute aber dunkle Kette in seinen Händchen, die Frau in der erhobenen linken Hand wohl einen Lorbeerzweig.

Frau mit Kind. Im Jahr 1976 ist vor dem Personalwohnhaus auf dem Gelände des Krankenhauses Hospital zum Heiligen Geist, Langestraße, eine Skulptur des Bildhauers Dr. Knud Knudsen entstanden. Sie bezieht sich auf den Kindergarten im Personalhochhaus, der dort für die Kinder von Schwestern und anderen Bediensteten errichtet worden ist.

Friedberger Warte. Die Friedberger Warte, eine Verkehrsinsel inmitten von Kasernen, regelt heute zwangsweise den Autostrom nach Preungesheim und Bad Vilbel. Kurz nachdem im Jahre 1475 Bornheim an Frankfurt fiel, wurde sie errichtet. 1634 steckten Kroaten die Warte in Brand. Sie wurde sofort wieder aufgebaut. Auf halber Höhe ist ein Wappenschild mit dem doppelköpfigen Reichsadler und zwei kleinen Adlerschilden angebracht; auch hier — wie an der Sachsenhäuser Warte — die saubere Steinmetzarbeit eines unbekannten Meisters. Ein weiterer Adler ist ihr schönster Schmuck. Auch sein Schöpfer ist unbekannt.

Friedrich-Ebert-Siedlung. Die Aktienbaugesellschaft für kleine Wohnungen hat an der Mainzer Landstraße in den dreißiger Jahren eine große Siedlung gebaut, die im Kriege wesentlich zerstört, in den Jahren 1947 bis 1950 wieder aufgebaut worden ist. Zur Erinnerung hieran ist an dem Hause Cordierstraße 1, südlich der Mainzer Landstraße, von dem Bad Nauheimer Maler Fritz Bartsch-Hofer ein Werk — teils Sgraffito, teils glasierte Kunststeinplatten — mit folgender Unterschrift geschaffen worden: Friedrich-Ebert-Siedlung, Erbaut 1930,

Zerstört 1944, Wiederaufgebaut 1947—1950. Das Motiv des Werkes „Der Geknechtete und der Befreite" entspricht dem sozialen Empfinden von Reichspräsident Friedrich Ebert.

Generalihaus in der Kurt-Schumacher-Straße 31. Im Hofe des Geschäftshauses, in der Börnestraße 30, steht das Wahrzeichen der Firma, ein im Jahre 1963 von dem Frankfurter Bildhauer Wolfgang G. Müller geschaffener lebensgroßer, geflügelter venezianischer Löwe (Bild Seite 301).

Das Gespräch. Die AEG in Frankfurt am Main, die Allianz in München, die Stadt Frankfurt am Main und die World Brotherhood Organisation finanzierten gemeinsam die Bronzegruppe „Das Gespräch" des Bildhauers Dr. Knud Knudsen, Bad Nauheim, für das Foyer des Volksbildungsheimes. Die Aufstellung des Zweitgusses der im Jahre 1951 geschaffenen Gruppe, die in dem New Yorker Empfangsraum der Erziehungsorganisation World Brotherhood steht, erfolgte anläß-

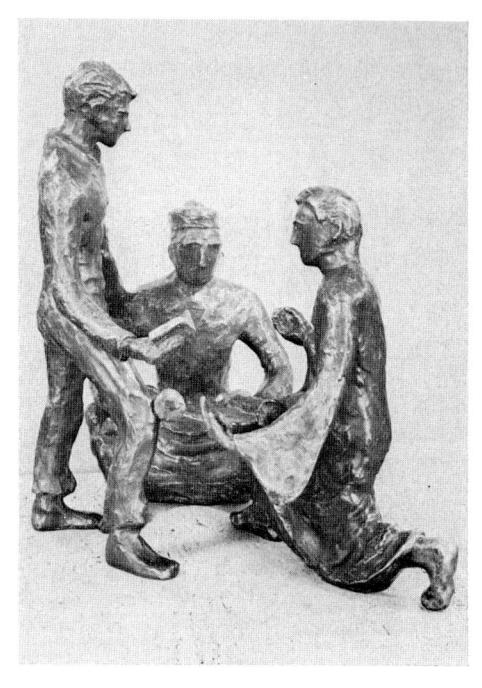

lich der Durchführung der Woche der Brüderlichkeit vom 4. bis zum 10. 3. 1956 am 7. März. Die Plastik zeigt einen sitzenden Juden, einen knieenden Katholiken und den der Geschichte entsprechend jüngeren, stehenden Protestanten in gemeinsamem Gespräch. Die Aufstellung im Volksbildungsheim ist darin begründet, daß gerade dieses Haus ein Treffpunkt weltoffener und toleranter Begegnung ist, die der Symbolhaftigkeit dieser Gruppe entspricht.

Glas-Mosaik-Außenwand. Das mächtige Außenwandglasmosaik, eine abstrakte Darstellung an einem Gebäude für die Pharma-Konfektionierung der Farbwerke Hoechst, gegenüber dem Hauptverwaltungsgebäude gelegen, hat Professor Aloys Spreng, München, geschaffen. Es geht über 7 Geschosse des vollklimatisierten Baues.

Goethehaus. Das im Jahre 1944 gänzlich zerstörte Goethehaus im Großen Hirschgraben war nach einem Umbau im Jahre 1755 entstanden, ein geräumiges Haus mit gediegener Ausstattung und einer vom Herkömmlichen in Frankfurt am Main abweichenden Note. Es war die

standesgemäße Wohnung für eine vermögende Familie, die im gesellschaftlichen Leben der Stadt keine unbedeutende Rolle spielte. Es wurde nach der Kriegszerstörung bis in alle Einzelheiten wieder aufgebaut und mit den erhalten gebliebenen alten Einrichtungsgegenständen ausgestattet. Der Wappenstein über der Haustür zeigt die Wappen der Familien Textor und Goethe. Das Haus enthält zwei Brunnen und im Arkadenhof des Museums eine Skulptur von Georg Kolbe.

Hauptwache. Die Hauptwache liegt inmitten der Stadt und der Frankfurter Bevölkerung in besonderer Weise am Herzen. Das militärische Wachgebäude mit Mansarddach wurde nach dem Kriege zum Unwillen der Frankfurter mit einem einfachen Walmdach gedeckt. In den letzten Jahren mußte das Haus vorübergehend dem U-Bahn-Bau weichen. Am 4. 10. 1968 konnte es in alter Pracht, nunmehr wieder mit Mansarddach, der Bevölkerung präsentiert werden. Der Bildhauer Willi Schmidt von der Städelschen Kunstschule hat in monatelanger Arbeit die wichtigsten Steinmetzarbeiten selbst geleistet: das Tympanon im Giebelfeld der Hauptwache mit Frankfurter Adler und Trophäenschmuck, ursprünglich im Jahre 1729 von Johann Bernhard Schwarzenburger geschaffen, die Ritterrüstung über diesem Tympanon, die schon in den zwanziger Jahren verschwunden war, sogar die steinernen Flammen über den Fenstern und die Gaupen. Der beliebte Treffpunkt für Verabredungen ist wieder da.

An der vorderen rechten Eingangstür der Hauptwache ist eine von Heinz Heierhoff geschaffene Bronzeplatte mit folgendem Text am 4. 10. 1968 angebracht worden: „Die Frankfurter Hauptwache wurde 1729/30 durch Stadtbaumeister Johann Jakob Samhaimer erbaut. Wachlokal und Gefängnis. Seit 1905 Kaffeehaus. 1944 durch Bomben zerstört. Am 3. 4. 1833 Schauplatz des Frankfurter Wachensturmes. Junge Deutsche, in der Mehrzahl Studenten, stürmten die Frankfurter Wachen. Sie wollten den Freiheitsfreunden in ganz Deutschland das Signal geben, sich zu erheben und zur Einigung und Demokratisierung Deutschlands eine Nationalversammlung zu berufen, wie sie 1848 in der Frankfurter Paulskirche Wirklichkeit wurde."

Der durch den U-Bahn-Bau gegen früher veränderte Platz im Zentrum der Stadt erfordert eine neue künstlerische Gestaltung. Die Entscheidung über den von der Stadt ausgeschriebenen Wettbewerb: „Künstlerische Gestaltung eines Teilbereichs des Platzes An der Hauptwache in Frankfurt am Main" war bei Drucklegung noch nicht gefallen. Es steht zu erwarten, daß moderne Plastiken und Brunnen an diesem Platz an verschiedenen Stellen aufgestellt werden, unter der Voraussetzung, daß die erforderlichen Mittel bereitgestellt werden.

Die Wandgestaltung der Hauptwache-Passage aus dem Jahr 1968, eine Schöpfung des Bildhauers Jaques Delahaye aus Paris, mußte 1980/81 einer freundlicheren und pflegeleichteren Baugestaltung weichen. Durch umfangreiche sonstige Umbauten ist für mehr Luft und Licht und angenehmere Gegebenheiten in der Passage gesorgt worden; dies sowohl für die mehr als 100.000 Menschen, die Passage täglich durchwandern, um vor allem zur U- und S-Bahn zu gelangen, aber auch um Einkäufe zu tätigen und Auskünfte einzuholen, als auch für die dort tätigen Geschäftsleute und ihre Mitarbeiter.

Haus Wertheim. Das früher wenig beachtete Haus am Fahrtor wird im Jahre 1378 erstmals erwähnt. Es ist das einzige aus dem mittelalterlichen Frankfurt erhalten gebliebene Fachwerkhaus der Altstadt und hat dadurch seine heutige besondere Bedeutung erlangt. Sein massiver Unterbau aus Mainsandstein mit Steinkonsolen, die das reiche Fachwerk tragen, ist für die damalige Frankfurter Bauweise typisch. Die Hausecke nach dem Römerberg ist mit einer reichgeschmückten Konsole ausgebildet. Sie trägt eine reliefverzierte Eichenplatte.

Haus zum Grimmvogel. Auf der Neuen Kräme an der Ecke Liebfrauenberg steht das Haus zum Grimmvogel. Seine jetzige Gestalt

hat es im Jahre 1775 erhalten. Im Giebelfeld ist ein Raubvogel im Kampf mit einer Schlange dargestellt. Über dem Erdgeschoß ist das Wappen der Familie Schad angebracht.

Haus zum Karpfen. Freunde von Alt-Höchst mußten sich von Experten überzeugen lassen, daß das nicht unterkellerte Haus „Karpfen" aus Holz, Schilf und Lehm verfault und brüchig geworden war. Sie gaben danach ihren Einspruch gegen den Abriß auf. 1973 verschwand der Altbau und es entstand zwischen Zollturm und dem Fachwerkhaus Schloßplatz 9 ein neuer „Karpfen" wieder. Der interessanteste Teil der Arbeiten oblag dem Dachdeckermeister Walter Schwab, der aus etwa 200 Schieferplatten einen überlebensgroßen Karpfen geschaffen hat. Das schlichte Zeichen besteht aus dem gleichen Material wie seine Unterlage (Bild nächste Seite).

Haus zum Karpfen

Hausbemalung. Ohne auch nur annähernd vollständig berichten zu wollen, sei auf Hausbemalungen, die sich auch in anderen Städten mit mehr oder weniger großem Erfolg durchgesetzt haben, mit einigen Beispielen hingewiesen: das Haus Ecke Gutleutstraße und Windmühlstraße, den gemalten Knoten an der Außenwand des Internationalen Jugendzentrums in der Bleichstraße, der das Miteinander der Jugendlichen aller Nationen, die in diesem Haus ihre Freizeit verbringen und arbeiten, symbolisieren soll. Die ursprünglich nackte Hauswand in der Gutleutstraße hat ohne Zweifel ihre Härte durch die Bemalung verloren, eine im Verhältnis zur erzielten Wirkung geringe Ausgabe. In der Eckenheimer Landstraße werden Max und Moritz vom Bäcker frei nach Wilhelm Busch in den Ofen geschoben, und in der Platanenstraße zieht ein stolzes Schiff seine Kreise.

Höchster Schloß. Von der ursprünglichen Wasserburg von vier Flügeln um einen quadratischen Hof ist nur noch die nördliche Ecke mit einem sehr hohen runden Hauptturm erhalten geblieben. Es stammt vielleicht aus dem 14. Jahrhundert. Fest steht, daß der Turm im Jahre 1681 statt eines achteckigen Aufsatztürmchens einen neuen Aufbau aus rotem Sandstein erhielt. Der zweistöckige Torbau hat am Erdgeschoß toskanische Rustikalhalbsäulen und über dem Korbbogentor in einer Nische eine Steingruppe des heiligen Martin mit Bettler.

Höchster Schloß

Hotel Frankfurter Hof. Die Architekten J. Mylius und Bluntschli haben das Hotel in der Bethmannstraße am Kaiserplatz zu Beginn der wilhelminischen Epoche gebaut. Als schmückende Bauplastik ist Atlas überlebensgroß in mehrfacher Ausfertigung präsent. Die Figuren stellen keine echt tragenden Elemente der Fassade dar.

Karmeliterkloster. Die Klosteranlage der Bettelmönche aus dem Jahre 1250 liegt zwischen Münzgasse und Alte Mainzer Gasse. Die spätgotische Klosterkirche, die Annenkapelle, der Querbau mit Kapitelsaal, der Hauptbau mit Dormitorium und Refektorium, das Prioratsgebäude und der in den Jahren 1462 bis 1490 erbaute Kreuzgang sind 1944 schwer beschädigt und 1955/57 zum Teil wieder aufgebaut worden. Jerg Ratgeb aus Schwäbisch Gemünd hat in den Jahren 1514 bis 1519 den Kreuzgang ausgemalt. Später wurde diese großartige Arbeit übertüncht und vor dem zweiten Weltkrieg in mühsamer Arbeit von dieser Übertünchung befreit, 1944 schwer beschädigt und nun wieder restauriert. Von den einst wunderschönen Gemälden, mit denen das Leben und Leiden Christi von seiner Geburt bis zu seinem Tode am Kreuz dargestellt war, sind heute nur noch karge Reste vorhanden. — Im Mai 1980 ist ein Architektenwettbewerb für den Wiederaufbau des Klosters ausgeschrieben worden. Wettbewerbssieger wurde der Berliner Architekt Prof. Josef Paul Kleinhues.

Keramikwand an der Nordseite der B-Ebene des Hauptbahnhofs.
Der Maler und Graphiker Erich Husemann läßt durch etwa 300 teilweise plastisch gearbeitete, gebrannte, buntglasierte Tonkacheln Symbole zu dem Thema „Bilder aus der Geschichte von Frankfurt" sprechen. Die Motive stammen aus allen Epochen der Stadtgeschichte, von der Vorgeschichte bis zur Gegenwart. Aus Anlaß eines Wettbewerbes aus dem Jahr 1965 ist die Idee zu dieser 8,40 Meter langen und 2,95 Meter hohen Keramikwand entstanden (Bild S. 300). Die Wand war ursprünglich für die Fußgängerunterführung am Hauptbahnhof geschaffen und dort auch aufgestellt worden. Sie hat nun — Ende 1980 — ihren wohl endgültigen Platz erhalten. Die Stadtverwaltung hat diese Arbeit finanziert.

Kinderkrippen. Für die Krippe in der Karl-Flesch-Straße hat H. Buchner, Garmisch-Partenkirchen, einen Wandfries und für die Krippe in der Billtalstraße hat G. Hintschich aus Frankfurt am Main eine Mosaikwand geschaffen.

Kindertagesstätten. Von dem Maler Heinrich Umbach aus Langen stammt am Eingang der Kindertagesstätte in der Seilerstraße aus dem Jahr 1965 eine zweiseitig gestaltete Reliefwand, von dem Maler Herbert Heinisch, Frankfurt am Main, in der Eingangshalle der Kindertagesstätte Hölderlinstraße seit 1965 ein Resopalbild und von der Bildhauerin Inge Hagner, Frankfurt am Main, seit 1967 in dem Innenhof der Höchster Kindertagesstätte, Bolongarostraße, ein abstrakter Brunnen.

Beginn des Abschnitts: Kirchen und Gemeindehäuser

Allerheiligen. Die katholische Allerheiligenkirche in der Thüringer Straße 31—33 ist im Jahre 1953 von den Frankfurter Architekten Giefer und Mäckler erbaut worden. Die Eingangsfront der Kirche schmücken

Heiligendarstellungen von dem Bildhauer Prof. Hans Mettel, die am Ort in den Stein gehauen wurden, in der Mitte Madonna mit Christus, daneben die Heiligen St. Bonifatius, St. Lubentius, St. Hildegard, St. Elisabeth, St. Georg und St. Heinrich.

Alte Nikolaikirche. Die Kirche auf dem Römerberg, dem Zellkern des alten Frankfurt, ist die älteste der dem evangelischen Kultus dienenden Gottesdienststätten. Sie wird im Jahre 1246 erstmals urkundlich erwähnt. Ursprünglich war sie die Kirche der Fischer. Ihren Namen trägt sie nach dem Heiligen Nikolaus, dem Beschützer vor Wasserfluten. Später war sie Ratskapelle. Diese alte Kirche bewahrte inmitten der Zerstörung rund um den Römerberg ihre äußere Gestalt. West- und Südecke zeigen je einen Tympanon, und zwar den Heiligen Nikolaus mit jeweils zwei Helfern. Außen in einer Nische an der Nordseite steht noch eine kleine spätgotische Figur des Heiligen Nikolaus. Das nördliche profilierte Portal trägt im Giebelfeld eine sitzende Maria mit dem Kinde zwischen zwei anbetenden gekrönten Frauen.

Auferstehungsgemeinde. An der Vorderwand des neuen evangelischen Gemeindehauses in der Graebestraße 2 befindet sich ein Klinkerrelief „Das Wunder der Auferstehung" von dem Kunstmaler Hans H. Adam aus Arnoldshain.

Bergkirche. Die Mauern des im Jahre 1966 im Sachsenhäuser Landwehrweg, Ecke Hainerweg, eingeweihten evangelischen Kirchengebäudes bestehen aus einer doppelschaligen Wand, außen Sichtbeton mit einer nach dem Hainerweg zu leicht strukturierten Oberfläche, die von dem Klingenberger Bildhauer Hans König stammt. Auch die Fenster sind sein Werk. Sie sind ohne Farbe geblieben, haben aber aufgeklebte Glasleisten erhalten. Der Architekt des Neubaus ist Dr. Ing. Werner Neumann.

Bethlehemgemeinde. Der Gemeindesaal der evangelischen Bethlehemgemeinde, Fuchshohl 1, ist im Jahre 1957 durch den Architekten Hans Bartolmes entstanden. Die Sgraffitoaußenwand mit dem Motto: „Die Geburtsnacht in Bethlehem" hat der Bad Homburger Bildhauer Weber-Hartl geschaffen.

Bethlehemgemeinde

Cantate Domino. Die neuerbaute evangelische Kirche der Römerstadtgemeinde in der Nordweststadt, Ernst-Kahn-Straße 14, hat als künstlerische Besonderheit Aluminiumgußtüren, die von den Architekten Schwagenscheidt und Sittmann entworfen worden sind. Ein Brunnen schmückt die Anlage. Schwagenscheidt zeichnet für die Gesamtkonzeption in künstlerischer Hinsicht für die Wohnplanung Nordweststadt verantwortlich.

Deutschordenskirche und Deutschordenshaus. Die Deutschordenskirche in der Brückenstraße in Sachsenhausen wurde im Jahre 1309 geweiht, wiederholt restauriert, insbesondere nach dem zweiten Weltkrieg. In den Jahren 1747 bis 1751 wurde von dem Mergentheimer Ferdinand Kirchmeyer vor den gotischen Westgiebel in der Straßenflucht eine neue Fassade schräg vorgesetzt. Das in der Zeit von 1709 bis 1715 von Daniel Kayser und Maximilian von Welsch erbaute Deutschordenshaus in der Brückenstraße, unmittelbar an die Deutschordenskirche anschließend und nach dem Krieg wieder aufgebaut, zeigt an seinem Eck zur Mainseite die Sandsteinfigur der Heiligen Maria mit dem Kinde als Halbfigur über dem Wappen des Deutschen Ordens. Die Figur ist ein Frühwerk von Johann Bernhard Schwarzenburger (1672—1741). Sie hat jetzt in den Jahren 1973/74 ihre erste gründliche Restaurierung erlebt. Bildhauer Edwin Hüller aus Schwanheim hat in mühevoller Kleinarbeit die bis zur Unkenntlichkeit verwitterte Heiligenfigur originalgetreu wieder hergestellt. Das Hauptportal zur Brückenstraße hat Meister Ericus Neuberger aus Idstein geschaffen. Die 1943 stark beschädigten beiden Ritter über dem Hauptportal haben seit 1976 wieder Köpfe und Arme. In der Seligenstädter Werkstatt von Hermann und Georg Hüter wurden sie überarbeitet und ergänzt. Sie bekrönen erneut das monumentale Barockportal, das der kurmainzische Architekt Maximilian von Welsch 1710 geschaffen hat. Wer den Hof betritt, und dies ist zu fast allen Zeiten möglich, findet dort ein Beispiel der Verbindung dreier Stile: der Gotik, des Barocks und der neuesten Zeit.

1972 ist die alte Sandsteinsäule, die in einem Winkel außen am Pfarrhaushof bei der Deutschordenskirche steht, wieder aufgestellt worden. Ihr Kapitell verweist ihre Entstehung in die Zeit der zwanziger Jahre des 12. Jahrhunderts. Sie darf als frühestes Kunst- und Geschichtsdenkmal aus den Anfängen von Sachsenhausen gelten.

Dietrich-Bonhoeffer-Gemeinde. Die evangelische Kirche in der Thomas-Mann-Straße 10 trägt als Schmuck, mit dem keine besondere Darstellung beabsichtigt ist, Glasflächen, die aus unregelmäßig geschlagenen Glasbrocken bestehen. Diese Glasbrocken sind in Bleiblechfolien eingefügt. Das Ganze zeigt auch nach außen eine starke Wirkung. Die Arbeit stammt von dem Frankfurter Maler Hermann Goepfert.

Dom: St. Bartholomäus. Der Frankfurter Dom gehört als Wahl- und Krönungskirche der deutschen Kaiser zu den großen Geschichtsdenkmälern Deutschlands. Er ist über den Resten einer von Ludwig dem Deutschen im Jahre 852 errichteten Salvatorkirche erbaut und immer wieder umgebaut, erweitert und restauriert worden, zuletzt nach dem zweiten Weltkrieg. Der Turm wurde 1415 durch Dombaumeister Madern Gertner begonnen und 1514 durch Hans von Ingelheim kuppelartig abgeschlossen. Nach dem Dombrand von 1867 hat er durch Joseph von Denzinger 1878 seine bis dahin nicht vorhandene Domspitze erhalten. Den Wiederaufbau des stark zerstörten Domes nach dem zweiten Weltkrieg haben zuerst der Architekt Röder, danach die Architekten Giefer und Mäckler geplant. Die Durchführung des Wiederaufbaues erfolgte unter der Leitung des Frankfurter Hochbauamtes und des Landeskonservators. Bei Dehio/Gall werden vor allem die Geschichte des solzen Baues und seine Schätze im Innern eingehend beschrieben. Hierauf darf verwiesen werden. Über der Nordtüre des Kreuzganges, die heute zugemauert ist, stand der Heilige Bartholomäus. Die Originalstatue wird im Historischen Museum aufbewahrt. Reichen figürlichen Schmuck trägt heute noch die Doppeltür des nördlichen Querschiffes, durch die bis zum Anfang des 15. Jahrhunderts die Kaiser zogen. Um die dargestellten Figuren beschreiben zu können, werden sie wie folgt mit Zahlen bezeichnet:

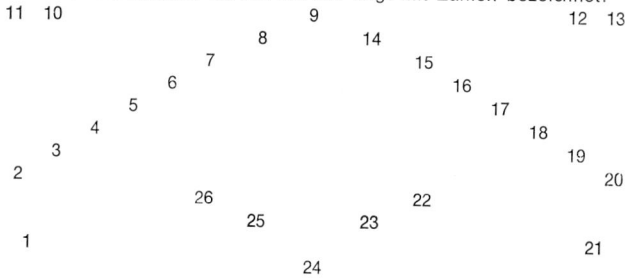

```
11  10              9                    12  13
              8           14
           7           15
        6           16
      5           17
    4              18
  3                  19
2                      20
         26       22
           25  23
1                         21
            24
```

Die Figuren stellen vor:
Figur 1   die Base Elisabeth der Mutter Gottes
Figur 2   den Apostel Bartholomäus
Figur 3   den Apostel Thaddäus
Figur 4   den Apostel Simon
Figur 5   den Apostel Thomas
Figur 6   den Apostel Philippus

Figur 7   den Apostel Jakobus d. Ä.
Figur 8   den Apostel Petrus
Figur 9   Christus
Figur 10   den Propheten Jesaias
Figur 11   den Propheten Ezechiel
Figur 12   den Propheten Jeremias
Figur 13   den Propheten Daniel
Figur 14   den Apostel Andreas
Figur 15   den Apostel Johannes
Figur 16   den Apostel Jakobus d. J.
Figur 17   den Apostel Matthäus
Figur 18   den Apostel Matthias
Figur 19   den Apostel Paulus
Figur 20   Kaiser Karl der Große
Figur 21   Johannes der Täufer
Figur 22   Engel mit Lilien
Figur 23   Großmutter Anna der Mutter Gottes
Figur 24   die Mutter Gottes mit dem Jesuskind
Figur 25   der Nähr- und Pflegevater Joseph
Figur 26   Engel mit Lilien

Die Muttergottesstatue stammt aus der Zeit um 1350. Aus dem Mittelalter sind nur die leeren Baldachine und Sockel mit den musizierenden Sirenen und die beiden Reliefs übrig geblieben. Die fehlenden Figuren wurden von Künstlern der Nazarenerschule geschaffen, Christus und die Apostel von dem Bildhauer August von Nordheim, Bartholomäus und Karolus sowie die Messiaspropheten von dem Bildhauer Friedrich Schierholz und die kleinen Engel von dem Bildhauer Heinrich Petry. Das Südportal ist gegen das Nordportal schlicht und einfach. Auch hier folgt zur Vereinfachung der Erklärung eine Auflösung der Figuren in Zahlen.

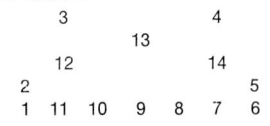

```
              3              4
                    13
             12           14
    2                             5
    1   11   10   9   8   7   6
```

Die Figuren stellen vor:
Figur 1   König Balthasar
Figur 2   der heilige Bartholomäus
Figur 3   Abraham
Figur 4   Melchisedechs
Figur 5   Karl der Große
Figur 6   der Prophet Isaias
Figur 7   der Apostelfürst Petrus
Figur 8   der Heilige Joseph

Figur 9   die Himmelskönigin mit dem Jesuskind
Figur 10   König Melchior
Figur 11   König Caspar
Figur 12   Maria
Figur 13   Jesus am Kreuze
Figur 14   Johannes

Vor diesem Südportal haben Gerichtsverhandlungen stattgefunden. Vermutlich tagte hier das königliche Schöffengericht. Die Bildhauer der hier stehenden Figuren sind unbekannt. Sie werden in bezug zu den Figuren der St. Lorenz-Kirche in Nürnberg gebracht. Der figürliche Schmuck am Domturm ist von der Straße aus kaum zu erkennen. Eine besondere Beschreibung kann daher entfallen. An der Nordwand befindet sich eine moderne Bildhauerarbeit von Prof. Hans Mettel „Der Triumph des Guten über das Böse". Von dem gleichen Künstler stammt der moderne Schmuck an den Bronzetüren sowohl des Nord- als auch des Südportals. Auf die Backofenkreuzigungsgruppe vor der Ostseite des nördlichen Querschiffs des Domes wird besonders hingewiesen.

Dompfarrheim. Das Haus Domplatz 12, das Domizil des katholischen Pfarrheimes des Domes, trägt als besonderen Schmuck ein großes, in Sandstein geschlagenes Wandrelief mit der Arche Noah und der Friedenstaube. Das Relief ist im Jahre 1957 von dem Frankfurter Bild-

Dom, Südportal

hauer Edwin Hüller nach einer Idee des damaligen Stadtpfarrers entstanden. Es ist als Gleichnis gedacht. Der Aufbau um den Dom nach dem zweiten Weltkrieg brachte Hoffnung für die Frankfurter Bevölkerung. Auch die Arche Noah ließ nach der Sintflut mit ihren „Überlebenden" wieder hoffen.

Domplatz 14. In diesem Hause wohnt der Frankfurter Stadtpfarrer. Es ist nach dem von Oberbürgermeister Franz Adickes (1846—1915) veranlaßten Altstadtdurchbruch im Jahre 1907 entstanden. Dieser Zeit entsprechend ist die künstlerische Gestaltung des Hauseingangs, die die Stürme des zweiten Weltkrieges überdauert hat.

Dominikanerkloster und Heiliggeistkirche. Das alte Dominikanerkloster am Börneplatz ist bereits im Jahre 1238 begonnen und im Jahre 1254 vollendet worden. Der Chor soll im Jahre 1245 gebaut worden sein. Er ist aus den drei Seiten eines Oktogons gebildet. 1684 mußte das Kloster wegen seiner Baufälligkeit niedergelegt werden. Der

Dompfarrheim

Domplatz 14

Wiederaufbau war 1694 vollendet. Das Kloster und die in den Jahren 1254 bis 1259 errichtete dreischiffige Hallenkirche sind im zweiten Weltkrieg zerstört worden. Seit dem vollendeten Wiederaufbau im Jahre 1957 ist das Kloster Sitz des Evangelischen Gemeindeverbandes. Der Wiederaufbau der Kirche hat 1958 begonnen. Die Planung lag in den Händen des Frankfurter Architekten Prof. Gustav Scheinpflug in Verbindung mit dem Hochbauamt der Stadt Frankfurt am Main und dem Landeskonservator. Die Kirche enthält im Chorraum noch Teile der ehemaligen Klosterkirche aus dem Jahre 1777.

Dornbuschgemeinde. Die evangelische Kirche in der Mierendorffstraße ist in der Zeit von Dezember 1959 bis zum März 1962 gebaut worden. Die Planung und Ausführung lag in den Händen von Baudirektor Goercke und Architekt Müller. Das abstrakte Chorfenster mit einer Fläche von rund 125 Quadratmeter ist ein Werk des Kunstmalers Hans H. Adam aus Arnoldshain. Es ist durch seine Glasauswahl und durch die Einteilung der Sprossen auch für eine Betrachtung von außen geschaffen.

Der Frankfurter Bildhauer Christian Peschke hat die Aluminiumplastik mit Lichteffekten an dem Gemeindehaus in der Mierendorffstraße 5, die von der Eingangshalle in das Obergeschoß durchstößt, entworfen; ausgeführt hat sie die Schlosserei Graf & Co. in Frankfurt am Main.

Dotationspfarrhaus. Die Architekten Letocha und Rohrer haben in der Zeit vom 29. 10. 1958 bis zum 20. 11. 1959 dieses Haus in der

Saalgasse, das Domizil der Propstei, das Leitende Geistliche Amt der Evangelischen Kirche in Frankfurt, erstellt, das an seiner Westfront ein großes Mosaikbild, Petrus mit einem gefüllten Netz, trägt.

Dreikönigsgemeinde. Den Gemeindesaal der evangelischen Dreikönigsgemeinde, Löherstraße 15, hat der Architekt Stöppler aus Frankfurt am Main gebaut. An der äußeren — östlichen — Giebelwand des am 11. 6. 1967 eingeweihten Gemeindesaales befindet sich eine das Licht reflektierende Metallplastik aus Aluminium von dem Frankfurter Kunstmaler Hermann Goepfert (Bild nächste Seite).

Epiphaniasgemeinde. Von der alten evangelischen Immanuelskirche in der Holzhausenstraße aus dem Jahre 1903 waren nach dem Krieg als baulich brauchbare Reste nur der Turm, die Umfassungsmauern der Seitenschiffe, die beiden Giebelwände und die Triumphbogen-

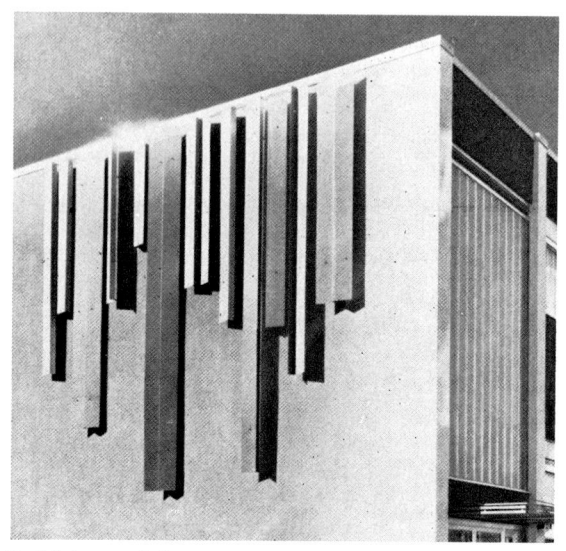

Dreikönigsgemeinde

wand übriggeblieben. An Stelle der Immanuelskirche wurde nun in den Jahren 1954/56 die Epiphaniaskirche durch den Frankfurter Architekten Dipl.-Ing. Wimmenauer errichtet. Sie erhielt ein neues Kirchenportal in Kupfer und Messing von dem Arnoldshainer Kunstmaler Hans H. Adam.

Erlösergemeinde. Die evangelische Kirche in Oberrad, Melanchthonplatz, ist 1943 ausgebrannt und im Jahre 1944 schließlich ganz zerstört worden. Ihr Wiederaufbau war am 18. 3. 1956 unter der Leitung des Architekten Schild aus Frankfurt am Main beendet. Über das Südportal hat der Bildhauer Dr. Knud Knudsen aus Bad Nauheim ein 54 qm großes Relief „Christlicher Glaube im Atomzeitalter" geschaffen. Die Aufgabe, die dem Bildhauer für diese Arbeit gestellt worden war, stand unter dem Motto: „Die Errungenschaften können die Erlösung weder beseitigen noch ersetzen."

Frauenfrieden. Die im Jahre 1927 in der Zeppelinallee 99 begonnene und am 5. 5. 1929 geweihte katholische Kirche wurde zum Gedenken an die Schmerzen der deutschen Mütter um ihre im ersten Weltkrieg gefallenen Männer und Söhne und als steinerne Bitte um einen dau-

Erlösergemeinde

Frauenfrieden

ernden Frieden erbaut. Die riesenhafte Madonna, von dem Stuttgarter Bildhauer Emil Sutor als Friedenskönigin in Anlehnung an die Chorwandaußenmadonna der Marienburg in Ostpreußen gestaltet, schaut majestätisch mahnend in die Welt, geschmückt mit der Palme des Friedens und mit der Krone der Friedensliebe. Der Friedenskönigin zur Seite stehen große symbolische Gestaltungen des Krieges und des Friedens, eine Gemeinschaftsarbeit der Bildhauer Sutor und Stichs.

Gutleutkirche. Der Frankfurter Architekt Rudolf Schanty hat es 1956/1958 verstanden, eine trostlose Ecke durch den Kirchenneubau der evangelischen Gutleutkirche, Gutleutstraße 121, völlig neu zu gestalten. Die neun Mosaiktafeln mit christlichen Symbolen am Glockenturm stammen von dem Grafiker Günther Rau aus Frankfurt am Main.

Heilandsgemeinde. Die evangelische Heilandsgemeinde in Bornheim, Andreaestraße 7—11, ist eine Tochter der Johannisgemeinde. Die Errichtung des Baues unter der technischen und künstlerischen Leitung des Architekten Hans Bartolmes aus Niederrad dauerte vom 13. 6. 1954 bis zum 4. 9. 1955. Das Sgraffito des Bad Homburger Bildhauers Weber-Hartl zeigt eine Darstellung des auferstehenden Heilandes und der anbetenden Gemeinde.

Heiliggeist. Die Außenbilder an der von dem Frankfurter Architekten Martin Weber 1930 erbauten und 1949 restaurierten Heiliggeistkirche im Riederwald, Schäfflestraße 17—19, stellen das Wirken des

Heilandsgemeinde

Heiliggeist

Heiligen Geistes dar. Die Nordseite von Turm und Schiff zeigt: Die Verkündung an Maria, das Nordportal: die sieben Gaben des Heiligen Geistes und das Südportal: die Herabkunft des Heiligen Geistes am Pfingstfest. Die drei Darstellungen sind Arbeiten von dem Bildhauer Arnold Hensler, Wiesbaden.

Heiligkreuz. Der Architekt Martin Weber hat diese katholische Kirche geplant und deren Bau in den Jahren 1928/29 durchgeführt. Sie steht in der Wittelsbacherallee 205. Renoviert wurde die durch Bomben schwer beschädigte Kirche in den Jahren 1952 und 1967/68 von dem Architekten Harald Greiner. Den formschönen Kirchenbau schmücken in Symboldarstellungen die vier Evangelisten, in Stein gestaltet, und darunter als Flachrelief „Das Schweißtuch der Veronika", beides Arbeiten von dem Bildhauer Arnold Hensler, Wiesbaden (Bild Seite 218).

Heiligkreuz

Herz Marien

Herz Marien. 1934 fanden die ersten deutschen Claretinerstudenten in Frankfurt am Main eine Unterkunft. Seitdem sollte auch eine Kirche entstehen. Aber erst 1958 konnte die Weihe des Grundsteins und am 17. 6. 1959 die Weihe des Hauses in Sachsenhausen, Auf dem Mühlberg 14, erfolgen. Architekt war Dipl. Ing. Josef Ruf, Mindelheim. Die äußere zweiflügelige Eingangstür ist mit Kupfer beschlagen. Das Kupfer ist in verschiedene Platten und Felder eingeteilt und zum Teil graphiert. Hierdurch fällt in der Mitte ein „T" auf, das symbolisch Christus darstellt. Auf der Tür steht in griechischer Schrift: DOS PIEIN HYDOR ZON („Gib lebendiges Wasser zu trinken"). Die Türgriffe stellen Fische dar. Die umgebende Wand wurde als Betonglasfläche gestaltet, in der das Element des lebendigen Wassers vorherrschend zum Ausdruck kommt. Der Künstler ist Jochem Poensgen, Düsseldorf.

Jugendwohnheim St. Martin. Das Haus im Unterweg 12/14 schmückt eine Schutzmantelmadonna in Eisenband von dem Offenbacher Schablitzki nach einer Zeichnung des Pfarrers Leo Peter, Frankfurt.

Katharinenkirche

Katharinenkirche. Zu Beginn des 14. Jahrhunderts errichtete dicht hinter der Staufenmauer neben der Katharinenpforte der Bürger Wikker Frosch ein Stift mit Hospital und Kapelle und ein Frauenkloster mit Kapelle. Die beiden Kapellen lagen Wand an Wand und wurden später zu der geräumigen Katharinenkirche vereinigt. Am 9. 3. 1522 ist dort für Frankfurt am Main zum ersten Male evangelisch gepredigt worden. Im 17. Jahrhundert war die Kirche baufällig. An ihre Stelle trat 1681 die neue Katharinenkirche, in der Johann Wolfgang Goethe getauft worden ist. Am 22. 3. 1944 ist die Kirche weitgehend zerstört worden. Der Wiederaufbau nach der Planung der beiden Dipl. Ing. Kellner und Massing und unter der Leitung des Frankfurter Hochbauamtes und des Landeskonservators hat 1950 begonnen. Der Kupferbelag der Außentüren stammt von dem Frankfurter Goldschmied Warnecke. Die alten Epitaphien und Schriftplatten, die an der Außenwand der Kirche angebracht sind (Bild Vorseite), hat der Bildhauer Hub in mühevoller Arbeit restauriert. Außen am Chor befindet sich ein eingemauerter Stein aus dem 15. Jahrhundert mit der Darstellung „Maria mit dem Kind in der Mondsichel kauernd". (Bild Vorseite.)

Liebfrauen. Die katholische Liebfrauenkirche ist etwa zwischen 1310 und 1321 erbaut worden. Ihr Stifter war Wigel von Wanebach. Im zweiten Weltkrieg zerstört, ist sie im Jahre 1954 durch die Architekten Oberbaurat Derlam und Edgar Schäfer unter der Bauleitung des Frankfurter Hochbauamtes und des Landeskonservators wieder aufgebaut worden. Über dem am Liebfrauenberg gelegenen Hauptportal steht eine vollplastische Kreuzigungsgruppe, etwa aus dem Jahre 1460. Die Kriegsschäden an diesem Werk hat der Frankfurter Bildhauer Franz Bernhard beseitigt. Das zweiflügelige Portal zeigt in sechs aus Kupferblech getriebenen Reliefs Szenen aus dem Marienleben, entworfen und ausgeführt von dem Frankfurter Goldschmied Albert Welker. Das weiter östlich gelegene Südportal am Liebfrauenberg, dessen obere flache Nische eine Pieta aus dem Ende des 14. Jahrhunderts trägt, ist 1968 geschlossen worden. Damit ist eines der schönsten Werke mittelalterlicher Kunst in Frankfurt, das Dreikönigsportal mit seinem Tympanon, dessen Entwurf Madern Gertner zugeschrieben wird, nunmehr in den Kirchenraum mit einbezogen worden. Wie schon um 1845, tägt die Südseite der Liebfrauenkirche seit Mitte 1980 wieder eine Sonnenuhr.

Lukaskirche. Am 13. 10. 1913 war die evangelische Kirche in der Gartenstraße 69 in Sachsenhausen eingeweiht worden. Sie ist im zweiten Weltkrieg weitgehend zerstört worden. Der Turm mit den überlebensgroßen Figuren der vier Evangelisten Matthäus, Markus, Lukas und Johannes ist stehen geblieben. Die Figuren werden dem im Jahre 1968 verstorbenen Bildhauer Carl Stock zugeschrieben. Die Kirche ist wieder aufgebaut. Die Steinhausengemälde, die die alte Kirche weit

Liebfrauen

Mariengemeinde

über Frankfurt bekannt gemacht hatten, sind im Krieg völlig vernichtet worden.

Mariengemeinde. Der Architekt Dr. Ing. Werner Neumann aus Seckbach hat das neue Gemeindehaus der evangelischen Mariengemeinde Seckbach in der Zentgrafenstraße 23 1959/60 gebaut. Die am Haus angebrachte Eisenplastik „Christus und das Kind" stammt von dem Darmstädter Bildhauer Hermann Tomada. Das Mosaik am Eingang ist eine Arbeit des Kunstmalers Oehler aus Stuttgart (Bild Vorseite).

Martinuskirche. Die Martinuskirche in Schwanheim, Martinskirchstraße 52, hat in diesem Jahr das Sgraffito an der Giebelwand, das der Bildhauer Johannes Belz zur Kircheneinweihung am 19. November 1911 geschaffen hat, erneuern lassen. In dem Giebelfeld befindet sich eine plastische Gruppe, der einladende Christus, die Mühseligen und die Baladenen.

Michaeliskapelle. Die Michaelskapelle, Zeilsheim, Ecke Alt-Zeilsheim und Pfaffenwiese, eine Stiftung der Magd Elisabeth Merz, ist im Jahre 1736 erbaut worden. Der am Portalscheitel angebrachte Keilstein trägt im Barockwappen das Hochrelief St. Michael in schimmernder Rüstung mit flammendem Schwert und Schild mit dem Kreuz der Deutschordensritter, den Widersacher niederkämpfend. Neben der Kapelle steht ein im Jahre 1756 von dem Flörsheimer Steinmetz Munk angefertigtes Gemeindekreuz.

Missionsseminar der Claretiner. An der Außenwand des Missionsseminars der Clarentiner, Hühnerweg 9–25, befindet sich, geschaffen von Gregor Bomm, Denkingen, in Mosaik: Die Aussendung der Missionare (siehe auch Seite 219).

Mutter vom Guten Rat. Mit dem Bau der katholischen Kirche in Niederrad, Bruchfeldstraße 51, wurde am Himmelfahrtstag 1932 begonnen. Die Architekten waren die Gebrüder Hans und Christoph Rummel zusammen mit Carl Rummel, dem Sohn von Hans Rummel. Geweiht wurde das neue Gotteshaus am 17. 12. 1933. Am 22. 3. 1944 wurde die Kirche zum großen Teil zerstört. In der Osterzeit des Jahres 1948 konnte die Kirche wieder von der Gemeinde benutzt werden. Über dem Eingang zur Weinbergkapelle steht Maria mit dem Kind von Joseph Belz, Frankfurt am Main-Schwanheim, eine Muschelkalkarbeit aus dem Jahre 1934. Am Eingang zu dieser Kapelle befindet sich die Kopie eines spätgotischen Christuskopfes, vor dem Pfarrhaus in der Kniebisstraße 27 steht ein Heiligenstock. Den Gemeindehausbau, Ecke Bruchfeldstraße und Belchenstraße ziert an der Außenwand eine „Wolke" von Bildhauer Rudi Warmuth, Frankfurt am Main.

Nazarethgemeinde. Der Architekt Bartolmes hat das Gemeindehaus der evangelischen Nazarethgemeinde in Eckenheim, Feldscheiden-

Maria mit dem Kind

straße 12–16, in der Zeit vom Sommer 1956 bis zum 2. Advent 1958 erstellt. Das Sgraffito stammt von dem Arnoldshainer Kunstmaler Hans H. Adam.

Neue Nikolaikirche. Im Oktober 1943 ist die im Jahre 1909 in der Waldschmidtstraße, Ecke Rhönstraße erbaute evangelische Kirche

weitgehend zerstört worden. Ihr Wiederaufbau in den Jahren 1958/59 führte der Architekt Bartolmes durch. Das Betonrelief über dem Haupteingang „Christus im Schiff der Kirche" ist eine Arbeit des in Erbach im Odenwald geborenen Bildhauers Albert Glenz.

Paulskirche. Der Wiederaufbau der völlig ausgebrannten evangelischen Paulskirche war zum 18. 5. 1948 mit Spenden aus ganz Deutschland — zur Jahrhundertfeier der 1848er Nationalversammlung — beendet. Seitdem dient die Kirche zur Durchführung besonderer Feierlichkeiten und Versammlungen. An ihrem Haupteingang sind zwei erzene Tafeln eingelassen, die an die Tätigkeit des 1848er Parlamentes erinnern. Eine auf einer Konsole an der östlichen Außenwand stehende Jünglingsfigur mit zum Schwur erhobener Hand von dem Bildhauer Professor Richard Scheibe ist dem ersten Reichspräsidenten der Weimarer Republik Friedrich Ebert gewidmet. Tafeln und Hochreliefs legen Zeugnis ab für den Altbundespräsidenten Theodor Heuss, den ermordeten Präsidenten der Vereinigten Staaten von Amerika John Fitzgerald Kennedy, den Reichsfreiherrn Heinrich Friedrich Karl vom und zum Stein, den Vater des Pietismus Philipp Jakob Spener und den Hessischen Ministerpräsidenten Georg August Zinn. Es sind dies Arbeiten der Bildhauer Knud Knudsen, Georg Krämer, Harold Winter und Hans Bernt Gebhardt. Ein Mahnmahl für die Opfer des Naziterrors von Prof. Hans Wimmer steht neben dem Pfeiler des nordwestlichen Treppenhausvorbaues. Vor der Kirche steht das im Jahre 1903 errichtete Einheitsdenkmal.

Peterskirche. Die Dipl. Ing. Kellner und Massing haben den Wiederaufbau der am 22. 3. 1944 bis auf den Turm und die Umfassungsmauern zerstörte evangelische Kirche geplant, der dann unter der Bauleitung des Frankfurter Hochbauamtes und des Landeskonservators in der Zeit vom 7. 11. 1961 bis zum 6. 6. 1965 durchgeführt worden ist. Die vier überlebensgroßen Figuren der Evangelisten Matthäus, Markus, Lukas und Johannes an der Nordseite der Kirche — Arbeiten der Bildhauer Franz Krüger und Fritz Hausmann aus dem Jahre 1894 — sind unversehrt erhalten geblieben. Das Bronzerelief am neuen Haupteingang in der Bleichstraße mit Szenen aus dem Leben Petri stammt von Bildhauer Heinz Bube. Das Bild zeigt einen Ausschnitt.

Rosenkranzkirche. Die Kirche „Unsere liebe Frau vom Rosenkranz" in Seckbach, Wilhelmshöherstraße 67, ist in den Jahren 1952/53 entstanden. Ihre Architekten waren die Frankfurter Carl Rummel und Heinrich Horvatin. Die Sgraffitoarbeiten — sowohl den Entwurf als auch die Ausführung — besorgte die Firma J. Hembus, Kronberg. Drei ornamentale Themen durchdringen sich in variablem Rhythmus. Die Parabel als Lichtbahn umschließt die in ihrem Brennpunkt stehende Madonna.

Sancta Familia. Der erste Teil der katholischen Kirche in der Pflugstraße in Ginnheim ist in den Jahren 1934/35 erbaut worden. Die Kirche wurde in der Zeit von 1962 bis 1964 von dem Sohn des Erbauers des ersten Teiles der Kirche, von dem Frankfurter Architekten Bernhard Weber, erweitert. Auf dem Grundstück der Gemeinde befindet sich ein „Ave-Stein", ursprünglich ein Bildstock. Er wurde 1958 aufgestellt. Das Relief hat Frau Lenz-Gerharz geschaffen. Heiligenstöcke sind stumme Zeugen mittelalterlicher Heiligenverehrung, die früher in der Feldmark den vorübergehenden Wanderer zur kurzen Rast und Gebetssammlung einluden. Sie sind einfache Säulen, auf denen ein kappellenartiges Gehäuse zur Aufnahme eines Marien- oder Heiligenbildes ruht.

An dem Gemeindehaus, Ginnheim, Pflugstraße 2, ist ein St. Franziskus in Mosaik, ein Werk von Ludwig Becker, 1956/57 angebracht worden.

St. Albert. Der Kirchenbau am Dornbusch ist von Martin Weber geplant und im Jahre 1937 ausgeführt worden. 1955/57 wurde die katholische Kirche erweitert. Der Frankfurter Ludwig Becker hat ein Sgraffito geschaffen, das St. Albert sitzend mit dem Bischofsstab in der Hand zwischen neun ebenfalls sitzenden Schülern darstellt.

St. Antoninus. Die katholische Kirche, in der Savignystraße 15 gelegen, ist in den Jahren 1899 bis 1900 nach Plänen des Berliner Regierungsbaumeisters Menken erbaut und in den Bombennächten am 20. und 22. 3. 1944 zerstört worden. Ein erster Wiederaufbau erfolgte unter dem Architekten Schultheis in den Jahren 1947 bis 1949, der abschließende Aufbau 1962/63 durch den Wiesbadener Architekten Paul Johannbroer. Die Portalplastiken stellen „Christus als Lehrer", „Das Opfer des Melchisedek" und „Moses schlägt Wasser aus dem Felsen" dar. Die Arbeiten sind aus weißem Sandstein.

Den Eingang des Kindergartens der St. Antoniusgemeinde in der Erlenstraße schmückt ein Sgraffito von Ludwig Becker, Frankfurt, aus dem Jahre 1962. Die Darstellung zeigt „Tobias mit dem Engel".

St. Bernhard. Die katholische Bernarduskirche in der Koselstraße 11–13, Baubeginn 1903, Erstlingswerk des Frankfurter Architekten Hans Rummel, ist im Jahre 1907 eingeweiht worden. Erst 1930 hat das Hauptportal seine künstlerische Ausgestaltung erhalten. Das Feld über der Portalmitte zeigt in einem monumentalen Mosaik den Heiligen Bernhard als Kirchenlehrer und als geistigen Führer. Es ist eine Arbeit des Frankfurter Malers Georg Poppe. Die Ausführung hatte die Firma Puhl und Wagner, Berlin, übernommen. Der Muschelkalkfries darunter gibt Szenen aus dem Leben des Heiligen wieder. In den Portalzwickeln stehen, auf den Lehrer hörend, Zeitgestalten verschiedenen Alters und verschiedener Stände. Der Fries stammt von dem Schwanheimer Bildhauer Hans Belz.

St. Bonifatius. 1926 erfolgte in der Holbeinstraße 68 in Sachsenhausen der erste Spatenstich, am 7. 8. 1927 die Kirchweihe. Der Bau ist ein Werk des Architekten Martin Weber. Von den in Aussicht genommenen Portalplastiken kam bislang nur die den Kirchenpatron, den Hl. Bonifatius, darstellende zur Ausführung. Der Künstler war der Wiesbadener Bildhauer Arnold Hensler (Bild Seite 228).

Das von dem Frankfurter Kunstmaler Ludwig Becker geschaffene Sgraffito an dem Gebäude des Kindergartens Ecke Burnitzstraße und Achenbachstraße zeigt die Heiligen Drei Könige. 1973 wurde auf dem Kirchplatz der Fischbrunnen aufgestellt. Als Bekrönung des aus drei nach oben sich verjüngenden Schalen aufgebauten Brunnenstockes dient ein eherner Fisch. Das Ganze wurde von der Bildhauerin und Töpfermeisterin Franziska Lenz-Gerharz geschaffen.

St. Bonifatius

St. Johannes. Die katholische Kirche in Goldstein, Am Wiesenhof, ist nach den Plänen und unter der Bauleitung des Frankfurter Architekten Hans Busch erbaut worden. Der Grundstein wurde am 12. 9. 1960 gelegt und die Kirche am 19. 11. 1961 geweiht. An der Vorderseite der Kirche ist Johannes der Täufer, der Patron der Kirche, als Rufer zum Gottesreich mit erhobener Hand dargestellt. An der Außenfront der Altarwand befindet sich ein Kreuz mit Lamm. Beide Werke sind 1961 aus dem vorgemauerten Backstein der unverputzten Wand herausgearbeitet worden. Es sind Arbeiten der Frankfurter Bildhauer und Städelschüler Joachim Pick und Christoph Krause.

St. Josef. Die im Jahre 1876 in der Berger Straße 135 erbaute katholische Kirche ist 1932 von dem Frankfurter Architekten Carl Rummel umgebaut und am 28. 8. 1932 erneut geweiht worden. Die überlebensgroße Plastik an der Turmseite in der Berger Straße, der Heilige Josef, ist ein Werk des Wiesbadener Bildhauers Arnold Hensler.

St. Justinus. Unter der vorwiegend spätgotischen Erscheinung des Äußern verbirgt sich als Kern einer der ältesten deutschen Kirchenbauten, wahrscheinlich aus dem Jahre 834. Das um 1470 entstandene Hauptportal ist flankiert von zwei lebensgroßen Steinfiguren unter feingliedrigen Baldachinen, dem Hl. Paulus von Theben und dem Hl. Antonius, dem Einsiedler. Die beiden Heiligen mußten Ende 1973, um als Modell für Nachbildungen zu dienen, ihren Standort über dem Kirchenportal verlassen. Die Originale kamen in das Kircheninnere — in die Taufkapelle —, die neuen Figuren, die Restaurator August Röhrig geschaffen hatte, 1974 auf den hohen Standort über dem Portal, den bisher die Originale eingenommen hatten. Das spätgotische Eingangsportal war stark vom Zahn der Zeit angenagt. Auch es ist von Röhrig gründlich restauriert worden. Außen bei der Kirche steht ein spätgotisches Steinkruzifix. Diese katholische Kirche steht in Höchst, Justinusplatz 4.

St. Kilian. Das Gemeindehaus des katholischen Pfarramtes St. Kilian, Albert-Blank-Straße 2—4, trägt an der Stirnseite „St. Kilian", eine Wandmalerei, im Jahre 1963 ausgeführt von Josef Jost aus Hattersheim.

St. Leonhard. Die St. Leonhardskirche, Alte Mainzer Gasse 23, verdankt ihre Entstehung der Stadterweiterung im 12. Jahrhundert. Die durch Sakristeien, Chor und den spätromanischen Nordturm mit Reichsadler gebildete malerische Nordostecke mit ihrer Vielfalt an verschiedenartigen Schieferdächern bedarf besonderer Beachtung. Die Madonna über dem Westportal ist eine gute Kopie des um 1395 geschaffenen Originals aus hellem Sandstein, das sich seit 1926 im Historischen Museum befindet. Die kleine Steinfigur des Hl. Leonhards mit der Kette, neben ihm die wesentlich kleiner gehaltene Figur eines befreiten Gefangenen, wurde 1924 für die bis dahin freie

Nische der Nordseite der Kirche unter der Konsole der ehemaligen Außenkanzel durch den Bund tätiger Altstadtfreunde gestiftet und von dem Bildhauer Joseph Belz, Schwanheim, angefertigt.

St. Markus. Der Frankfurter Architekt Hans Rummel hat die katholische Kirche in Nied, Mainzer Landstraße 789, in den Jahren 1905 bis 1907 erbaut. Die Südseite des Turmes schmückt ein Sgraffito, der Markuslöwe, entworfen und ausgeführt von der Firma Hembus. Die Restauration nach dem zweiten Weltkrieg erfolgte durch Carl Rummel, dem Sohn des Erbauers.

St. Matthias. Die katholische St. Matthiaskirche in der Nordweststadt, Thomas-Mann-Straße 2—4, wurde von den Frankfurter Architekten Giefer und Mäckler geplant und in den Jahren 1963 bis 1965 gebaut. In die Stirnwand ist mit dem Betonguß von Prof. Hans Mettel ein großes Relief eingebracht worden. Es stellt den verklärten Christus in der Mandorla und rechts etwas unterhalb und links etwas oberhalb je eine Gruppe von drei Heiligen dar. Links neben dem Haupteingang ragt aus der Wand ein Reliefbild des Apostels und Märtyrers Matthias von dem Mettelschüler Johannes Schönert, dargestellt mit dem Evangelienbuch, mit Steinen und dem Schwert zwischen dem Rumpf und dem abgetrennten Haupt.

St. Michael. Der Frankfurter Architekt Hans Busch hat die katholische Kirche in der Michaelstraße in Sossenheim in den Jahren 1965 bis 1967 erbaut. Hierbei wurden in das Außenmauerwerk ältere Grabsteine und zwei signierte Steine aus dem 16. und dem 18. Jahrhundert mit eingemauert.

St. Pius. Der Kirchenbau in der Wicker-Frosch-Straße 13 ist von den Architekten Nicol und Busch sowohl geplant als auch ausgeführt worden. Die katholische Kirche wurde 1957 geweiht. Die Großplastik über der Eingangspforte der Kirche St. Pius, aus Eisenband von dem Frankfurter Wilhelm Delarue nach einem Entwurf von Pfarrer Leo Peter gefertigt, zeigt Christus als das Opferlamm, einer Auslegung der Kommunion durch Papst Pius X. folgend.

St. Raphael. 1979 ist für die Gemeinde St. Raphael, Ludwig-Landmann-Straße 365, ein fünfundzwanzig-jähriges Provisorium zu Ende gegangen. Beim Umbau wurden auch die Fenster von dem Eltviller Jost neu gestaltet. Sie wurden nicht nur Schmuck, Ornament und farbliches Akzent, sondern sie haben einen unmittelbaren Bezug zur Gemeinde erhalten.

St. Stephanus. Das Tor zum Pfarrhof der St. Stephanuskirche in Nieder-Eschbach, Deuil-la-Barre-Straße 2a, ist eine kleine Kostbarkeit aus dem 17. Jahrhundert.

Unitarische Freie Religionsgemeinde. Neben dem Gemeindezentrum in der Fischerfeldstraße 16 ist am 22. 8. 1972 auf Initiative von Pfarrer Dr. Herbert Todt ein Mahnmal aus rotem Sandstein in der Form einer Brücke aufgestellt worden mit der eingemeißelten Forderung: „Übt religiöse und politische Toleranz".

St. Wendel. Der planende und durchführende Architekt der in Sachsenhausen im Alten Schützenhüttengäßchen stehenden katholischen Kirche ist Prof. Johannes Krahn. Der Grundstein wurde am 22. 10. 1956 gelegt. Die Kirche wurde am 10. 11. 1957 geweiht. Den freistehenden Glockenturm ziert ein Wetterhahn, geschaffen von dem langjährigen Leiter der Frankfurter Städelschule Prof. Hans Mettel.

Weißfrauenkirche. Die schöne alte evangelische Kirche, die ihren Platz in der Weißfrauenstraße hatte, ist am 22. 3. 1944 total zerstört worden. Die neue Kirche, Ecke Gutleutstraße und Weserstraße, ist in einem Zeitraum von nur einem Jahr von dem Frankfurter Architekten

Dr. Ing. Werner Neumann erbaut worden. Ihren nach außen sichtbaren Schmuck in Form eines großen in Kupfer getriebenen Engels trägt sie an der Frontseite nach der Gutleutstraße. Der Engel als Vermittler des Wortes Gottes ist eine Arbeit des Kölner Bildhauers Prof. Josef Jäkel.

Zum Heiligen Herzen Jesu. Die alte Eckenheimer katholische Kirche ist in der Eckenheimer Landstraße 324 im Jahre 1899 geweiht worden. 1960 ist ein Neubau entstanden, dessen Außentüren von dem Klingenberger Bildhauer Hans König stammen. In Kupfer getrieben sind „Berufungen der Menschen durch Gott" dargestellt, auf der linken Eingangstür „Berufungen im alten Testament", rechts „Berufungen im neuen Testament".

Ende des Abschnitts: Kirchen und Gemeindehäuser

Kleinmarkthalle. Die alte Kleinmarkthalle, ursprünglich in der oberen Hasengasse und in der Reineckstraße gelegen und am 10. 2. 1879, damals noch als Großmarkthalle und ab 1929 als Kleinmarkthalle, eröffnet, ist im zweiten Weltkrieg am 22. 3. 1944 zerstört worden. Nur wenige hundert Meter davon entfernt, mehr nach dem Dom zu, aber auch in der Hasengasse gelegen, ist 1954 eine neue Kleinmarkthalle entstanden. An ihrem Eingang in der Hasengasse trägt sie ein großes Keramikplattenbild, das Marktleben früherer Jahre zeigend. Entwurf und Ausführung lag im Jahre 1954 bei dem Frankfurter Bildhauer Carl Wagner. Das Lieferwerk der Platten ist die Wilhelm Gailsche Tonwerk AG, Gießen.

Krankenhaus Frankfurt am Main-Höchst. Das Krankenhaus Frankfurt am Main-Höchst ist in den Jahren 1960 bis 1965 wesentlich erweitert worden. Bei dieser Gelegenheit wurden drei Werke bekannter Bildhauer angekauft: die „Kraniche" von der Professorin Emy Röder, Mainz, „Der Schreitende" von dem Wiener Professor Fritz Wotruba, zwei Skulpturen besonderer Prägung und das Bronzerelief „Strebungen III" von dem Frankfurter Heinz Heierhoff. Die Arbeit von Heierhoff ist in Kalifornien entstanden und war dort in der Universität Berkeley aufgestellt (Bilder auf den Seiten 235 und 236).

Kunst am Industriebau. Als Beispiel hierfür darf der 10.000 Kubikmeter fassende Ölbehälter im Heizkraftwerk Niederrad der Stadtwerke Frankfurt genannt werden. Er hat einen Durchmesser von 21 Meter und eine Höhe von 26 Meter. Sein Äußeres wurde 1974 durch eine farbliche Darstellung von Wasser und Feuer zu einer ansprechenden Fassade gestaltet. Den künstlerischen Entwurf mit den Farbangaben hat das Studio für Farbdesign Friedrich E. Garnier aus Wiesbaden geliefert. Der Ölbehälter fügt sich farbig gut in die Landschaft ein.

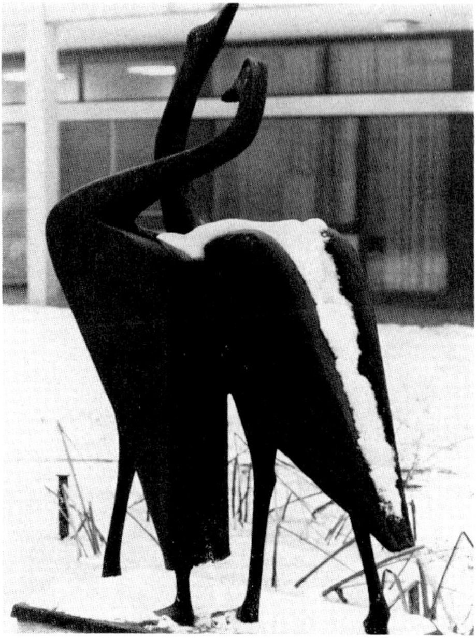

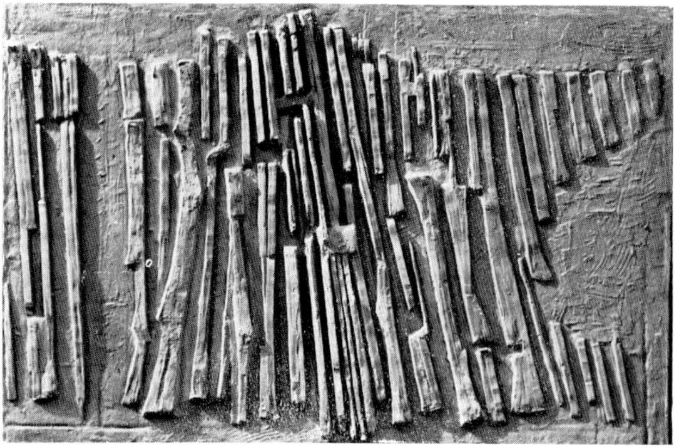

Der Schreitende
Krankenhaus
Frankfurt am Main-
Höchst

Liebieghaus-Garten-Skulpturen. Die städtische Skulpturensammlung am Schaumainkai, dem Nizza gegenüber gelegen, zeigt die Entwicklung der Bildhauerkunst aller Epochen an hervorragenden Werken. Das kurz vor der Jahrhundertwende erbaute Haus hat seinen Namen von dem früheren Besitzer Baron von Liebieg. An der Nordostecke ist eine große stehende Madonna mit Kind angebracht. Der Bildhauer ist unbekannt. In dem Garten, eine öffentliche Anlage, die täglich von 8.00 Uhr morgens bis zum Einbruch der Dunkelheit kostenlos zugänglich ist, sind folgende Figuren aufgestellt.

1. Justitia. Die voluminöse, gestreckt proportionierte Bronze-Frauenfigur, entstanden um 1600, vermutlich im Umkreis des Hans Krumper, steht im Kontrapost auf einer quadratischen Plinthe. Bis auf eine Gewandbahn, die locker um die Hüftpartie gegürtet ist und bis zu den Füßen hinabfällt, ist die Figur nackt. In der Rechten trägt sie ein Schwert, die linke Hand hält eine Waage; es sind die

Justitia

bezeichnenden Attribute der Justitia. Die Figur wurde 1942 erworben.

2. Hl. Antonius. Der bärtige Heilige aus Kalkstein, entstanden in Italien im 17. Jahrhundert, ist in ruhiger Vorderansicht gegeben. In der linken Hand hält er ein Buch, seine Rechte trägt den Lilienstengel, das Attribut des Heiligen. Er trägt die Ordenstracht der Franziskaner mit Kutte, Kapuze und einem Umhang, der seinen Oberkörper völlig umschließt und nur die Hände frei läßt. Die Figur wurde 1907 in Bologna erworben.

3. Herkules erschlägt die Hydra. Auf einer felsigen Platte steht Herkules; er ist bärtig, mit beiden Händen schwingt er eine Keule über seinem Haupte und kniet auf einem Fabeltier, der Hydra, eine über 1 m große Bronzegruppe. Die Hydra kauert am Boden und versucht, Herkules mit geöffnetem Rachen entgegenzufahren. Am Rücken des Helden flattert das Löwenfell, der Löwenkopf ist über das Haupt des Herkules gestülpt, die Tatze hängt über seiner

Schulter. Um die Unsterblichkeit der Götter zu erlangen, war Herkules vom Orakel in Dephi aufgetragen worden, sieben Taten zu vollbringen. Zu ihnen zählt die Erlegung der Hydra, ein Ungeheuer, das Felder verwüstete und Herden zerriß. Die abgebildete Gruppe gehörte zu einem Brunnen, der 1725 von J. L. Bromig aus Nürnberg gearbeitet wurde. Inschrift auf der Rückseite: Anno 1725 J. L. Bromig Bildhauer Fecit. Die Gruppe wurde 1911 in Mainz erworben.

Herkules

4. Herakles. Auf quadratischer Sockelplatte steht mit vorgesetztem linken Fuß der nackte, untersetzte, muskulöse Held. Die linke Achselhöhle stützt sich auf einen umrankten und mit einem Band umwundenen Pfeiler, von dessen Spitze ein Tuch nach links über den Schoß des Mannes fällt. Seine rechte Hand liegt auf dem Rücken, der bärtige Kopf ist nach links gewandt. Die aus grau-grünem Mainsandstein in der ersten Hälfte des 18. Jahrhunderts von einem

unbekannten Bildhauer gearbeitete Figur stammt angeblich aus Würzburg. Sie wurde 1919 in München erworben.
5. **Weibliche Gewandstatue.** Auf quadratischer Plinthe steht in kontrapostischer Haltung die weibliche Figur. Um ihre kräftige Gestalt ist ein schweres Gewand geschlungen, dessen großzügig gearbeitete Falten sich in breiten Mulden und straffen Stegen spannen. Den Kopf wendet sie leicht nach links, das Haar fällt offen über Nacken und Schulter. Beide Unterarme sind abgeschlagen. Es fehlen damit die Hände, die einst das bestimmende Attribut getragen haben mochten. Die Figur aus gelbem Mainsandstein, gehört vermutlich zur ursprünglichen Anlage des im späten 19. Jahrhundert gestalteten Liebieghausgartens. Fehlender Attribute wegen ist die Figur nicht zu identifizieren. Der ausführende Bildhauer ist nicht bekannt.
6. **Weibliche Figur (Athena?).** Auf quadratischer Sockelplatte steht eine weibliche Figur. Sie ist bekleidet mit einem kurzen Gewand, das um die Taille gegürtet ist. Ein Tuch, das sie mit beiden Händen hält, schlingt sich um den Körper. Der Kopf dreht sich nach rechts, die Haare fallen in Locken auf die Schulter. Die Figur lehnt sich an einen Baumstumpf, das linke Bein ist entspannt zurückgesetzt. Das um den Oberkörper gewundene Goldene Vließ legt eine Benennung der Figur als Athena nahe. Auch sie ist — wie die weibliche Gewandstatue — über 2 m groß, aus gelbem Mainsandstein. Sie wird dem gleichen Bildhauer zugeschrieben.

Auf der Seite zur Steinlestraße, also nach dem Süden, entsteht 1981/82 ein Neu-Renaissance-Brunnen.

Madonna Jutta. An der Ecke vom Alten Markt war diese Plastik das schönste Muttergottesbild dieser Stadt, um das sich eine liebliche, aber traurige Sage rankt. Sie gehörte der zweiten Blütezeit der deutschen Plastik vom Jahr 1450 bis 1530 an. „Madonna Jutta", die Arbeit eines unbekannten Meisters, war im Bombenkrieg zerstört worden. Der Frankfurter Bildhauer Georg Krämer hat inzwischen nach alten Fotos die Figur mit dem Kind neu geschaffen. Im Dezember 1967 ist sie wieder auf den so lange Zeit leeren Sockel am Steinernen Haus zurückgekehrt.

Am 13. 10. 1464 wurde der Grundstein für dieses Haus gelegt, eines der schönsten Frankfurter Wohnhäuser jener Zeit mit großen Lagerräumen und Kellern für Messegut. Das Haus hieß früher „Haus zum Bornfleck", dann nach dem Melemschen Hauswappen „Haus zum roten Krebs" und schließlich, weil es eines der wenigen steinernen Häuser in der Altstadt war, stynern hus (Bild nächste Seite).

Natursteinreliefs. Die Aktienbaugesellschaft für kleine Wohnungen hat im Laufe vieler Jahre rund 19 000 Wohnungen in Frankfurt erstellt, darunter auch die Häuser Stoltzestraße 14—24. Diese tragen

Madonna Jutta

noch heute als Schmuck über den Hauseingängen, bis auf das Haus 20, in die Wandfläche eingefügte plastisch bearbeitete Natursteine mit Darstellungen aus der Zeit kurz vor der Jahrhundertwende, ein Kindergarten, der Spargroschen, ein städtischer Adler, ein lesendes Mädchen und eine Mutter mit Kindern.

Nordweststadt. Die Gesamtplanung für das Wohngebiet Nordweststadt lag in den Händen des Architekten Walter Schwagenscheidt, der diese Planung mit seinem Mitarbeiter Sittmann auch verwirklicht hat. Das Geschäftszentrum hat nach einem internationalen Wettbewerb, bei dem es den 1. Preis gewonnen hat, das Architektenbüro Apel, Beckert, Becker gebaut. Das Schulzentrum ist von dem Wiener Architekten Prof. Franz Schuster geplant worden. Bauherren waren vor allem die Stadt, das Land Hessen, Kirchenbehörden, Baugesellschaften, für das Geschäftszentrum die Gewerbebauträger GmbH, Hamburg, und Bürger der Stadt. Das ganze Gebiet gliedert sich nach mehreren Schwerpunkten: das Wohngebiet mit Kirchen- und Sozialbauten, die Schulzentren und das Geschäftszentrum; dieses konnte am 4. 10. 1968 eröffnet werden. Die Kirchen- und Schulbauten werden unter ihren Namen ebenfalls beschrieben. In dem Geschäftszentrum findet sich eine Reihe von belebenden Elementen, die Springbrunnen und vor allem die Plastik mit Wasserspielen und Wasserreflexions-

flächen auf dem Platz vor dem Gemeinschaftshaus, eine Arbeit des Frankfurter Bildhauers Hermann Goepfert. Das fließende Wasser verkörpert die Dynamik, das ruhende Wasser die Statik. Die Kuben im Erdgeschoßmittelraum des großen Hofes des Frankfurter Bildhauers Hans Steinbrenner sollen die Spannung des Raumes aufnehmen. Der Bildhauer Fritz Fleer, Hamburg, hat die Skulptur „Das Paar" aus Bronze geschaffen. Eine Plastik- und Bildsäule von Bernard Schultze und Hein Heckroth ziert das Foyer des Gemeinschaftshauses.

Die Aktienbaugesellschaft für kleine Wohnungen hat eine Reihe von Skulpturen, verstreut über das ganze Gelände der Nordweststadt, aufstellen lassen: vor dem Hause In der Römerstadt 158 die Plastik „Mutter und Kind", am Hause Im Weimel 9 die Plastik „Ein beschwingter Wandersmann", im Hof Ernst-Kahn-Straße 10, gegenüber der Kirche Cantate Domino, „Abstreichende Wildgänse", am Hause In der Römerstadt 118 die Plastik „Schwatzende Hausfrauen", im Hofe der Häuser Ernst-Kahn-Straße 1—7 „Springende Fische" und schließlich an der Bernadottestraße 1 die Plastik „Das Tanzpaar", alles Werke des Frankfurter Bildhauers Hugo Uhl. Sie fallen unter den Begriff „Kunst am Bau", sind getrennt von den Wohnhäusern aufgestellt worden, stehen aber in räumlicher Beziehung bewußt zu diesen.

Opernhaus. Das Opernhaus ist in den Jahren 1875 bis 1880 von Professor Richard Lucae, in Anlehnung an die Formen italienischer Renaissance für 6,8 Millionen an reinen Baukosten erbaut worden.

Einen Betrag von rund 860 000 Mark haben damals reiche Bürger gestiftet. Das Haus ist 1944 völlig ausgebrannt. Die Inschrift am Haus „Dem Wahren Schönen Guten" hat den Krieg unbeschädigt überstanden. Die Oper ist inzwischen — und dies für immer — in die Theaterdoppelanlage umgesiedelt. Die Städtischen Körperschaften haben zur Ermöglichung des Wiederaufbaues der Ruine — nun als Konzert- und Kongreßhaus — in den Jahren 1975, 76, 77 und 78 eine Reihe von Beschlüssen gefaßt, die dazu dienten, zuerst die Sicherungsarbeiten an der Ruine zu ermöglichen, dann den Rohbau und schließ-

lich noch den letzten Ausbau durchzuführen. Die anfallenden Ausgaben für die Neuherrichtung des Außenbereiches und die Umgebung sind damit noch nicht erfaßt. Entsprechende Beschlüsse werden noch ergehen. Diese Beschlüsse waren vor allem ein Erfolg und der Lohn für eine Reihe von Männern für deren zähes Ringen, von denen — stellvertretend für eine Vielzahl — nur drei genannt werden sollen: Oberbürgermeister a. D. Dr. Blaum, der Chirurg und Kommunalpolitiker Prof. Dr. med. Max Flesch-Thebesius und der Journalist Richard Kirn. Am 5. 10. 1968 konnte die im Jahr 1964 von Fritz Dietz, dem früheren Präsidenten der Industrie- und Handelskammer ins Leben gerufene Aktionsgemeinschaft Alte Oper auf Grund der Spendenleistung von Bevölkerung und Wirtschaft in Höhe von damals 9 Millionen DM im Einverständnis mit den Städtischen Körperschaften mit den Entrümpelungs- und Sicherungsarbeiten an der Ruine beginnen. Ende 1979 ist dieser Spendenbetrag auf 14,6 Millionen angewachsen.

Schließlich hat aufgrund obengenannter Beschlüsse der endgültige Wiederaufbau begonnen, nun — wie bereits angedeutet — nicht mehr der Oper dienend, sondern um Raum für Konzerte und Kongresse zu schaffen. Damit wurde endlich eine Lücke geschlossen, die insbesondere durch die Vernichtung des Saalbaues im 2. Weltkrieg entstanden war.

Was ist nun seitdem geschehen? In der nächsten Nähe der Inschrift des Hauses „Dem Wahren Schönen Guten" sind die Sgraffiti durch die Mitarbeiter der Firma Edel erneuert worden, ebenso das Sgraffitoband an der Ostseite, doch sind die Sgraffiti nur wenige Elemente der Fassade. An der Südseite ruhen im Tympanon die Reliefgruppen mit den kräftigen Männergestalten, Rhein und Main symbolisierend, die ein Frankfurter Wappen stützen. Es ist dies eine Arbeit des Bildhauers Hundrieser. Ebenfalls an der Südfront sind die von Professor Kaupert in Sandstein geschaffenen „Drei Grazien" auch heute noch vorhanden. Der Pegasus, der den obersten Giebel krönte, ist nun von dem Seligenstädter Bildhauer Georg Hüter neu entstanden, und in Kupfer gearbeitet, und an seinen früheren Standort zurückgekehrt.

Die Apollogruppe auf dem Giebel des Unterbaus ist — wie der Pegasus — im Krieg verschmort. An seiner Stelle thront nun, bereits seit dem Herbst 1976, die Panther-Quadriga, die einst auf dem Schauspielhaus gestanden hat, als neues Wahrzeichen über dem Vordach. Die Portalfassade schmücken noch die Sandsteinfiguren der Recha aus Lessings „Nathan der Weise" und der Isabella aus Schillers „Braut von Messina", Nachbildungen des Frankfurter Bildhauers Zobel. Goethe und Mozart waren, von Kriegseinwirkungen verschont, in den Rundbögen der Portalfassade stehen geblieben, ebenso wie die im nördlichen Giebelfeld — zur Leerbachstraße hin — stehende „Poesie, einen Genius unterrichtend" und die „Drei Parzen". Die sechzehn Sandsteinfiguren in den Nischen des Oberbaus stellen die Tragödie, die Komödie, den Tanz, die Poesie, die Wahrheit, die Eitelkeit, den Frohsinn, die Ehre, die Rache, die Musik, die Musen Terpsichore und Kalliope, das Märchen, das Volkslied, die Sage und die Geschichte dar. Die Mitarbeiter der Arbeitsgemeinschaft Frankfurter Steinmetzbetriebe haben die Kriegsschäden an diesen Figuren beseitigt. Der Bildhauer Hermann zur Straßen hat die acht Kandelabergruppen auf der Dachbekrönung wieder neu entstehen lassen.

Die Gesamtrenovierungskosten haben sich nach dem Stand vom Mai 1980 auf 148.500.000 DM belaufen ohne die Kosten für die betrieblichen Einrichtungen. Für die künstlerische Ausgestaltung des Inneren des Hauses, für die Anschaffung von Bildern, Teppichen und Plastiken ist ein Betrag von einer Million vorgesehen.

Die Auseinandersetzungen um einen Brunnen vor der wiederaufgebauten Alten Oper sind noch nicht ausgestanden. Der von Lucae in etwa 1875/80 schon entworfene Brunnen wird wahrscheinlich gegen den Vorschlag des „Fördervereins Schöneres Frankfurt" aufgestellt werden.

Palais Thurn und Taxis. Das Portal zum Palais Thurn und Taxis in der Großen Eschenheimer Straße 26 ist der verbliebene Rest des einzigen Barockschlosses im alten Frankfurt. An der Stelle des im zweiten Weltkrieg zerstörten, von 1732 bis 1741 nach den Plänen des Pariser Architekten Robert de Cotte erbauten Schlosses, erhebt sich heute das Massiv des Fernmeldeamtes. Der Portalbau trägt das Thurn und Taxis'sche Wappen mit der Figur der Minerva und seitlich Vasen mit Putten. Die Originale der von Paul Egell geschaffenen Steinplastiken werden im Historischen Museum aufbewahrt. Das Schloß diente 1816 bis 1866 als Bundespalais.

Parktor am Oederweg. Die Holzhausens waren eine der ältesten Patrizierfamilien von Frankfurt, die sieben Jahrhunderte hindurch an der Regierung der Stadt beteiligt war und der Stadt mehr als sechzig Mal den Bürgermeister gestellt hat. Das Holzhausenschlößchen, ein Landsitz der Familie von Holzhausen, die Oed genannt, ist im Jahre 1722 anstelle einer mittelalterlichen Wasserburg von dem französischen Architekten Rémy de la Fosse erbaut worden. Es steht noch heute, dazu einsam und allein am Oederweg das Parktor des ehemaligen Holzhausenparkes.

Parktor am Oederweg

Pelikan auf dem Bolongaropalast. Den von 1772 bis 1775 erbauten Palast haben die Schnupftabakkönige Bolongaro mit dem Symbol der aufopfernden Liebe, mit einem Pelikan, geschmückt. Seit 200 Jahren zeigt er, auf dem Bolongarouhrtürmchen stehend, nun schon die

Windrichtung an. Er ist einen Meter groß und hat eine Flügelspannweite von zwei Metern. Die Kugel, auf der sich die Wetterfahne dreht, hat einen Durchmesser von 65 Zentimetern.

Plastik am Frankfurter Schwurgericht. Der Maler und Bildhauer Helmut Lander, Darmstadt, hat für die Außenfront des neuen Schwurgerichts für das Frankfurter Justizzentrum aus geschweißten Aluminiumplatten und Profilen eine Plastik erstellt. An der gleichen Stelle ist zur gleichen Zeit, im Jahre 1966, ein plastischer Schriftsatz aus der Präambel zum Grundgesetz, von dem Bildhauer Heinz Hemrich aus Hechtsheim bei Mainz geschaffen, angebracht worden.

Plastische Komposition vor der alten Bank für Gemeinwirtschaft. In der Mainzer Landstraße 16—24, direkt vor der Bank für Gemeinwirtschaft, steht eine von der Münchner Bildhauerin Christine Stadler geschaffene Plastik aus dem Jahre 1963. Fünf Figuren, in einer Bronzeplatte verankert, wachsen als Säulenbündel in die Höhe. In einem freien Formenspiel, unbeschwert von der Materie, verjüngen sie sich. Sie versinnbildlichen den Vorgang des Gebens und Nehmens, das System wirtschaftlichen Zusammenwirkens.

Plastik vor dem Parkhaus Hauptwache. Der Kasseler Professor Fiebig hat aus Corten-Stahl zwei viereckige Gebilde, die miteinander verbunden sind und durch die man hindurchblicken kann, geschaffen. Das Metall rostet zwar, hat aber den Vorteil, nicht zu verrosten. Die Plastik steht vor dem Parkhaus im Kornmarkt.

Platzgestaltung der Mittelinsel am Eschenheimer Turm. Der U-Bahn-Bau hat eine Reihe von baulichen Veränderungen zur Folge, die nahezu zwangsläufig künstlerische Gestaltungen freigewordener Räume fordern. So ist nördlich des Eschenheimer Turmes in dem Verkehrsstrudel eine freie Zone entstanden. Der Frankfurter Maler und Bildhauer Hermann Goepfert hat hierfür eine kinetische Anlage geschaffen. In einem etwa 50 Meter langen, etwa 14 Meter breiten, flachen Wasserbecken sind gestaltete Aluminiumwände bis zur Höhe von 2,50 Meter errichtet worden, in deren Zentren Wassermühlen stehen, die das Wasser in dem Becken in starke Bewegung setzen. Es ist damit im Zentrum der Stadt eine für Frankfurt neue künstlerische Gestaltung eines großen Platzes durchgeführt worden.

Portal am Hospital zum heiligen Geist. Der Bau in der Langestraße ist als Ersatz für das damals völlig unzureichende Krankenhaus am Geistpförtchen von dem Architekten Friedrich Rumpf errichtet worden. Im März 1833 erfolgte der erste Spatenstich, im Mai 1835 die Grundsteinlegung und im September 1839 die Einweihung. Das Eingangstor mit zwei Engelsköpfen war die Arbeit des Bildhauers

Krampf. Im Jahre 1842 entstanden als eine Stiftung für das Hospital die zwei Statuen zur Rechten und zur Linken des Portals, die auch heute noch dort stehen: der hilfesuchende Kranke und der Gott preisende Genesende. Der Künstler war der Bildhauer Eduard Schmidt von der Launitz.

Privatkrankenhaus Sachsenhausen. Dieses in der Schifferstraße gelegene Krankenhaus ist aus der einstmals berühmten von-Nordenschen-Klinik hervorgegangen. An dem ältesten Klinikbau mit der pompösen barocken Front fällt die Figurengruppe über dem Eingang besonders ins Auge.

Prometheus. Der in Smolensk am 14. 7. 1890 geborene Bildhauer Ossip Zadkine, der am 25. 11. 1967 in Paris gestorben ist, hat 1952/53 das weltberühmte Bronzewerk für Rotterdam „Die zerstörte Stadt" geschaffen. Es ist ihm damit ein Denkmal von elementarer Allgemeingültigkeit gelungen. Der Prometheus, der 1965 zu seinem 75. Geburtstag in der Halle der Stadt- und Universitätsbibliothek aufgestellt wur-

de, ist ursprünglich im Jahre 1954 aus einem Baumstamm gearbeitet und erst Jahre später in Bronze gegossen worden. Das Bild zeigt einen Ausschnitt aus dem Werk Prometheus.

Rathaus-Römer. In den Figuren, die zum äußeren Schmuck an dem Gesamtgebäudekomplex angebracht sind, spiegelt sich fast die ganze Geschichte der Stadt wider. An der Römerfassade finden wir: eine Francofordia mit dem Modell des Pfarrturmes in der einen, dem Schwert der Gerechtigkeit in der anderen Hand, dann über dem Römerbalkon in gleicher Höhe die vier in der Geschichte der Stadt besonders bedeutungsvollen Kaiser: Friedrich I., Barbarossa, der erste in Frankfurt am Main gewählte Kaiser (1151–1190), Ludwig der Bayer, besonderer Freund und Gönner der Stadt (1314–1347), Karl IV., der durch das Gesetz der Goldenen Bulle (1356) Frankfurt am Main zur regelmäßigen Wahlstadt erhob (1349–1378), Maximilian II., der erste hier gekrönte Kaiser (1564–1576).

Das neue, kurz nach der Jahrhundertwende entstandene Rathaus ist mit einer Fülle von steinernen Figuren und Symbolen verziert. Es sollen nahezu 500 gezählt werden können. Deshalb können hier nur einige wenige herausgehoben werden. Die meisten von ihnen stellen Persönlichkeiten dar, deren Namen jedermann kannte, so am Südbau der Heimatdichter Friedrich Stoltze, der Architekt Burnitz, der Direktor des Städels Philipp Veit, der Bildhauer Eduard Schmidt

von der Launitz, der Schauspieler Hassel als wollener und baumwollener Herr Hampelmann, der Erfinder des Telegrafen Soemmering, der Architekt Schmick, Fries, der Gründer der bedeutenden Maschinenfabrik, der Metzgermeister Marx, der Brauer Binding, der Schneidermeister Jureit und viele andere. Erwähnt seien auch die Träger der Konsolen in der Bethmannstraße, außerdem der kleine Männerkopf mit der Hand hinter dem Ohr am Hause Limpurg, der Journalist Müller-Renz, dazu der Kannix und der Davidsburg über den beiden Durchfahrten im Hof des Bürgersaalbaues, zwei stadtbekannte jüdische Originale aus dem 19. Jahrhundert und über den beiden Köpfen großräumige Tonstift-Mosaiken von dem Amorbacher Maler Max Rossmann. Hier finden wir auch – neben der Festtreppe – den ersten Frankfurter Geschichtsschreiber Achilles August von Lersner und den Maler, Kupferstecher und Kartenzeichner Matthäus Merian den Älteren, einen der unsterblichen Meister seiner Kunst. Der Nordbau zeigt nur über dem Eingang am Paulsplatz eine Personengruppe. Sie enthält drei allegorische Gestalten, eine Francofordia, die Voraussicht und die Sparsamkeit. In der Vorhalle des heute geschlossenen Ratskellers stehen vier berühmte Frankfurter Baumeister aus alter Zeit: Engelbertus, der Erbauer der Leonhardskirche, Eberhard von Friedberg, der Erbauer des Sachsenhäuser Brückenturmes, der dem Langen Franz, dem Eck- und Hauptturm des Rathauses, Bethmannstraße/Ecke Buchgasse, als Vorbild diente, Madern Gertner, der Erbauer des Pfarrturmes und Wigel Sparre, der beim Umbau des im Jahre 1405 angekauften Rathauses mitwirkte.

Der Kannix

Die drei gotischen Staffelgiebel auf dem Römerberg sind zum Wahrzeichen dieser Stadt geworden. Es sind die Häuser „Alt-Limpurg", „Römer" und „Löwenstein". Mit den nach dem zweiten Weltkrieg neu aufgebauten Häusern „Frauenstein" und „Salzhaus" ist die frühere Fünfgiebelfront, wenn auch — sowohl im Innern wie auch äußerlich — verändert, wiederhergestellt. Das „Salzhaus" trägt an seiner der Paulskirche zugewandten Nordseite als großes Wandmosaik einen sich aus Schutt und Asche erhebenden Phönix nach einem im Jahre 1954 von Geißler, Wuppertal, entstandenen Entwurf. Das Mosaik am Langen Franz zeigt St. Florian beim Feuerlöschen.

Eine besondere Kostbarkeit im wiederhergestellten mittelalterlichen Innenhof im Römer ist die offene Wendeltreppe, die sich die „Ganerbschaft Alten-Limpurg" im Jahre 1627 zu ihrer Trinkstube im ersten Obergeschoß ihres Hauses errichten ließ.

Raumwand und Posthorn. Der Stuttgarter Künstler Otto Herbert Hajek hat nach der Wand im Hausener Friedhof und dem Frankfurter Frühling an der Kleyerschule 1974 im Erdgeschoß des neuen Verwaltungshauses der Post, an der Hafenstraße, aus Metall eine, wie er sie nennt „Raumwand" aufgestellt. Sie ist auch als „farbige Briefmarke" im Gespräch. Über fünf Meter hoch ist das gelbe Posthorn, das als Wahrzeichen an der Nord- und an der Südseite des neuen Hochhauses angebracht worden ist.

Rententurm

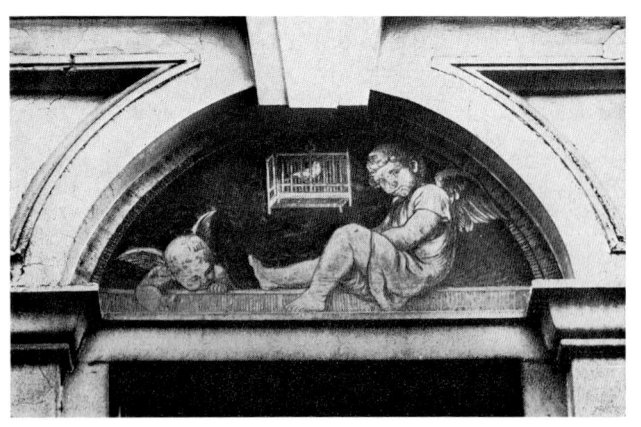

Reuterweg 100

Rententurm. In den Jahren 1454 bis 1460 ist dieser Turm gemeinsam mit dem Fahrtor, das 1840 bei der Erhöhung der Mainufer abgebrochen werden mußte, von dem Stadtwerkmeister Eberhard Friedberger erstellt worden. Auf der Mainseite des quadratischen Turmes ist ein Relief des zweiköpfigen Reichsadlers angebracht, der zwei Wappenschilder mit einfachen Frankfurter Adlern hält. Bei dem Abbruch des Fahrtores ist nur der Erker auf der Westseite erhalten geblieben, der in das Zollgebäude zwischen Pforte und Rententurm versetzt wurde. Zwei derbe gotische Steinmasken unter dem Erker sollen böse Menschen und böse Geister von Frankfurt am Main fern halten. Am Rententurm sind Überschwemmungsmarken angebracht worden.

Reuterweg 100. Prof. Wilhelm Steinhausen, der um die Jahrhundertwende eine Reihe bekannter Wandgemälde in Fresco-secco-Technik geschaffen hat, von denen nur noch einige wenige in der Aula des Heinrich-von-Gagern-Gymnasiums erhalten sind, hat seine Handschrift an dem Haus Reuterweg 100 auch heute noch hinterlassen.

Römerbergsgraffito. Der von Sachsenhausen über den Eisernen Steg nach Frankfurt Kommende stößt an der Ecke Römerberg und Alte Mainzer Gasse auf ein an der Südseite dieses Eckhauses angebrachtes Sgraffito. Dieses erinnert an eine Sage, nach der der Frankenkönig Karl hier bei der Verfolgung durch seine Feinde die rettende Furt durch den Main durch eine den Fluß durchquerende Hirschkuh gefunden hatte.

Rothschildscher Pferdestall. Korrekt muß das an der Ecke Ulmenstraße und Kettenhofweg gelegene Renaissancehaus Livingstonscher und nicht — wie ihn die Frankfurter nennen — Rothschildscher Pferdestall heißen. Der an vielen Stellen brüchig gewordene Sandstein und der ansonsten recht morsche Bau sind 1977 mit beträchtlichen Mitteln wieder hergestellt worden. Das Dach trägt Türmchen, Menschen und Pferde.

Saalhofkapelle. Die Saalhofkapelle ist das älteste erhaltene Bauwerk der Stadt Frankfurt. Kaiser Friedrich Barbarossa ließ sie um 1165 bis 1170 als Hauskapelle an den Turm der von seinem Vorgänger errichteten Burg anbauen. Das auf die Kapelle aufgesetzte Obergeschoß stammt aus der Zeit um 1210. Die Kapelle ist von der Mainseite, in unmittelbarer Nähe des Rententurmes gelegen, gut sichtbar. Sie ist in den Jahren 1966/67 restauriert worden und nun wieder für die Öffentlichkeit zugänglich. Sie dient heute als Museum (Seite 254).

Sachsenhäuser Symbolfiguren. Das Betriebsgebäude des Stadtentwässerungsamtes, Ecke Große Rittergasse und Paradiesgasse gelegen, zeigt an seiner Außenwand Mosaiken und Drahtfiguren von dem Frankfurter Maler Siegfried Reich an der Stolpe, die an Sachsen-

Saalhofkapelle

häuser Symbolfiguren erinnern, an Fischer, Gastwirte, Nachtwächter, Ritter und Marktfrauen. Das Werk ist im Jahre 1967 entstanden.

Sachsenhäuser Warte. Die Sachsenhäuser Warte, am Schnittpunkt der Darmstädter Landstraße und des Sachsenhäuser Landwehrweges gelegen, ist als Schutz gegen die Wildbannherren in den Jahren 1470/1471 mit ausdrücklicher Genehmigung Kaiser Friedrichs III. errichtet worden. Im schmalkaldischen Krieg im Jahre 1552 wurde die Warte niedergebrannt, aber sofort wieder aufgebaut. An der Außenseite ist gegen Süden ein Wappenschild mit dem doppelköpfigen Reichsadler und zwei kleinen Adlerschilden angebracht, eine saubere Steinmetzarbeit eines unbekannten Meisters.

Wer von Süden her in Richtung Innenstadt fährt, dem fallen nicht nur die rot-grau gemusterten Dachziegel des wiedererstandenen alten Forsthauses auf, sondern vor allem der inzwischen angebrachte Frankfurter Stadtadler, der zu Beginn des Jahrhunderts entstanden war und der den Rathausturm, den „langen Franz", zierte.

Schlittschuhläuferin. Die Stadt Frankfurt am Main hat der Stadtsparkasse zu deren 100-jährigen Bestehen am 11. Januar 1960 eine Bronzefigur, die Schlittschuhläuferin von Manzu, geschenkt. Die Statue ist in der Haupthalle der Zentralstelle, Ecke Hasengasse und Töngesgasse, aufgestellt worden. Die Wand, die den Hintergrund zu der Skulptur abgibt, ziert ein großflächiges Mosaik.

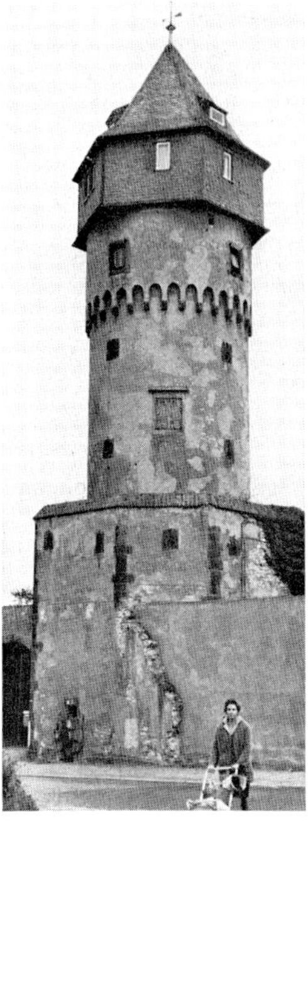

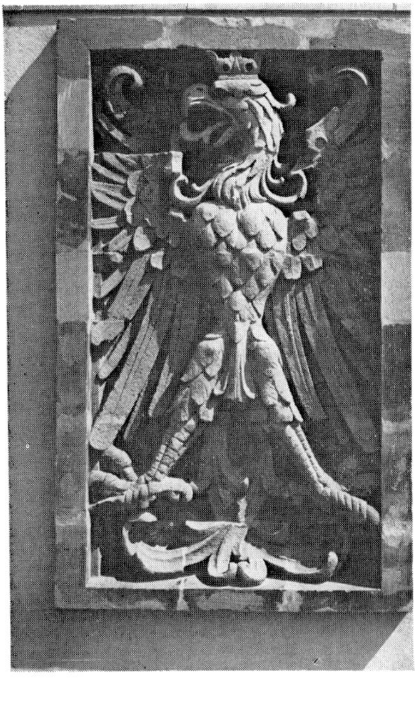

Schmelzer. Die chemische Industrie ist in Frankfurt mit einer Reihe von bedeutenden, weltweit bekannten Firmen vertreten, so auch durch die DEGUSSA, die Deutsche Gold- und Silber-Scheideanstalt. Die überlebensgroße Steinfigur (Grünsfelder Muschelkalk) eines Schmelzers, eine Symbolfigur, die die Namensgebung der Firma unterstreicht, ist in den Jahren 1936/37 an einem Ecke Neue Mainzer Straße und Alte Mainzer Gasse stehenden Haus im ersten Stock angebracht worden. Der Schmelzer entflammt ein Holzkohlenfeuer. Diese Figur ist ein Werk des Frankfurter Bildhauers Carl Stock.

Schmuckplastik Ecke Stift- und Brönnerstraße. An dem in den Jahren 1936/37 errichteten Geschäftshaus auf der Zeil, Ecke Stift- und Brönnerstraße, entworfen und durchgeführt von den Architekten Ad. H. Aßmann und M. Kühn, ist in der Höhe des ersten Stockwerkes in der Stiftstraße eine Schmuckplastik, eine überlebensgroße männliche Figur, angebracht worden, in der nach Franz Lerner manche Betrachter eine Ähnlichkeit mit dem damaligen Bauherrn, dem verstorbenen Besitzer auch des gegenüberliegenden Kaufhauses, finden wollten. Der Name des Künstlers ist nicht mehr zu ermitteln. Die Akten sind — wie so viele andere — im zweiten Weltkrieg vernichtet worden.

Beginn des Abschnitts: Schulen

Adolf-Reichwein-Schule. Den 1961 in Zeilsheim, Lenzenbergstraße 70, geschaffenen Neubau ziert am Eingang eine von dem Frankfurter Maler Hermann Goepfert in den Jahren 1960/61 erstellte Betonglaswand, eine Betonstruktur mit Lichtdurchbrüchen. Prof. Dr. Adolf Reichwein war Pädagoge. Er gehörte zu den Widerstandskämpfern.

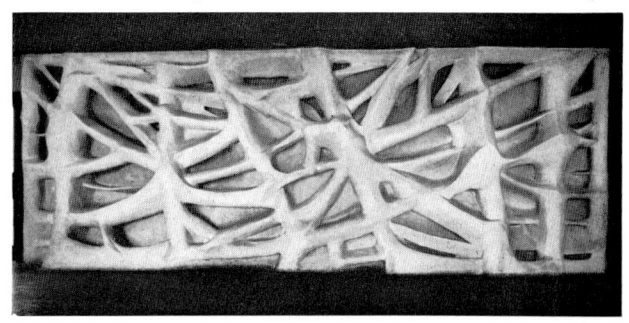

Albert-Schweitzer-Schule. Die künstlerischen Schöpfungen im Schulbereich am Berkersheimer Weg 26: ein Sgraffito, Haus Lambarene, von dem Bildhauer Georg Jakob Best aus Dreieichenhain, eine Albert-

Schweitzer-Büste des Bad Orber Bildhauers Hausenstein, der Pelikanbrunnen der Frankfurter Bildhauerin Cläre Bechtel, zwei metergroße Fotos des Malers Ernst Slutzky, nämlich Kirche im Elsaß und Insel der Einsamkeit, die Außenwandverkleidung der Turnhalle in Krenzheimer Muschelkalk von dem Bildhauer Jan Holzschuh und schließlich die Nachbildung eines Negerkopfes von dem ehemaligen Brust-Bartholdi-Denkmal in Colmar von dem Straßburger Louis Hesselbarth interpretieren in glücklicher Weise das Wesen und den Geist des am 4. 9. 1965 in Lambarene verstorbenen Namenspatrons der Schule.

Albrecht-Dürer-Schule. Im Treppenhaus des Anbaues der bereits 1912 in Sossenheim, Riedstraße 13, eröffneten Schule ist durch Rudolf Nicolay, Frankfurt, im Jahre 1964 ein Klinkerrelief in abstrakter Darstellung entstanden.

Anne-Frank-Schule. In der nach Anne Frank benannten Schule, in der Fritz-Tarnow-Straße 29, hat der Bildhauer Knud Knudsen neben der von Hans Bernt Gebhardt im Jahre 1958 entstandenen Gedenktafel an dem Haus Ganghoferstraße 24 im Jahre 1980 eine Büste der 1945 im KZ-Lager Bergen-Belsen Verstorbenen geschaffen. Das jüdische Mädchen Anne Frank, 1929 in Frankfurt geboren, ist durch ihr Tagebuch aus der Zeit ihrer Verfolgung weltweit bekannt geworden. Nach Ansicht des Vaters ist es dem Künstler gelungen, ein Bild vollkommener Ähnlichkeit zu schaffen.

August-Jaspert-Schule. Mosaiken von Schultz-Schönhausen und Hans König zieren die Eingangshalle der im Jahre 1955 als Nachfolgerin der 1880 in der Homburger Landstraße gegründeten und nun im Harheimer Weg 16 erbauten Bonameser Volksschule, der August-Jaspert-Schule. Für den Pausenhof hat der Frankfurter Maler Hermann Goepfert eine Aluminiumlichtwand geschaffen. Ein Seelöwenbrunnen des

Frankfurter Malers und Bildhauers Karl Trumpfheller steht im Schulhof. August Jaspert war Rektor der Kaufunger Schule und Gründer der Wegscheide.

Bergiusschule. Prof. Dr. Friedrich Bergius erhielt für seine bahnbrechenden Forschungsleistungen bei der Verflüssigung der Kohle und der Verzuckerung des Holzes 1931 den Nobelpreis. Die bereits 1881 am Frankensteiner Platz 1—5 eröffnete Schule hat 1960 einen Erweiterungsbau erhalten. Der Frankfurter Bildhauer Heinz Heierhoff ist mit einer Steinplastik „Das Gespräch", einer Achtfigurenkomposition aus dem Jahre 1960, vertreten, und der Bildhauer Georg Krämer, der Frankfurter Brunnendoktor, hat eine Gedenkplatte an den Namensgeber der Schule, ebenfalls 1960, beigesteuert.

Berthold-Otto-Schule. Die Schule erhielt ihren Namen von dem Pädagogen Berthold Otto. Sie wurde im neuen Siedlungsgebiet von Griesheim, Kiefernstraße 20 a, zur Entlastung der Boehle- und Mozartschule

Das Gespräch (Bergiusschule)

gebaut und im Herbst 1963 bezogen. Die Pausenhalle schmückt seit 1964 ein Betonglasrelief, die Auflösung einer Beton- zu einer Lichtwand, von dem Frankfurter Bildhauer Günther Berger.

Bettinaschule. Die Schule in der Feuerbachstraße 37—47 hat ihren Namen nach Bettina von Arnim geb. Brentano. Die Aulavorhalle trägt ein von dem Maler Siegfried Reich an der Stolpe, Frankfurt am Main, im Jahre 1961 geschaffenes Backsteinrelief. Im Schulhof ist die Bronzeplastik „Liegende" des Frankfurter Bildhauers Christian Peschke, ebenfalls 1961 entstanden, aufgestellt (Bild nächste Seite).

Carl-Schurz-Schule. Die Schule ist im Jahre 1901 unter dem Namen Sachsenhäuser Oberrealschule in der Holbeinstraße eröffnet worden. Sie ist im zweiten Weltkrieg völlig zerstört und danach wieder aufgebaut worden. Seitdem trägt sie den Namen des Mannes, der als Revolutionär von 1848 Deutschland verlassen mußte und in den Vereinigten Staaten von Amerika als General, Innenminister und Publizist für die Menschenrechte kämpfte. Zur Erinnerung an den ersten Schulnamen und für die im Krieg gefallenen Schüler und Lehrer der früheren Sachsenhäuser Oberrealschule ist im Jahre 1958/59 auf Veranlassung des Bezirksvereins Sachsenhausen in der Fensterwand an dem Eingang zu der Aula ein Mahnmal in Hochrelief, eine stehende

Liegende (Bettinaschule)

Jünglingsfigur in Trauerhaltung und darunter eine Widmungstafel von dem Frankfurter Bildhauer Georg Krämer, geschaffen worden. Nachforschungen über den Ursprung und die Bedeutung der Drahtfiguren an der Schule, in der Schneckenhofstraße, haben leider zu keinem Ergebnis geführt.

Carl-von-Weinberg-Schule. Die Schule in Goldstein, Zur Waldau, hat ihren Namen von dem früheren Direktor der Cassella-Werke, der zu jenen jüdischen Familien in Frankfurt zählte, die an vielen Stiftungen maßgeblich beteiligt waren. Ein von dem Frankfurter Bildhauer Hans Bernt Gebhard im Jahre 1961 geschaffenes Bronzeporträtrelief hat in der Schule einen würdigen Platz erhalten. Die Antik-Glasfenster sind von dem Glasmaler Wolfgang Germroth aus Frankfurt am Main.

Carlo-Mierendorff-Schule. Die Büste des Widerstandskämpfers und Reichstagsabgeordneten Carlo Mierendorff, die in der am 1. 11. 1964

in Preungesheim, Jaspertstraße 63, eröffneten Schule steht, stammt von dem Bildhauer Dr. Knud Knudsen aus Bad Nauheim. Der Frankfurter Maler Siegfried Reich an der Stolpe hat den Pausenhof durch die Anlage von Mosaikwänden, von mehreren kleinen Springbrunnen und von einer Betonsitzgruppe zu einer reizvollen Einheit zusammengeschmolzen.

Dahlmannschule. Die nach dem Wiederaufbau im Jahre 1965 in der Rhönstraße 86–88 wiedereröffnete Schule weist einige Kunstwerke aus: die Skulptur „Roter Sandstein 1956" von dem Frankfurter Bildhauer Hans Steinbrenner, eine Farbwand in dem Lehrschwimmbecken

und eine Glasbetonwand, beides von dem Frankfurter Bildhauer Heinz Heierhoff. Friedrich Christian Dahlmann war 1848 Mitglied der Frankfurter Nationalversammlung.

Eduard-Spranger-Schule. Das neue Schulgebäude in Sossenheim, Schaumburger Straße, konnte im Jahre 1967 seiner Bestimmung übergeben werden. Der Bad Nauheimer Bildhauer Dr. Knud Knudsen hat von Eduard Spranger, der zu den bedeutendsten Pädagogen, Philosophen und Psychologen der ersten Hälfte dieses Jahrhunderts zählt, er hat von 1882 bis 1963 gelebt, eine Bronzebüste für die Schule, die dessen Namen trägt, geschaffen. Für diese Schule hat der Maler Georg Jakob Best aus Götzenhain eine Dickglasbetonwand und der Frankfurter Maler Thomas Zach eine als Reliefwand ausgebildete Stahlbetonstützmauer erstellt (Bild nächste Seite).

Elsa-Brandström-Schule. Die alte Westendschule ist nach dem Krieg in zwei Schulen aufgeteilt worden. Im Jahre 1963 wurde die Westendschule II in der Lindenstraße 2 nach Elsa Brandström, dem Engel der deutschen Kriegsgefangenen in Sibirien, benannt. Ein Außenwandsgraffito des Klingenberger Bildhauers Hans König schmückt weithin sichtbar diese Schule.

Dickglasbetonwand (Eduard-Spranger-Schule)

Else-Sander-Schule. Else Sander (1873—1945) war eine Pionierin des Mädchenberufsschulwesens und Verfasserin von Schulbüchern. Ein Brunnen im Hof der Schule in der Adlerflychtstraße 24 „Putzender Schwan", eine Bronzeplastik des Frankfurter Bildhauers Faber Jansen und die Säulenkeramiken des Malers und Grafikers Bruno Großkopf, Büdingen, geben der Schule künstlerischen Schmuck. Die Werke sind im Jahre 1961 entstanden.

Engelbert-Humperdinck-Schule. Ganz in der Nähe seines Wirkens als Komponist der Märchenoper „Hänsel und Gretel" ist in der Wolfsgangstraße 106 im Jahre 1955 eine Schule mit dem Namen Engelbert Humperdinck eröffnet worden. Eine überlebensgroße, sitzende Jünglingsfigur, die von dem Hannoveraner Bildhauer Prof. Kurt Lehmann geschaffene Bronzeplastik „Konzentration", und die von dem Darmstädter Helmut Lander erstellte Glasbetonwand geben der Schule deren künstlerischen Akzente.

Ernst-Reuter-Gesamtschule und Grundschule II in der Nordweststadt, Hammerskjöldring 17 a. Die nach dem verdienstvollen ersten Regierenden Bürgermeister von Berlin Ernst Reuter benannte Schule ist am 7. 10. 1964 bzw. am 16. 6. 1965 eröffnet worden. Sie ist mit einer

außergewöhnlichen Fülle von künstlerischen Kostbarkeiten ausgestattet worden, die in einer Aufzählung, die keine Rangordnung in der Wertigkeit darstellt, folgen. Es sind dies:

1. „Holzplastik", Bildhauer Hans Steinbrenner, Frankfurt, 1964,
2. Bronzeplastik, „Cavallier VI", Bildhauer Jaques Delahaye, Paris, 1965,
3. „Betonglaswand mit stark strukturierten belgischen Farbgläsern", Maler Hermann Krupp, Hofheim/Taunus, 1965,

4. „Betonglaswand", Prof. Albert Burkhard, München, 1965, das Bild,
5. „Spiegelobjekt", Maler Hermann Goepfert, Frankfurt, 1965,
6. Steinplastik „Kindergruppe", Bildhauer Willi Schmidt, Frankfurt, 1966,
7. „Betonrelief", Maler Siegfried Reich an der Stolpe, Frankfurt, 1966,
8. „Glasplastik", Bildhauer Hans König, Klingenberg, 1966,
9. „Sandsteinrelief", Bildhauer Heinz Heierhoff, Frankfurt, 1967, das Bild auf Seite 263, und
10. „Wandrelief", Maler Werner Schreib, Frankfurt, 1967.

Hier ist die von Prof. Franz Schuster, Wien, in der Vorbemerkung zu Teil III erhobene Forderung Wirklichkeit geworden. Auf diese Ausführungen darf verwiesen werden. Es wurden bewußt Werke aus unterschiedlichen Materialien und von unterschiedlicher künstlerischer Auffassung ausgewählt. Die Kunsterzieher haben die Möglichkeit, über die Wirkung und Bearbeitung verschiedener Materialien an sich, aber auch im Hinblick auf die Aussage der Kunstform und ihr Erlebnis, mit den Schülern zu sprechen.

Frankensteinerschule. Die Frankensteinerschule wurde im Jahre 1888 eröffnet. Die Schule ist nach dem Rittergeschlecht der Frankensteiner benannt, das in Alt-Sachsenhausen am Kuhhirtenturm den Frankensteiner Hof besaß, der im Jahre 1944 durch Kriegseinwirkung völlig zerstört worden ist. Vor dem Schulhof, in der Willemerstraße 10, steht der Artischocken-, auch Klapperbrunnen. Er stand früher in der Klappergasse. Der ursprüngliche Ziehbrunnen ist im Jahre 1789 mit einer Pumpe versehen worden. Er besteht heute aus einem viereckigen

Friedrich Ebert

Pfeiler mit Viertelstäbchen an den Ecken und verkröptem Gesims mit einer Vase, in der sich eine Artischocke befindet. Der Brunnen wurde 1888 renoviert. Gleich dem Paradiesbrunnen wurde auch er von einem Fuhrwerk umgefahren, so daß er im Jahre 1959 von dem Bildhauer Georg Krämer ausgebessert und danach neu aufgestellt werden mußte.

Friedrich-Ebert-Schule. Eine Büste des Namensgebers der am Bornheimer Hang gelegenen Schule von dem Bildhauer Dr. Knud Knudsen, Bad Nauheim, weist die Schüler auf den ersten Deutschen Reichspräsidenten hin. Die Schule ist im Jahre 1930 eröffnet worden.

Friedrich-Fröbel-Schule. Die im Jahre 1962 in Niederrad, Heinrich-Seliger-Straße 29, eröffnete Schule, deren Namensgeber ein Anhänger Pestalozzis war, trägt als künstlerischen Schmuck eine Außenwandkeramik des Büdinger Malers Bruno Großkopf.

Friedrich-Stolze-Schule. Friedrich Stoltze (1816–1891), unser gefeierter Lokaldichter, hat der Schule in der Langestraße 30–36 den Namen gegeben. Seine in der Schule aufgestellte Büste, ein Abguß von dem alten Stoltzedenkmal vom ehemaligen Hühnermarkt, hält die Erinnerung an ihn bei allen Schülern wach. Der Grainauer Bildhauer Hans Oskar Wissel hat im Jahre 1962 für die Schule ein Emailrelief geschaffen; außerdem hat die Bronzeplastik „Drei Mädchen" des Bildhauers Heinz Bube, ebenfalls aus dem Jahre 1962, dort einen würdigen Platz gefunden.

Gerhart-Hauptmann-Schule. Die im Jahre 1681 eröffnete Schule ist im Krieg total zerstört worden. 1961 bezog die Schule unter neuem, dem jetzigen Namen ihr neues Gebäude in der Ostendstraße 37. Die von dem Bad Nauheimer Bildhauer Dr. Knud Knudsen geschaffene

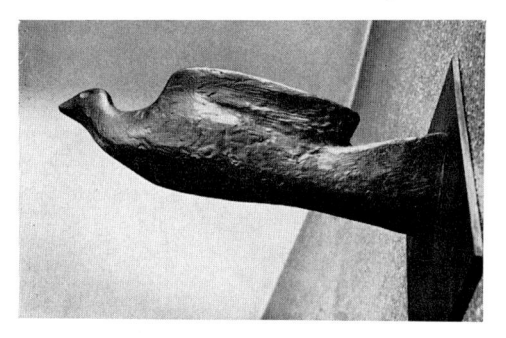

Büste erinnert an den Namensgeber der Schule. Die weitere künstlerische Ausgestaltung haben die Malerin Marianne Scherer-Neufahrt aus Kelsterbach mit einer Sgraffitoarbeit und der Frankfurter Bildhauer Christian Peschke mit einer Wandplastik aus Bronze übernommen.

Goethe-Gymnasium. Die Schule in der Friedrich-Ebert-Anlage 22 ist im Jahre 1520 gegründet worden. Die Eröffnung des Neubaus, die Humanistenschule war im Jahre 1897 nach der Stadt größtem Sohn benannt worden, konnte 1959 erfolgen. Die Pausenhofecke, eine Arbeit des Frankfurter Bildhauers Rudi Warmuth, hat eine intime Brunnenanlage. Eine Erdkarte, ein Schieferrelief, ist das Werk des Frankfurter Bildhauers Hans Bernt Gebhardt. Das Stellarium, eine drehbare Himmelskugel mit 52 Sternbildern, wurde von dem Bildhauer Hans Oskar Wissel aus Grainau geschaffen (Bild nächste Seite).

Goldsteinschule. Die Schule in Goldstein, am Wiesenhof 109, ist im Jahre 1880, die Neubauten sind in den Jahren 1952, 1955 und 1958 eröffnet worden. Sie trägt ihren Namen nach dem stark befestigten Hof Goldstein, der schon im 13. Jahrhundert Sitz eines alten einheimischen adligen Geschlechts war. Ein Außenwandsgraffito von Georg Jakob Best, Dreieichenhain, schmückt den neuesten Bauteil. Die Deutschlandkarte ist eine Arbeit der Frankfurter Malerin Gerta Kleist (Bild Seite 287).

Grundschule Eschersheim. Der Frankfurter Bildhauer Peter Knapp hat im Jahr 1970 für die in Eschersheim im Uhrig gelegene Grundschule eine Skulptur aus Naturstein geschaffen. Knapp ist 39jährig im August 1978 gestorben.

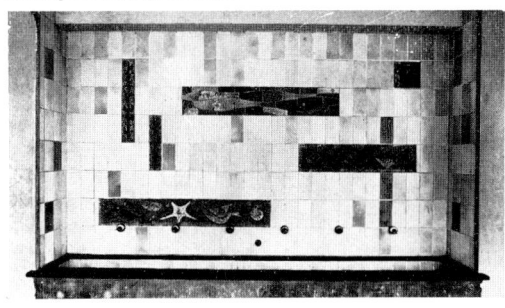

Gruneliusschule

Gruneliusschule. Die Schule in Oberrad, Wiener Straße 13, benannt nach der alten Frankfurter Patrizierfamilie von Grunelius, ist bereits 1890 eröffnet, im Jahre 1907 erweitert und 1944 zum größten Teil zerstört worden. Zu dem Wiederaufbau hat sie 1959 einigen künstlerischen Schmuck erhalten, so von dem Klingenberger Hans König einen Sgraffito-Turnhallengiebel, von dem Frankfurter Thomas Zach in der Eingangshalle eine Wandgestaltung, Pflanzen und Tiere darstellend, und einige über das ganze Schul- und Kindergartengelände verstreute Trinkbrunnen, die der Frankfurter Baukeramiker Werner Scholz aufgestellt hat (Bild auf der Vorseite).

Gutenbergschule. Die Berufsschule für Grafik und raumgestaltende Gewerbe ist zwischen den beiden Weltkriegen in der Hamburger Allee 23 gebaut worden. Sie hat den Krieg überstanden und damit die großflächigen Wandreliefs behalten, die auf die Aufgaben, die der Schule gestellt sind, hinweisen. Die Schule ist nach Johannes Gutenberg, dem Erfinder der Buchdruckerkunst, benannt. Er lebte um 1400 bis 1467/68 und entstammte dem Patriziergeschlecht Gensfleisch zu Mainz. Gutenberg hat sich in den Jahren 1454 bis wahrscheinlich 1457 hier in Frankfurt am Main aufgehalten.

Heinrich-Kleyer-Schule. Heinrich Kleyer war der Gründer und Leiter einer seinen Namen tragenden Aktiengesellschaft, die später als Adlerwerke sich einen weltweiten Ruf erworben hat. Deutschlands

Niobe

größte und modernste metallgewerbliche Berufsschule, die Heinrich-Kleyer-Schule, in dem Kühhornshofweg 27 gelegen, besitzt einige Kunstwerke besonderer Prägung. Der „Frankfurter Frühling", eine begehbare Betonplastik mit fünf Elementen und Farbwegen darüber, 1964 entstanden, ist eine Arbeit des Stuttgarter Bildhauers Otto-

Herbert Hajek. Der Sinn dieses Werkes ist in der Vorbemerkung zu Teil III mit den Worten seines Schöpfers beschrieben worden. Im Innenhof ist eine horizontale Bronzegroßplastik „Niobe" aufgestellt worden. Der Berliner Bildhauer Prof. Bernhard Heiliger hat sie 1964 geschaffen.

Heinrich-Kromer-Schule. Den Schulhof schmückt eine abstrakte Basaltlavaskulptur des Rottweiler Bildhauers Franz Bucher aus dem Jahr 1965. Die Schule steht in Niederursel, Heddernheimer Landstraße 236 (Bild auf Seite 270).

Heinrich-Steul-Schule. Den Eingang der Schule in der Pfingstbrunnenstraße hat der Frankfurter Maler Hermann Goepfert für die körperbehinderten Kinder in besonderer Weise durch kinetische Objekte aufgelockert und gestaltet (Bild Seite 271).

Heinrich-von-Gagern-Gymnasium. Die im Jahr 1888 als Kaiser-Friedrich-Gymnasium gegründete, am Tiergarten 6—8 gelegene Schule ist 1948 umbenannt worden. Sie trägt den Namen des Präsidenten des Frankfurter Parlamentes. Ihr künstlerischer Schmuck besteht aus Wandmalereien von Prof. Wilhelm Steinhausen. Mit dem Zyklus in der Aula des ehemaligen Kaiser-Friedrich-Gymnasiums hat Prof. Wilhelm Steinhausen in den Jahren 1899—1904 ein Werk geschaffen, das als einzig noch erhaltenes Wandgemälde in Fresko-secco-Technik im Frankfurter Raum von seinem Können Zeugnis ablegt. Dargestellt sind die Erziehungsgedanken antiker und christlicher Kultur auf drei

Heinrich-Kromer-Schule

Heinrich-Steul-Schule

verschiedenen Wandflächen. Die Gemälde waren stark beschädigt, konnten aber erhalten werden. Dieser Arbeit unterzog sich in den Jahren 1967 bis 1969 der Gemälderestaurator Friedrich Leonhardi, Frankfurt. Im Jahre 1963 ist die Schule wesentlich erweitert worden und hat als Bindeglied zwischen Alt- und Neubau ein imposantes

Helene-Lange-Schule

Helmholtzschule

Treppenhaus erhalten, das der Frankfurter Maler Hermann Goepfert in enger Zusammenarbeit mit dem Hochbauamt der Stadt als Lichtturm (Aluminium) gestaltet hat. Damit ist ein reizvolles künstlerisches Gegenstück zu den Fresken von Steinhausen entstanden.

Helene-Lange-Schule. Auf der Pausenterrasse der Schule in Höchst, Breuerwiesenstraße, sind Plastiken in Form eines unvollendeten Tempels aus Beton und Kupfer von dem Frankfurter Bildhauer Eberhard Fiebig entstanden. Die Arbeit birgt neben der reinen konstruktiven Formgebung den Ausdruck eines geistigen Entwicklungsprozesses in sich, der als ein Aufgabengebiet der „Höheren Schule" Ausgangspunkt für den kulturellen Unterricht sein könnte. Die Frauenfigur, eine Bronzeskulptur am Schuleingang, ist eine Arbeit des Frankfurter Bildhauers Hermann zur Strassen aus den Jahren 1966/67. Helene Lange (1848—1930) war Pädagogin und Förderin der Mädchenbildung und Frauenbewegung (Bilder siehe Vorseite).

Helmholtzschule. Das Gymnasium für Jungen in der Habsburgerallee 57—59, benannt nach dem Naturforscher Hermann von Helmholtz (1821—1894) ist im Jahre 1912 entstanden, im zweiten Weltkrieg weitgehend zerstört und im Jahre 1958 wiedereröffnet worden. Sein Schmuck sind die Außenwandgraffito und ein Wandmosaik im Eingangsbereich, beide von dem Klingenberger Bildhauer Hans König.

Hermann-Herzog-Schule. Hermann Herzog, ein Altmeister der Sehbehinderten-Pädagogik, hat der am 21. 8. 1956 in der Pfingstbrunnenstraße 15 eröffneten Schule den Namen gegeben. Sie hat im Hinblick

auf die Schüler, die sie beherbergt, von dem Frankfurter Maler Hermann Goepfert 1967 ein Optophonium mit einer elektronischen Anlage erhalten. Hier werden Töne in Licht umgesetzt.

Johann-Hinrich-Wichern-Schule. In der Sonderschule für Lernbehinderte in Eschersheim, Kirschwaldstraße, steht im Hof eine Bronzefigurengruppe, Flügelskulpturen in freier Gruppierung in einem Wasserbassin. Das Werk stammt von der Frankfurter Bildhauerin E. R. Nele Riehle aus dem Jahre 1966.

Karl-Oppermann-Schule. Karl Oppermann war ursprünglich Taubstummenlehrer. Er ist 1944 bei einem Fliegerangriff ums Leben gekommen. Seine von dem Frankfurter Bildhauer Karl Trumpfheller im Jahre 1962 geschaffene Bronzeporträtplastik mit Eichenholzsockel mit Namensinschrift hat in der Schule in Höchst, Gotenstraße 38, einen Ehrenplatz erhalten.

Kaufmännische Berufsschule — Bethmann-Schulhaus. Die Wandgestaltung in den Lichthöfen mit Symbolen von Welthandel, Nahrungsmittelgewerbe, Industrie- und Geldwesen stammen von den Malern Heinz Saalig und Hans Oskar Wissel, die Skulptur „Vater und Sohn" von dem Frankfurter Bildhauer Georg Krämer. Die Schule befindet sich in der Seilerstraße 32 (Bild Seite 276).

Kerschensteinerschule. Den Schulhof des im Jahre 1954 eröffneten Neubaues in Hausen, Am Spritzenhaus 2, ziert ein Brunnen von August Bischoff.

Vater und Sohn, am Bethmann-Schulhaus

Klingerschule. In der nach dem Freund des jungen Goethe, dem Dichter Friedrich-Maximilian Klinger, benannten Schule im Mauerweg 1 befinden sich Wandgestaltungen mit dem Thema „Welthandel" von dem Arnoldshainer Kunstmaler Hans Heinrich Adam.

Konrad-Haenisch-Schule. Die im Jahre 1960 neu errichtete Pavillonschule in Fechenheim, Birsteiner Straße / Lauterbacher Straße, hat durch den Frankfurter Maler Heinz Kreutz sechs Jahre nach ihrer Eröffnung geometrische Raumfiguren erhalten, die als pädagogische Wegweiser besondere Beachtung verdienen. Der Frankfurter Bildhauer Hans Steinbrenner hat 1961 eine Figurengruppe, zwei Einzelplastiken aus Basaltstein, beigesteuert. Konrad Haenisch war von 1918 bis 1921 preußischer Kultusminister und danach Regierungspräsident in Wiesbaden.

Kuhwaldschule. Die Eröffnung des Neubaus, der bereits 1912 entstandenen Schule, die nach dem Bockenheimer „Kuhwald" ihren Namen trägt, erfolgte 1955. In der Schule, in der Pfingstbrunnenstraße 17, steht ein Brunnen, zwei spielende Bären, des Frankfurter Bildhauers Heinz Heierhoff. Sie schmückt ein Wandrelief „Luftfahrt" des Klingenberger Bildhauers Hans König, eine Erinnerung an die erste Landung eines Zeppelins in dieser Stadt in unmittelbarer Nähe der Schule, und eine Metallwandgestaltung von Hans Heinrich Adam, dem Kunstmaler aus Arnoldshain.

Leibnizschule. Die Schule in Höchst, Gebeschußstraße 20—24, ist 1842 gegründet und nach dem Philosophen, Mathematiker, Naturwissenschaftler und Staatsmann Wilhelm von Leibniz benannt worden. Sie hat nach dem zweiten Weltkrieg im Jahre 1960 einige Kunstwerke erhalten. Von Prof. Dr. h. c. Richard Scheibe, Berlin, stammt eine Leibniztafel und von dem Frankfurter Bildhauer Heinz Bube im Innenhof eine Bronzefigur „Sitzender". Die Frankfurter Firma Werner Scholz hat eine Gedenkstätte aus neun Säulen mit keramischen Platten gestaltet.

Lessing-Gymnasium. Das mächtige Keramikwandrelief an der Aulaaußenwand am Haupteingang der Schule in der Fürstenbergerstraße 166 hat Prof. Ferdinand Lammeyer, der ehemalige Leiter der hiesigen Städelschule, im Jahre 1967 geschaffen. Vor dem Schulneubau haben die von dem Frankfurter Bildhauer Georg Krämer restaurierten, um die Jahrhundertwende entstandenen, überlebensgroßen Figuren von

Gotthold Ephraim Lessing und des Humanisten Philipp Melanchthon einen neuen Platz gefunden. Sie standen ursprünglich an der Fassade des im Krieg stark zerstörten Schulgebäudes.

Liebfrauenschule. Die am Peterskirchhof, Schäfergasse 23, gelegene Schule ist im Jahre 1333 von Katharina von Wanebach gegründet worden. In ihrem Hof ruht Goethes Mutter, Catharina Elisabeth Textor, Frau Aja, wie sie später in Goethes Freundeskreis genannt wird, in dem Textorschen Familiengrab. Geboren wurde sie am 19. 2. 1731 als Tochter des Frankfurter Stadtschultheißen Johann Wolfgang Textor. Sie starb am 13. 10. 1808. Ganz in der Nähe plätschert — ebenfalls im Hof — das Wasser eines kleinen Brünnleins.

Liebigschule. Bei dem Wiederaufbau der nach dem Chemiker Justus von Liebig benannten Schule, Kollwitzstraße 3, wurde entgegen ursprünglicher Planung von einer Gestaltung der äußeren Rückwand der Aula abgesehen, dagegen die Aufstellung eines plastisch, nadelförmigen Gebildes mit ausgesprochen vertikaler Tendenz zur Aula im Innenhof als die relativ beste Lösung erkannt. Das Gymnasium, in der Kollwitzstraße gelegen, bildet in seinem Gebiet einen kulturellen Mittelpunkt. Demzufolge sollte ein künstlerischer Schmuck geschaffen werden, der nicht nur der Schule zugute kommt, sondern der auch für die Öffentlichkeit von besonderem Interesse sein sollte. Diese Forderung erfüllt die von dem Berliner Professor Bernhard Heiliger 1965 gestaltete 8,50 m hohe Bronzestele. Über die Arbeit an der Skulptur und über die Gedanken, die er dabei hatte, schrieb der Schöpfer des Werkes am 2. 10. 1965 an die Direktion der Schule:

„Die Arbeit an dieser Skulptur hat mich stark gefesselt, wohl weil es hier keine Hauptansicht geben konnte; sie mußte vollkommen allseitig sein und von jedem Standpunkt aus neue Aspekte öffnen.

Die Höhe von fast 9 m ergab sich aus den rhythmischen Absätzen und Ausladungen. Jeder Form liegt ihr eigenes Maß zugrunde — es zu finden ist ein großes plastisch-künstlerisches Problem, das sich immer zu Beginn einer Arbeit von neuem stellt. Sicher ist auch der Standort für die Ausmaße von Bedeutung. Diese Frage beantwortet sich jedoch schnell —, viel wesentlicher sind Proportionen und Maße innerhalb eines Werkes. Vorarbeiten in Form von zeichnerischen Entwürfen gibt es bei mir aus diesem Grunde kaum, sie hindern meine Phantasie, die erst bei der direkten Arbeit freigelegt wird, und den Zugriff für diese Frage der Anordnung, die während des gesamten Arbeitsvorganges viele Änderungen erfährt. Auf diese Weise schälte sich schon bald eine in bestimmte Rhythmen aufgeteilte, wachsende, nach oben strebende Formanordnung heraus.

Die Kreisformen etwa setzen einen wichtigen Akzent im ersten und letzten Drittel der Skulptur. Der Abschluß des ersten Drittels mußte die größte Raumausdehnung erfahren, hier in Gestalt von sich ablösenden Blattformen. Darüber wurde die Ausdehnung wieder zurückgenommen, ein aufstrebendes großes, reiches, aber festes Mittelstück schließt sich an, das dann zur oberen ausladenden Zweischeibenform gelangt, woraus dann nach einer weiteren Streckung eine knospenhafte, weiche Form den Abschluß bildet.

Als der Gedanke der Stadt Frankfurt, doch einmal eine große Arbeit für sie zu machen, aufkam, boten sich besonders unter den Schulplanungen mehrere Projekte an, — dieses jedoch, mit seinem geräumigen Innenhof, war dazu geeignet, diesen vegetativ zu verstehenden vertikalen Akzent aufzunehmen."

Eine Materialwand in der Pausenhalle, 1966/67 erstellt, stammt von dem an dem Gymnasium tätigen Studienrat Walter Schmidt.

Linnéschule / Wittelsbacherschule. Die beiden Schulen, benannt nach dem schwedischen Botaniker und Naturforscher Karl von Linné und nach dem Fürstengeschlecht der Wittelsbacher, sind im Jahre 1910 in der Linnéstraße 18—22 eröffnet worden. Vor der Turnhalle befindet sich ein von dem Frankfurter Bildhauer Arnold Schamretta im Jahre 1963 erstelltes abstraktes Wandrelief.

Ludwig-Richter-Schule. Die Schule in Eschersheim, Hinter den Ulmen 10, trägt ihren Namen nach einem bekannten Maler der Romantik. Sie ist im Jahre 1928 eröffnet und 1954 erweitert worden. Die Wandmalereien stammen von dem Frankfurter Maler Hermann Goepfert. Im Pausenhof steht ein Brunnen.

Merianschule. Die Schule ist 1884 erbaut und 1944 zum Teil zerstört worden. Ihr Wiederaufbau war 1961 beendet. Ihren Namen trägt sie nach Matthäus Merian, dem Chronisten Europas, von dem der berühmte Frankfurt-Stich aus dem Jahre 1628 stammt. Der Frankfurter Maler Heinz Saalig hat ein Wandrelief — Wald und Tiere — für die in der Burgstraße 23 gelegene Schule geschaffen.

Michael-Grzimek-Schule. Zur Erinnerung an den im Januar 1959 im Alter von 24 Jahren tödlich verunglückten Tierforscher und Naturwissenschaftler Michael Grzimek ist am 8. 12. 1978 in der Schule in Nieder-Eschbach eine Gedenktafel enthüllt worden.

Minna-Specht-Schule. Minna Specht leitete vor ihrer Emigration im Jahre 1933 das Landeserziehungsheim Walkemühle bei Melsungen. Die Schule in Schwanheim, Hans-Pfitzner-Straße 18, wurde am 3. 9.

1965 eingeweiht. Ihr künstlerischer Schmuck besteht in einer 60 qm großen Betonrelief-Giebelwand am Klassentrakt, eine von dem Bildhauer Jaques Delahaye aus Paris besonders reizvoll gestaltete Wand eigener Prägung.

Mühlbergschule. Im oberen Hof der Schule, im Lettigkautweg 8, steht ein spätklassizistischer Pumpenbrunnen. Eine Gärtnerin mit Hut und Gemüsekorb schaut, auf einer schmalen Brunnensäule stehend, auf die sie umspielenden Kinder herab.

Münzenbergerschule. Der Stadtpfarrer Ernst Franz August Münzenberger hat von 1870 bis 1890 in Frankfurt am Main gewirkt. Im Jahre 1882 ist die Schule in Eckenheim, Engelthalerstraße 24, eröffnet worden. Ihr künstlerischer Schmuck, ein Stützwandmosaik, ist eine Arbeit von dem Maler Gerhard Hintschich aus Frankfurt am Main aus dem Jahre 1962.

Musterschule. Das heutige Gebäude, Oberweg 5—9, ist im Jahre 1901 als „Neue Bürgerschule" bezogen worden. 1922 erhielt die Schule ein von dem Bildhauer J. Belz geschaffenes Ehrenmal „Knieender Jüngling", das Konsul Dr. Karl Kotzenberg gestiftet hat.

Peter-Petersen-Schule. Die Schule in Eschersheim, Zehnmorgenstraße 20, ist nach dem Begründer des Jenaplanes, Professor Dr. Peter Petersen, im Jahre 1960 benannt worden. Eine freistehende Mosaikwand im Schulhof gibt ihr ihre besondere künstlerische Note. Die Wand ist 1960/61 von dem Bildhauer Hans König aus Klingenberg geschaffen worden.

Philipp-Holzmann-Schule. Aus Anlaß des 100jährigen Bestehens der Frankfurter Firma Philipp Holzmann AG ist die städtische Berufs-

Reliefartige
Natursteinmauer,
Philipp-Holzmann-
Schule

Riedhofschule

schule IV, Gleimstraße 3, in Philipp-Holzmann-Schule umbenannt worden. Der Klingenberger Bildhauer Hans König hat im Jahre 1964 sowohl die Aulaaußenwand in farbiger Mosaikarbeit gestaltet, als auch eine reliefartige Natursteinmauer von stark plastischer Wirkung geschaffen. Die Schule steht in der Gleimstraße 3.

Riedhofschule. Die im Jahre 1951 in Sachsenhausen, Riedhofweg 15/17, eröffnete Schule ist nach dem 1366 erstmals urkundlich erwähnten, in ihrer unmittelbaren Nachbarschaft bis vor kurzem noch gelegenen Gutshof „Riedhof" benannt. Ein Sgraffito, unter anderem den Gutshof darstellend, erinnert an diese Tatsache. Die Eingangshalle schmückt eine Weltkarte von den Frankfurter Malern Georg Poppe, Seelig und Lotte Reichauer, den Schulhof zieren ein Bärenbrunnen des Frankfurter Malers und Bildhauers Karl Trumpfheller und eine Plastik des Frankfurter Bildhauers Georg Krämer „Esel mit Kindern".

Robert-Schumann-Schule. Am 8. 2. 1965 hat im Hof der Schule in Heddernheim, Kirchstraße 13, die Einweihung einer Gedenkstätte für Johann Wolfgang von Goethes erster Jugendliebe, dem Gretchen

Rödelheimer
Grundschule

von Heddernheim, stattgefunden. Die Porträtplastik und die Gedenktafel wurden von dem Frankfurter Heinz Saalig geschaffen.

Rödelheimer Grundschule. Auf dem Hof der Grundschule Rödelheim, Biedenkopferweg 33, ist zu Sommeranfang 1980 ein beispielhaftes Kunstobjekt entstanden. Das Künstlerehepaar Eva und Wilhelm Heer aus Frankfurt hat dieses Objekt mühsam aus 900 Meter Seil zusammengeknüpft.

Römerstadt-Schule. Die kleinen Schülerinnen und Schüler haben In der Römerstadt 120 e ein Riesenspielzeug, ein Betongebilde, das einmal als optisches Zeichen von weither gut wahrnehmbar ist und

ebenso günstig dem kindlichen Spieltrieb entgegenkommt, erhalten. Der Frankfurteer Bildhauer Heinz Heierhoff hat dieses 3,20 Meter hohe Gebilde im Jahr 1971 geschaffen.

Schillerschule. Die nach dem Dichter Friedrich Schiller benannte Schule ist im Jahre 1909 eröffnet, im zweiten Weltkrieg zerstört und 1959, mit ihrem Eingang in der Morgensternstraße, nicht wie früher in der Gartenstraße, wieder aufgebaut worden. Ein Brunnen schmückt den Hof und das Treppenhaus ein großes Wandbild, von der ehemaligen Schillerschülerin S. Winterfeld gestaltet.

Walter-Kolb-Schule. Die Schule ist im Jahre 1961 in Unterliederbach, Sossenheimer Weg 50, eröffnet worden. An den Namensgeber, den 1956 verstorbenen volkstümlichen Oberbürgermeister dieser Stadt, erinnert eine von der Frankfurter Bildhauerin Cläre Bechtel geschaffene Büste. Vier Reliefs in der Eingangshalle, je zwei davon in Kupfer

und in Messing, hat der Grainauer Bildhauer Hans Oskar Wissel erstellt. Den Eingang schmückt die hier abgebildete, von dem Frankfurter Maler Gerhard Hintschich geschaffene Betonreliefwand.

Wöhlerschule. Der Präsident der Polytechnischen Gesellschaft Dr. August Anton Wöhler hat der Schule den Namen gegeben. Ihr Neubau in der Mierendorffstraße 6 ist 1957 eröffnet worden. Der Bildhauer Otto Weber-Hartl, Bad Homburg, hat im Jahre 1965 für den Aulavorraum eine Plastik „Sitzender Jüngling" geschaffen.

Ziehengymnasium. Die Schule in der Josephskirchstraße besitzt eine kinetische Aluminiumplastik von Kissel mit elektrischem Antrieb und leicht gegeneinander versetzten Scheiben, damit ähnlich in der Bewegung, die durch eine Pleuelstange erzeugt wird. Die Plastik regt die Schüler zu manchem Schabernack an.

Ende des Abschnitts: Schulen

Goldsteinschule

(Text auf Seite 266)

Schwarzer Stern. Das Haus zum Schwarzen Stern, neben der Alten Nikolaikirche gelegen, ist um das Jahr 1600 erbaut worden und 1944 bis auf das steinerne Untergeschoß abgebrannt. Die Ruine zeigt noch heute eine Reihe von Konsolen von beachtlichem handwerklichen Können und volkstümlicher Anschaulichkeit. Der Schwarze Stern wird — gemäß einem Beschluß der Städtischen Körperschaften — demnächst wieder aufgebaut werden.

Senckenbergmuseum. Das Museum ist in den Jahren 1904 bis 1907 an der Senckenberganlage erbaut, im Krieg weitgehend zerstört und danach wieder aufgebaut worden. Es ist eines der bedeutendsten Naturmuseen Deutschlands, das aus Sammlungen Frankfurter Bürger, den Reisenausbeuten berühmter Forscher und den Stiftungen großer Sammler und Naturforscher entstanden ist. Den Giebel schmücken in Kupfer getriebene allegorische Figuren von C. Knodt, in der Mitte Saturn mit Sense und Stundenglas, den schon der alte Senckenberg auf seine „Anatomie" gesetzt hatte, außerdem das Senckenbergwappen, ein flammender Berg. Seit 1972/73 steht ein Brunnen vor dem Haus. 1978 sind die Dachfiguren von dem Frankfurter Heinrich Geller restauriert worden.

Siedlung in Bockenheim. Die Aktienbaugesellschaft für kleine Wohnungen hat an der Adalbert- und Schloßstraße eine große Siedlung gebaut. Am Eckhaus, Schloßstraße 76, ist ein etwa zehn Meter hohes

Sgraffitowerk entstanden, das an die Ängste des Bombenkrieges erinnert, gleichzeitig den Wiederaufbau zeigt und auf Stehengebliebenes verweist. Das Sgraffito trägt die Unterschrift: 1953 A.G. für kleine Wohnungen.

Silberner Ephebe. Auf der Balustrade des Hotels Hessischer Hof in der Friedrich-Ebert-Anlage 40 steht die Bronzestatue eines Jünglings, eine Nachbildung des in Herculanum gefundenen Originals, das im Nationalmuseum in Neapel verwahrt wird. In Fachkreisen heißt diese

Statue „Der Silberne Ephebe". Die Bronzestatue, 1. Jahrhundert vor Christi Geburt, war ursprünglich versilbert.

Sozialstation Eschersheim. Die Sozialstation Eschersheim, Nußzeil 48, ist im Jahre 1960 nach Plänen der Frankfurter Architekten J. M. Michel und K. Wirth erbaut worden. Am Eingang des Hauptgebäudes steht auf der Rasenfläche eine Plastik des Bildhauers Günther Berger, Frankfurt.

Städelsches Kunstinstitut. Das von den Frankfurtern kurz „das Städel" genannte Institut liegt am Schaumainkai, unweit vom Liebieghaus entfernt, dem Nizza gegenüber. Es ist eine der reichhaltigsten Gemäldegalerien Deutschlands, hervorgegangen aus einer Stiftung des Frankfurter Bürgers Johann Friedrich Städel. Fast alle Kunstepochen sind mit hervorragenden Werken vertreten. Über seinem Eingang stehen die Maler Albrecht Dürer (1471–1528) und Hans Holbein der Jüngere (1497–1543). Die Skulpturen wurden im Jahre 1879 von Friedrich August von Nordheim in Sandstein geschaffen. Im Vorgarten sind einige künstlerische Kostbarkeiten aufgestellt worden,

die zuvor ihren Platz in der Ernst-Reuter-Gesamtschule in der Nordweststadt, Hammerskjöld-Ring 17 a, hatten und zwar:
1. Bronzeplastik „Figur 1959", von dem Bildhauer Johannis Avramides, Paris 1963,
2. „Stehende Figur", von dem Bildhauer Prof. Fritz Wotruba, Wien, 1963/64, und

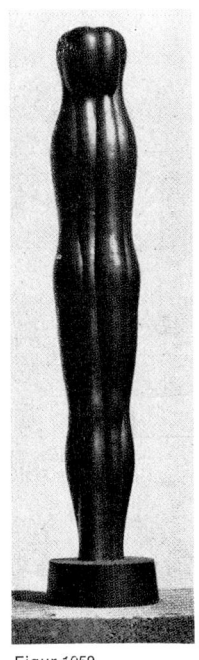

Figur 1959   Stehende Figur

3. „Figur im Raum", von dem Bildhauer Reg Butler, England, 1963/64.

Zudem finden im Vorgarten Wechselausstellungen mit modernen Skulpturen statt.

Synagoge. Frankfurt war der Sitz einer der ältesten jüdischen Gemeinden Deutschlands. Alte Urkunden weisen in das 13. Jahrhundert. Von den jüdischen Andachtsstätten in Frankfurt ist nur die Synagoge in der Friedrichstraße im Westend übriggeblieben. Sie ist im Jahre 1911 für über eine Goldmillion als Muschelkalkbau in einer Art maurischem Stil erbaut und am 9. November 1938 stark beschädigt worden. Im Jahre 1950 wurde sie auf Veranlassung der Hessischen Landesregierung wiederhergestellt. In dem Vorhof steht ein löwengepanzerter Brunnen. Da die Gemeinde aus bekannten Gründen heute zu klein ist, kann die Synagoge nur noch bei besonderen Anlässen und an hohen Feiertagen benutzt werden (Bild nächste Seite).

Synagoge

Theaterdoppelanlage. Günther Vogt sagt in dem im Jahre 1966 erschienenen Buch „Genius loci" zu der in der Bevölkerung vieldiskutierten Neuschöpfung von Zoltan Kemeny, der Deckenskulptur, zu dem Bild der Comedia dell'Art von Chagall und zu der Plastik von Henry Moore: „... Noch nicht zu sagen wäre das von dem Foyer der neuen Theateranlage, die seit 1963 an das alte Schauspielhaus gelehnt ist. Eine Promenade zwischen Glas und Beton, hundertfünfundzwanzig Meter lang und zwölf Meter hoch, bindet sie den alten mit dem neuen Teil an der Fassade zusammen und stellt als öffentlicher Wandelraum — geschmückt mit einer gleichlangen Deckenskulptur, einem übergroßen Gemälde und einer vergleichsweise kleinen Skulptur — ein Novum nicht nur für Frankfurt, sondern für jede Großstadt dar. Hier ist ein besonders großer Schritt in die Zukunft getan worden, kaum vergleichbar mit der Anlage des grünen Gürtels an der Stelle der Stadtwälle, des Hauptbahnhofes vor der Stadt, der Wohnviertel im Nordwesten, denn was sich dort setzte, öffnet sich hier; dem Menschen im Innenraum wurde plötzlich die Decke über dem Kopf weggezogen und statt ihrer ein Himmel aus leichtmetallenen Wolken installiert. Fest steht es, daß die Stadt mit ihrem Theaterfoyer alle ihre bisherigen Maße gesprengt hat und auch mit dem Dreiklang von Kunstwerken — ihre Schöpfer Zoltan Kemeny, Henry

Moore und Marc Chagall haben Weltgeltung! — dekorative Vielfalt von ehedem durch überdimensionale Einzelstücke ablöste, die mindestens soviel Diskussion auslösten wie seinerzeit die Ariadne ..."
Die Deckenskulptur konnte dem Publikum zur Eröffnung der Theaterdoppelanlage am 14. 12. 1963 vorgestellt werden.
So wie die Deckenskulptur von Zoltan Kemeny die langgestreckte Wandelhalle der Theaterdoppelanlage beherrscht, so gibt das von Marc Chagall geschaffene Bild „Comedia dell'Art" dem großen Foyerraum seine besondere Note.

Das Haus der Kunst in München hat im Jahre 1960 Kunstwerke von Henry Moore ausgestellt. In dem Vorwort des Ausstellungskataloges wurde die Arbeit des Bildhauers von Alfred Hentzen wie folgt kommentiert: „... Henry Moore ist der erste Bildhauer Englands von europäischem Rang seit dem frühen Mittelalter ... In Moores Werk offenbart sich die stärkste gestaltende Kraft der abendländischen Plastik nach dem zweiten Weltkrieg ... Ob wir diese Werke gegenständlich oder abstrakt nennen, wird gleichgültig. Keine naturalistische Form könnte ähnliche Wirkung erreichen. Alle Kunst bildet nicht Wirkliches ab, sondern schafft neue Wirklichkeit." In diesem Sinne muß auch die im Foyer aufgestellte Plastik „Knife's edge" gesehen werden.

Aus Anlaß des 70. Geburtstages des Schriftstellers und Dramatikers Bert Brecht hat der Patronatsverein für die Städtischen Bühnen diesen für den Chagall-Saal eine Brecht-Büste gestiftet. Die Enthüllung

der von dem Bildhauer Gustav Seitz geschaffenen Büste erfolgte am 10. 2. 1968. Eine Metalltafel an der Wand hinter der Büste enthält ein Verzeichnis der Inszenierungen von Brechts Werken an den Frankfurter Bühnen in den Jahren 1951 bis 1968.

In dem Foyer haben zudem von Knud Knudsen, Bad Nauheim, geschaffene Skulpturen von zwei Frankfurter Künstlern Plätze erhalten, Künstler, deren Namen weit über Frankfurt hinaus einen besonderen Klang hatten und noch haben, es sind dies die 1957 entstandene Bronze von Joachim Gottschalk, der Schauspieler, der 1941 mit Frau und Kind vor der Deportation in ein Vernichtungslager den Freitod gewählt hat, und die Bronze von John Gläser aus dem Jahr 1963. Der Heldentenor war Mitglied des Opernhausensembles von 1917 bis 1942.

Treppenhauswandgestaltung. Die Häuser Lamboystraße 22 und 24 tragen auf Veranlassung des Bauherrn, der Aktienbaugesellschaft für kleine Wohnungen, einen Sgraffitoschmuck an den Treppenhäusern, Karos, Kreuze, Quadrate und Rechtecke, eine Arbeit aus den Jahren 1963/64 des Malers Karl Seidl.

Türkenmusikanten. Die Brüder Joseph Maria Markus und Jakob Philipp Bolongaro bauten sich in den Jahren 1772 bis 1775 den noch heute vorhandenen 117 Meter langen Palast in Höchst, der seit dem Jahre 1908 die Stadtverwaltung beherbergt, heute die Außenstelle des Frankfurter Rathauses, die für die im Jahre 1928 eingemeindeten westlichen Vororte zuständig ist. Den Mittelpunkt des Gartens beherrscht ein großer Tritonbrunnen. Eine Balustrade mit Türkenmusikanten und Sphinxen bildet den Übergang zur unteren Gartenterrasse. 1908 wurden die Figuren erneuert. Sie sollten die internationalen

Handelsbeziehungen ihrer Besitzer anzeigen. Den Parkabschluß nach dem Fluß hin bilden an der unteren Balustrade zwei Löwen.

Universitätskliniken. Das Klinikum trägt vielfachen künstlerischen Schmuck, teils noch aus seiner Entstehungszeit und da hauptsächlich an seinen alten Portalen, teils an den nach dem zweiten Weltkrieg entstandenen Neubauten. Die 1958 erbaute psychiatrische Kinderabteilung und Poliklinik der Nervenklinik ziert auf der Putzfläche nach der Heinrich-Hoffmann-Straße eine Drahtplastik, den Hans-guck-in-

Nervenklinik, Kunststeinplastik

die-Luft, von dem Frankfurter Bildhauer Heinz Heierhoff und zeigt von dem gleichen Künstler im Hof auf der Spielwiese eine Kunststeinplastik. Die 1953 erbaute Kinderklinik hat auf ihrer Westseite einen übergroßen „Heiligen Christophorus", eine Sgraffitoarbeit des Malers Hembus. Im Hof erfreut nicht nur die Kinder ein nacktes Bübchen, eine Bronzearbeit des Frankfurter Bildhauers Georg Krämer, auf einer Muschelkalkkugel. Im Eingang der Klinik erinnert eine Tafel an 108 Tote, davon 88 Kinder, die ihr Leben bei einem Fliegerangriff am 4. 10. 1943 in der Ausweichklinik, der Infektionsabteilung der Universitätskinderklinik, Frankfurt, lassen mußten. In der I. Medizin steht eine Büste, die an den Nierenspezialisten Prof. Franz Volhard erinnert, in der Chirurgie eine Ludwig-Rehn-Büste von Emil Hub. Rehn hat im Jahre 1895 die erste geglückte Herzoperation durchgeführt. Das neu gebaute Schwesternhaus am Eingang zum Sandhof trägt reichen Mosaikschmuck. In den Gartenanlagen zwischen der Nerven-

Kinderklinik

klinik und der Neurochirurgie steht eine Plastik von dem Frankfurter Bildhauer Karl Trumpfheller.

Vogel Strauß. Von Johann Maximilian von Stalburg kaufte das 1748 gegründete Bankhaus Bethmann 1762 in der Buchgasse das Haus zum Basler Hof und die daneben stehende Wohnbehausung, an deren Stelle 1763—66 ein Neubau entstand. Im Hinterhaus befand sich das Geschäft, das in den folgenden 22 Jahren baulich erweitert wurde. 1818 kam noch das Eckhaus dazu, die alte Herberge zum Strauß, in der 1521 Luther auf dem Wege nach Worms abgestiegen war. Den Vogel Strauß trug bereits die Herberge als Wappen. Sie wurde abgerissen. Das Bankhaus holte sich später Tier und Abbild an das Haus Buchgasse 13 wieder zurück, doch im 2. Weltkrieg wurden beide zerstört. Aus Anlaß seines 225. Bestehens im Jahr 1973 ist das Bild des Straußen an der Außenwand der Bank, nun in der Bethmannstraße 7—9, neu entstanden.

Wasserspenderin. Nach dem zweiten Weltkrieg mußten sich die Stadtwerke ein neues Domizil suchen. Sie fanden dies am Börneplatz 3, an einer früher recht anrüchigen Ecke der versunkenen Altstadt. In dem Gebäude ist unter anderem das Wasserwerk mit seinen Verwaltungsstellen untergebracht. Dessen früherer Leiter, der verstorbene Stadtrat Georg Treser, hat die Frankfurter Bildhauerin Cläre Bechtel gebeten, eine Figur zu schaffen, die die Tätigkeit des

Wasserwerks nach außen hin symbolisiert. So ist aus Fränkischem Kalkstein, auf einem Sockel sitzend, die Figur der Wasserspenderin entstanden.

Weckmarkt. Einige Häuser am Weckmarkt, der Südseite des Domes gegenüber gelegen, tragen als Steinmetzschmuck in Sandstein gehauene Erinnerungen an das „alte" Frankfurt. Die Figuren zeigen: das „Streichholzkarlchen", „Karl Waßmann" und einen „Brezelbub"; die Bauten stellen dar: „das Fürsteneck", „die Mehlwaage" und „die goldne Waage". Sgraffitos weisen auf die Bestimmung des neuen Erdgeschosses hin, ein in Beton gegossener Engel mit dem alten Dom — noch ohne Spitze — in der Hand blickt über den Hof nach dem in der Großen Fischerstraße gelegenen Kindergarten.

Zwei Götter in der Bockenheimer Landstraße. Die Land- und Forstwirtschaftskammer Hessen-Nassau in der Bockenheimer Landstraße 25 hat ihren Sitz in dem in den Jahren 1912 bis 1914 erbauten Gebäude der früheren Bank Beer, Sondheimer & Cie. Die Monumentalfassade schmücken zwei überlebensgroße Götter, Zementfiguren, deren Schöpfer unbekannt ist, von denen eine Hermes sein dürfte.

Brezelbub, Karl Waßmann mit Streichholzkarlchen

Keramikwand an der Nordseite der B-Ebene des Hauptbahnhofs

(Text auf Seite 202)

Generalihaus

(Text auf Seite 194)

Nachwort

Es ist mit Teil III dieses Handbuches der Versuch unternommen worden, einen allgemein verständlichen Überblick über „Kunst am Bau" in Frankfurt zu geben. Viele Hindernisse haben sich diesem Vorhaben in den Weg gestellt. Die Unterlagen für eine Zusammenstellung mußten mühsam erarbeitet werden. Manche Frage mußte leider unbeantwortet bleiben, da viele Akten im Krieg zerstört worden sind.
Den freundlichen Helfern ist an anderer Stelle bereits der Dank für ihre selbstlose Mitarbeit ausgesprochen worden. Sicherlich wird der Benutzer dieses Handbuches, trotz aller Bemühungen des Herausgebers, vollständig zu berichten, das eine oder das andere ihm liebgewordene Werk vermissen. Bei einer nächsten Auflage wird dieser Mangel dann behoben werden können, wenn aus dem Kreise der Benutzer entsprechende Hinweise an den Verlag erfolgen werden. Für diese Aufmerksamkeit sei schon heute herzlich gedankt.

Schriften

Althammer, Fritz / Bierwirth, Paul
 Wegweiser zu den Grabstätten bekannter Persönlichkeiten auf Frankfurter Friedhöfen, Ffm. 1966
Beck, Walter G.
 Sakralbauten in Frankfurt a. M., Ffm. 1956
Binding, Rudolf G.
 Vom Leben der Plastik, Berlin 1933
Bingemer, Heinrich / Fronemann, Wilhelm / Welker, Rudolph
 Rund um Frankfurt, Ffm. 1924
Bröckers, Walter / Bischöfliches Ordinariat, Limburg/Lahn
 Jahrbuch der Frankfurter Katholiken 1968, Wiesbaden 1968
Bott, Gerhard
 Frankfurt am Main, München/Berlin 1953
Dehio / Gall
 Handbuch der Deutschen Kunstdenkmäler
 Südliches Hessen, München/Berlin 1961
Dietz, Alexander
 Alt Sachsenhausen, Ffm. 1935
Fischer, C. W.
 Merkwerdigkeite von de Sachsehäuser Brunne, Ffm. 1968
Frankfurter Kirchliches Jahrbuch 1980
 Evang. Religionsverband Ffm.
 Gesamtverband der Kath. Kirchengemeinschaften Ffm.
 Freikirchen in Ffm.
Frankfurter Wochenschau
 Nr. 16 Aug. 1960, Nr. 22 Nov. 1967, Nr. 24 Dez. 1967, Nr. 1 Jan. 1968, Ffm.
Gerner, Manfred
 Fachwerk in Frankfurt, 1979
Helbing, Claus
 Die Bethmanns, Wiesbaden 1948
Hentzen, Alfred
 Ausstellung Henry Moore, München 1960
Heyer, Friedrich
 Frankfurt am Main – eine Stadt im Grünen, Ffm. 1954
Horne, Anton
 Die wichtigsten öffentlichen Denkmäler von Frankfurt a. M., Ffm. 1904
Jaenicke, Anselm / Meier-Ude, Klaus
 Kostbarkeiten im Stadtbild von Frankfurt am Main, Ffm. 1967
Jaenicke, Anselm / Reifenberg, Benno
 Francofordia, Ffm. 1963

Jaenicke, Anselm / Vogt, Günther / Reifenberg, Benno
    Genius loci, Ffm. 1966
Kommission zur Erforschung der Geschichte der Frankfurter Juden
    Dokumente zur Geschichte der Frankfurter Juden 1933 bis 1945,
    Ffm. 1963
Kramer, Waldemar
    Frankfurt-Lexikon, Ffm. 1967
Lerner, Franz
    Bilder zur Frankfurter Geschichte, Ffm. 1950
Lerner, Franz
    Frankfurter Brunnen und Gewässer, Ffm. 1964
Lersner, Achilles August und Bruder Georg August
    Frankfurter Chronik I 1706, II 1734, Ffm.
Lübbecke, Fried / Hartmann, Georg
    Alt Frankfurt — Ein Vermächtnis, Ffm. 1950
Magistrat der Stadt Bergen-Enkheim, 1976
    Lebendige Vergangenheit in Bergen-Enkheim
Magistrat der Stadt Frankfurt a. M.
    Wegweiser durch das Frankfurter Stadtgrün, Ffm. 1957
Mitteilungen der Industrie- und Handelskammer Frankfurt a. M.
    Ffm. 1957, Nr. 3
Mohr, Albert Richard
    Das Frankfurter Opernhaus 1880—1980
Müller, Bruno
    Stiftungen in Frankfurt am Main, Ffm. 1958
Müler, Heinz P.
    Frohes Frankfurt Bichelche, Frankfurt
Nassauer, Siegfried
    Was die Frankfurter Brunnen erzählen, Ffm. 1921
Pinder, Wilhelm
    Georg Kolbe, Berlin 1937
Presse- und Informationsamt der Stadt Frankfurt am Main
    Kunst + Bau 1971
    Vogt, Günther
Reifenberg, Benno / Hausenstein, W.
    Max Beckmann, Ffm. 1949
Richter, E.
    Schriftenreihe Frankfurter Sehenswürdigkeiten, Heft 11 — 1939,
    Frankfurter Gedenkstätten
Ruppert, Kurt
    Der Stadtwald, München 1960
Schmidt, Doris / Dörries, Bernhard
    Der Marshall-Brunnen von Toni Stadler, Ffm. 1965
Schomann
    Die alten Frankfurter Brunnen

Schüßler, Heinrich
   Der Dom zu Frankfurt, Ffm. 1950
Schwarzweller, Dr.
   Schriftenreihe Frankfurter Sehenswürdigkeiten, Heft 14 — 1939,
   Kunstwerke im Frankfurter Stadtbild
Seide, Adam
   Was da ist / Kunst und Literatur in Frankfurt, Ffm. 1963
Szymichowski, Franz / Klinger, Karlheinz
   Wegweiser durch die Frankfurter Schulen, Ffm. / Offenbach 1966
Stoltze, Friedrich
   Gedichte in Frankfurter Mundart, Ffm. 1908
Volksbildungsheim Frankfurt
   Der Treffpunkt / Sonderheft, Ffm. 1963
Vorstand des Evangelischen Gemeindeverbandes Frankfurt am Main
   Frankfurter Kirchliches Jahrbuch 1968, Ffm. 1968
Wahlig, Kurt
   Das Frankfurter Straßennamenbüchlein, Ffm. 1963
Weck, Arnold / Stadion G.m.b.H.
   Die Sportstadt Frankfurt am Main, Ffm. 1955
Wolters, Alfred
   Georg Kolbe's Beethoven-Denkmal, Ffm. 1951
Zimmermann, Karl
   Bahnhof geliebt und erforscht, Ffm. 1954

Register

Kirchen und Schulen sind unter diesen Stichworten alphabetisch aufgeführt.

Aal-Pfeiffer-Gedenkstein 78
Abstreichende Wildgänse 78, 241
Adam, Hans Heinrich 204, 213, 214, 222, 276, 277
Adam-und-Eva-Brunnen 59
Adickes, Franz 210
Adler am Postamt 1 182
Adler und Metallreliefs an der Oberfinanzdirektion 182
Adler vor dem Bundesrechnungshof 182
Adlerwerke 268
Adolf von Nassau 58
Äpfelweintrinker 188
Äquatorial-Sonnenuhr 138
Affenbrunnen 9, 10
Affenstein 131
Affentor 9, 10
Agricola 138
Aja 34, 113, 142, 279
Aktionsgemeinschaft Alte Oper 243
Altheddernheimer-Brunnen 11
Alt-Höchst 79, 199
Alte Brücke 87
Alte Oper 106, 241 ff.
Alten-Limpurg 39
Altes Portal des Hauptfriedhofes 79, 182
Althammer, Fritz 94
Altstadtdurchbruch 187, 210
Aluminiumrelief 183
Andreä 110
Anne-Frank-Gedenktafel 80
Apel, Beckert, Becker (Architekturbüro) 240
Apollogruppe 243
Arbeits- und Sozialgerichtsbrunnen 12
Archäologischer Garten 92
Archipenko, Alexander 170

Architektengruppe Bangert, Jansen, Scholz, Schulte 151
Architektenmuseum 135
Arndt, Ernst Moritz 144
Arnim, Bettina von geb. Brentano 259
Artischockenbrunnen 9, 12, 20, 264
Arzt 51
Assmann, Ad. H. 256
Athena 239
Atlas 201
Atlas- auch Kugelbrunnen 12
Atlas auf dem Hauptbahnhof 183
Aufmuth, Johann Leonhard 51
Aufsteigender Engel 184
Außenwandgestaltung 184
Ave-Stein 225
Avramides, Joannis 290

Backofen, Hans 124, 125
Bächer, Max 151
Bäckerbrunnen 21
Bärenbrunnen 21
Bäumler, Georg 134
Balance 189
Baldemarsche Handschrift 10
Bank für Gemeinwirtschaft 24, 246
Bankenklamm 154
Bankhaus Bethmann 297
Barbarossa, Friedrich 249, 253
Barlach, Ernst 117
Bartolmes, Hans 204, 216
Bartsch-Hofer, Fritz 194
Batton 10
Baum 7
Bechtel, Cläre 20, 78, 99, 190, 257, 285, 298
Becker, Ludwig 225 ff.
Beckmanngedenktafel 80

305

Beer, Sondheimer & Cie. 298
Beethoven 76, 81
Beethovendenkmal 81
Befestigungsanlagen 159
Befreite Saar 82
Beier, Ulrich 168
Beinhorn, Elly 152
Belz, Hans 227
Belz, Johann Josef 18, 64, 67, 222, 230, 282
Benz, Artur 6
Berger, Günther 66, 259, 290
Bergens „Weißer Turm" 82
Bernhard, Franz 220
Besetzungsmal 82
Beschwingter Wandersmann 82, 241
Best, Georg Jakob 256, 261, 267
Bethmann, Simon Moritz von 138
Bethmanndenkmal 83
Bethmannhof 132
Bethmannparkbrunnen 14
Bettelbrunnen 62
Beutler, Ernst 160
Bezirksbad Sachsenhausen 185
Bezirksverein Sachsenhausen 14, 259
Bierwirth, Paul 94
Bildhauerwerke am Verwaltungsgebäude der Farbwerke Hoechst 185
Bildnachweis 323, 324
Bildstock am Kühhornshof 84
Binding 250
Binding, Rudolf G. 81
Biringer, J. 82
Bischoff, August 15, 20, 76, 90, 276
Bismarckdenkmal 76, 84, 151
Bismarckgedenktafel 84
Blaum 242
Blüchergedenktafel 85
Blum, Robert 144
Bluntschli 201
Bockelmann 164

Bockenheimer-Denkmal-Brunnen 14
Bode, Günter 171
Bofinger 135
Boehle, Fritz 16, 26, 136, 162
Boehlehaus 136
Boehlehausbrunnen 15
Boehmer 76, 85
Boehmergedenktafel 85
Börne 76, 86
Börnedenkmal 76
Börnegedenktafel 86
Börse 185
Börsenplatz 5 186
Böttgerdenkmal 87
Bolongara, Joseph Maria Markus und Jakob Philipp 18, 295
Bolongaropalast 18, 85, 138
Bomm, Gregor 222
Bonifatiusbrunnen 16
Bornheim 40
Brandström, Elsa 262
Braubachstraße-Häuser 187
Brauerei-Museum 115
Brecht, Bert 294
Brentano 76
Brezelbub 298
Brickegickel 87
Brockhaus, Lutz 69
Bromig, J. L. 238
Brückensprengung 88
Brückhofstraßebrunnen 16
Brüder Grimm 99
Brüningbrunnen 16
Brunnenanlage am BfG-Neubau 24
Brunnen am Völkerkundemuseum 18
Brunnenanlage in der Pausenhofecke 20
Brunnenbegehung 9
Brunnen im Bolongaropalast 18
Brunnen im Dominikanerkloster 19
Brunnen in Bergen und Enkheim 19
Brunnen in Schulen 20
Brunnen mit der Wasserglocke 59

Brunnen mit Planschbecken
  im Stadtgebiet 22
Brunnen mit Planschbecken
  im Stadtwald 21
Brunnenobelisk im Luisenhof 24
Brunnen und Wasserwand
  am Jürgen-Ponto-Platz 22
Brunnen vor dem
  Senckenbergmuseum 23, 24
Brunnen vor der Alten Oper 68, 244
Brunnen vor der Feuerwache
  in Nied 24
Brust-Bartoldi-Denkmal 257
Bube, Heinz 225, 266, 277
Buchdruckerkunst 268
Buchner, H. 202
Bürgergemeinschaftshäuser 188
Bürgermeister-Gräf-Gedenktafel 89
Bürgermeister-Gräf-Haus 189
Bundesgartenschau 1989 89
Bundespostmuseum 135
Bund tätiger Altstadtfreunde
  230
Burgard 7
Burger 6
Burkard, Albert 264
Burnitz, Rudolf Heinrich 185, 251
Busch, Hans 228, 231, 232
Butler, Reg. 291

Cantate-Domino-Gemeinde-
  Brunnen 47
Carolusbrunnen 10, 25, 26
Carl-Schurz-Siedlung-Gedenktafel
  90
Cassella-Werke 169
Cavallier VI 263
Chagall, Marc 292
Christ 6
Claar-Sgraffito 189
Claretiner 219
Cleen von 63
Comedia dell'Art 292
Constantinhaus 190
Cotte, Robert de 244

Crohn, Johannes 120
Croisant, Michael 152, 168

Dachsberg, Kleiner 152
Dalbergbrunnen 26, 27
Dalberg, Carl von 108, 150
Dalberg-Haus 79, 152
Daruma, Royo 162
Datzerath, Johann Michael 32, 49,
  64, 87
Daum 6
David und Goliath 167
Davidsburg 250
Degussa 256
Delahaye, Jaques 167, 198, 263, 282
Delarue, Wilhelm 232
Delkeskamp-Gedenktafel 90
Delkeskamp-Plan 160
Denkmal des 20. Juli 1944 91
Denkmalpflege, Denkmalschutz
  76, 79, 91
Derlam 100, 220
Derreth, Otto 59
Deutsche Landwirtschafts-
  gesellschaft 96
Deutsche Nationalversammlung
  143
Deutsches Filmmuseum 135
Diabolische Fratzen
  am Gerichtsgebäude 190
Dielmann, Johannes 152
Dietsch 101
Dietz, Fritz 242
Diotima 119
Domplatz 14
Dom-Römerberg-Bereich 92
Drachenbrunnen 18
Dreifaltigkeitskirche 90
Drei Grazien 243
Dreikönigsbrunnen 9, 27
Drei Mädchen 265
Dürer, Albrecht 257, 290

Ebel 6
Ebergruppe 138

Ebert, Friedrich 93, 144, 194, 224, 265
Ebertdenkmal 93
Ebert-Siedlung, Friedrich- 194
Eckart, R. 6
Eckhardt 186
Eckmadonna 190
Edel 243
Egenolff 110
Egell, Paul 244
Eggert 184
Ehrenmäler 76
Ehrenmäler zum Gedächtnis der Gefallenen beider Weltkriege 94
Ehrlich-Porträt-Relief 167
Eikmeier 7
Einheitsdenkmal 95, 127, 224
Eiserner Steg 253
Elkan, Benno 139
Elphant 126
Engel in der Großen Friedberger Straße 44 190
Engelbertus 251
Entenbrunnen 28
Eppelsheimer, Hanns W. 117
Epsteinrelief 191
Erlanger, Raphael von 45
Eschenheimer Turm 159, 191, 247
Eythgedenktafel 96

Faber-Jansen 20
Fachwerkbauten in Frankfurt 192
Farbige Briefmarke 251
Fahrgasse 27 192
Fahrtor 253
Fehrenbach, Gerson 41
Fehrle, Jakob 37
Fellner 76, 96
Fellnergedenkstätte 96
Fernmeldeturm 96
Feyerabend 110
Fichard, Johann von 76, 146
Fiebig, Eberhard 247, 274
Figur 1959 290

Figuren am Hause Roßmarkt 19 / Ecke Am Salzhaus 6 192
Fischer, C. W. 6, 29
Fischbrunnen 10, 28
Fleer, Fritz 140, 241
Fleischerbrunnen 28, 59
Flesch-Thebesius, Max 242
Flora 98
Florentinerbrunnen 30
Flughafen 33
Förderverein Schöneres Frankfurt 68, 168, 244
Fontänen und Sprudel 30
Forstamt 21, 22
Fosse, Rémy de la 99, 244
Francofordia 249, 251
Frank, Anne 257
Frankenkönig Karl 40, 253
Frankfurter Bund für Volksbildung 191
Frankfurter Frühling 269
Frankfurter Himmelshaken 167
Frankfurter Künstlergesellschaft 10
Frau mit Kind 193
Frau Aja 34, 107, 113, 142, 279
Frau-Rauscher-Brunnen 31
Frauenstrafanstalt Preungesheim 91
Freßgaßbrunnen 33
Freies Deutsches Hochstift 136
Freiheitsbrunnen 32, 163
Freithofbrunnen 32
Freund, Robert 188
Friedberg, Eberhard von 251, 253
Friedberger Warte 193
Friedhof 79, 94, 118, 170
Friedrich I. 249
Friedrich III. 254
Friedrich Wilhelm II. 115
Fries 250
Fröbelgedenkplatte 99
Frosch, Wikker 220
Froschbrunnen 33
Froschkönigin 99
Frühling 142
Frühlingslied 115

Fürsteneck 298
Fußgängerbereiche und
  ein Radfahrweg 7, 100
Fust, Johann 110

Gärtnerbrunnen 34
Gagern, Heinrich von 144
Gailsches Tonwerk AG 234
Ganerbschaft Alten-Limpurg 251
Gans, Leo 52, 112
Garnier, Friedrich E. 234
Gartenamt 22
Gaul, August 28
Gebhardt, Hans Bernt 80, 158, 189,
  224, 260, 266
Gebhardt, Walter 59
Geißler 251
Gedenksäule an der Berger Warte
  102
Gedenkstele im Grüneburgpark 102
Gedenktafel für die Opfer
  der Luftangriffe 103
Gedenktafeln für ehemalige
  Spielstätten der
  Städtischen Bühnen 104
Geleitzüge 61
Geller, Heinrich 289
Generalihaus 194, 301
Gensfleisch 268
Gerbermühle 104
Gerechtigkeitsbrunnen 42
Gerhardt 7
Germroth, Wolfgang 260
Gerner, Manfred 6, 101, 192
Gerst 107
Gertener, Madern 128, 191, 207,
  220, 251
Gespaltene Marmorsäule
  (Brunnen) 69
Gespräch, Das 195
Giefer, Alois 135, 203, 207, 231
Ginnheimer Spargel 96, 115
Gläser, John 295
Glas-Mosaik-Außenwand 196
Glauburg 139

Glenz, Albrecht 146, 184, 223
Goebels 6
Goepfert, Hermann 145, 180, 207,
  213, 241, 248, 256, 258, 264, 269,
  274, 281
Goercke, Ernst 6, 180, 212
Goethe, Friedrich Georg 113
Goethe, Johann Wolfgang von
  35, 76, 104, 116, 171, 220, 243,
  266, 279, 284
Goethedenkmal 104
Goethehaus 196
Goethehausbrunnen 34
Goetheplakette 95
Goetheruhe 22
Goetheturm 106
Goldene Bulle 249
Goldene Waage 298
Goldener Brunnen 35
Goldener Greif 152
Goldener Löwe 192
Goldschmidt, Herz Hayum
  130
Gollancz, Viktor 117
Gontard 119
Gontard, Susette
  geb. Borckenstein 119
Gotthard & Alig 87
Gottschalk, Joachim 295
Grabstätte von Frau Aja 107
Grabstätte von Johann Caspar
  Goethe 107
Grabstätte von Matthäus Merian
  d. J. 108
Grastränke 66
Greiner, Harald 217
Gretchen von Heddernheim 284
Großer Engel 151
Großkopf, Bruno 262, 265
Günthersbrunnen 19
Günthersburgpark 24
Guhr-Gedenktafel 90
Guiollett, Jakob 16, 76, 150
Guiollettdenkmal und -grab 108
Gutenberg, Johannes 268

Gutenbergdenkmal 69, 110, 268
Gutzkowgedenktafel 111

Haag, August 59, 154
Hafenarbeiter 112
Hagner, Inge 33, 46, 203
Hahn, Anton L. A. 54
Hahnbüste 111
Hainerhof 146
Hajek, Otto Herbert 170, 179, 251, 269
Hans-guck-in-die-Luft 296
Harick, Heinrich 158
Hartung, Karl 91
Hassel 250
Hasselhorst, Johann Heinrich 44, 157
Hauptbahnhof 184
Hauptmann, Gerhart 266
Hauptfriedhof 182
Hauptquartier der amerikanischen Streitkräfte 90
Hauptsynagoge 164
Hauptwache 35, 196
Hauptwachebrunnen 35
Haus Alten-Limpurg 251
Haus der Jugend 14
Haus Frauenstein 251
Haus Löwenstein 251
Haus Wertheim 198
Haus von Goethes Großvater 113
Haus zum Bornfleck 239
Haus zum goldenen Brunnen 113
Haus zur goldenen Kette 192
Haus zum Grimmvogel 199
Haus zum Karpfen 199
Haus zum roten Krebs 239
Hausbemalung 200
Hausenstein 257
Hausmann, Friedrich 52, 149, 225
Heckroth, Hein 189
Heddernheimerbrunnen 36
Heer, Eva und Wilhelm 285
Heß, Richard 167

Heierhoff, Heinz 20, 185, 188, 197, 234, 258, 261, 264, 277, 285, 296
Heiligenstock 104, 113, 222, 225
Heiligenstockbrunnen 37
Heiliger, Bernhard 53, 269, 280
Heiliger Antonius 237
Heiliger Christophorus 296
Heiliger-Florian-Brunnen 37
Heiliggeistspital 38
Heiliggeist- auch Tugendbrunnen 37
Heine 76, 114
Heinedenkmal 114
Heinisch, Herbert 203
Heinrici 47
Heise, Herbert 48
Heller, Jakob und Katharina 126, 139
Hembus, J. 225, 231, 296
Hemrich, Heinz 246
Henninger Turm 115
Henrich, Martin 42, 164
Hensler, Arnold 217, 227, 229
Henselruhe 115
Hentzen, Alfred 294
Herakles 238
Herbst 7, 142
Herkules 237
Herkulesbrunnen 38
Herold, Gustav K. M. 184
Hesse 7
Hesselbach, Walter 168
Hesselbarth, Louis 257
Hessemer 96
Hessen-Philippstal, Carl von 115
Hessendenkmal 115
Heun 6
Heuss, Theodor 116, 144, 224
Heuss-Porträt-Relief 116
Hindemith, Paul 118, 126, 136
Hindemith-Archiv 136
Hindemithgedenktafel 118
Hintergaßbrunnen 9, 47
Hintschich, Gerhard 202, 282, 285
Hiob 95, 118

Hirschbrunnen 9, 39
Historischer Garten 136
Historisches Museum 6, 136, 152, 244
Hochbauamt 6
Hocheisen, Johann 42
Hockingen 31
Höchster Farbwerke 147
Höchster Schloß 200
Hölderlingedenkstätte 119
Hölzernes Kreuz 120
Hoffmann, Heinrich 67, 120
Hoffmann-Gedenktafel 120
Hoher Brunnen 40
Holbein der Jüngere, Hans 290
Holzhausen, von 99, 244
Holzhausen, Hamann von 120
Holzhausengedenkstein 120
Holzhausenschlößchen 99, 244
Holzinger 6
Holzschuh, Jan 257
Horkheimer, Max 117, 120
Horkheimerbüste 120
Horne, Anton 5
Horvatin, Heinrich 225
Hospital zum heiligen Geist 193
Hotel Frankfurter Hof 201
Howaldt 184
Hub, Emil 57, 128, 220, 296
Huch, Ricarda 91
Hühnermarkt 32
Hüller, Edwin 87, 125, 205, 210
Hüter, Hermann und Georg 243
Humperdinck 120, 262
Humperdinck-Gedenktafel 120
Hundrieser 243
Husemann, Erich 202

IBM-Haus-Brunnen 41
Ila 1909 172
Industrie- und Handelskammer Frankfurt 5
Ingelheim, Hans von 207
Isenburg, Diether von 168

Jacobi 106
Jacobiruhe 121
Jäger, Adolf 14
Jäkel, Josef 234
Jahn 144
Jahngedenkstein 120
Jansen, Faber 262
Japetos 12
Jean-Pauli-Brunnen 42
Jeanrenaud 133
Johannbroer, Paul 226
Jonas, Alfred 87
Jost, Josef 236
Judenfriedhof 121
Judengasse 86
Jüdisches Museum 136
Jürgensen 6
Jugendherbergsbrunnen 41
Junge mit Ente 42
Junge mit wasserspeienden Fischen 59
Jureit 250
Jussow, Heinrich Christoph 115
Justitia, Liebieghausgarten 236
Justitia- auch Gerechtigkeitsbrunnen 42

Käthe-Kollwitz-Büste 188
Kaffeebrünnchen 44
Kaiser Franz I. 64
Kaiser Wilhelm I. 76
Kaiserplatzbrunnen 45
Kammermeier, A. 190
Kannix 250
Karl IV. 249
Karl der Große 76
Karmeliterkloster 188, 201
Kaufmann 96
Kaufmännische Berufsschule, Bethmann-Schulhaus 275
Kaupert, Gustav 130, 142, 186, 243
Kaus, Marita 152, 158
Kayser, Daniel 205
Kellner 220, 224
Kemeny, Zoltan 292

Kennedy, John Fitzgerald
  121, 144, 224
Kennedy-Porträt-Relief 121
Keramikbrunnen 183
Keramikwand an der Nordseite
  der B-Ebene des Hauptbahnhofs
  202, 300
Kiesbauer 6
Kieser Günter 135
Kinderklinikbrunnen 45
Kindermuseum 136
Kinderspielplatz Grüneburgpark 22
Kinderspielplätze 21
Kindertagesstätten 203
Kinderkrippen 202
Kindertagesstätte-Bolongarostraße-
  Brunnen 46
Kipp, Rudolf 131
Kirchberg 6, 7

Kirchen und Gemeindehäuser
  von 203 bis 234
  Allerheiligen 203
  Alte Nikolaikirche 203
  Auferstehungsgemeinde 204
  Bartolmes 222, 223
  Bergkirche 204
  Bethlehemgemeinde 204
  Cantate Domino 47, 205
  Cyriakusgemeinde 166
  Deutschordenshaus 135, 205
  Deutschordenskirche 205
  Dietrich-Bonhoeffer-Gemeinde 206
  Dom 125, 126, 207
  Dominikanerkloster 210
  Dompfarrheim 209
  Dornbuschgemeinde 212
  Dotationspfarrhaus 213
  Dreifaltigkeitskirche 90
  Dreikönigsgemeinde 213
  Epiphaniasgemeinde 213
  Erlösergemeinde 214
  Frauenfrieden 214
  Gustaf-Adolf-Gemeinde 46
  Gutleutkirche 216
  Heilandsgemeinde 216
  Heiliggeistkirche 210, 216
  Heiligkreuz 217
  Herz-Marien-Kirche 114, 219
  Immanuelskirche 213
  Johannisgemeinde 216
  Jugendwohnheim St. Martin 219
  Karmeliterkloster 136
  Katharinenkirche 220
  Liebfrauen 220
  Lukaskirche 162, 220
  Mariengemeinde 221
  Martinuskirche 222
  Melanchthongemeinde 47
  Michaelskapelle 169, 222
  Missionsseminar der Claretiner
    222
  Mutter vom Guten Rat 222
  Nazarethgemeinde 222
  Neue Nikolaikirche 223
  Nikolaikirche 151
  Paulskirche 116, 122, 123, 132,
    143, 158, 161, 172, 223
  Peterskirche 224
  Rosenkranzkirche 225
  Sancta Familia 225
  St. Albert 226
  St. Antonius 226
  St. Bartholomäus 207
  St. Bernhard 226
  St. Bonifatius-Kirche 28, 47, 227
  St. Johannes 228
  St. Josef 229
  St. Justinus 229
  St. Kilian 230
  St. Leonhard 230
  St. Markus 231
  St. Matthias 231
  St. Michael 231
  St. Pius 231
  St. Raphael 232
  St. Stephanus 233
  St. Wendel 233
  Unitarische Freie
    Religionsgemeinde 233

Weißfrauenkirche 233
Zum Heiligen Herzen Jesu 234

Kirchengemeindebrunnen 46
Kirchmeyer, Ferdinand 205
Kirchnerdenkmal 122
Kirn, Richard 242
Kisselgedenktafel 123
Kissel, Rolf 24, 285
Kitagawa, Kaoru 162
Klaa Paris 11
Klappergaßbrunnen 9, 20, 47, 264
Kleiner, Salomon 35
Kleines Haus 104
Kleinhues, Josef Paul 136, 202
Kleinmarkthalle 234
Kleist, Gerta 267
Klimsch, Fritz 131, 163
Klinger, Friedrich Maximilian 276
Klötzer 7
Knapp, Peter 136, 267
Knieender Jüngling 282
Knife's edge 294
Knodt, C. 288
Knudsen, Knud 111, 116, 117, 120, 156, 167, 172, 191, 193, 195, 214, 224, 257, 261, 265, 266, 294
Kobeltruhe 123
Kober 6
Koenig, Fritz 182
König, Hans 183, 204, 224, 261, 264, 268, 274, 277, 282, 284
Königin Luise von Preußen 95
Königsbrünnchen 67
Körnerdenkmal 123
Körnerruhe 124
Kolb 287
Kolbe, Georg 81, 114, 149, 150, 160
Kollwitz, Käthe 117
Kommunales Kino 136
Komo & Sohn 87
Kotzenberg, Karl 282
Kowalschek 142
Kowarzik, Josef 39

Krämer, Georg 6, 10, 12, 14, 20, 28, 31, 33, 36, 38, 39, 40, 45, 48, 59, 63, 86, 89, 111, 113, 118, 122, 126, 139, 160, 166, 189, 224, 239, 258, 260, 265, 275, 278, 282, 296
Krahn, Johannes 233
Krampf 248
Kraniche 234
Krankenhaus am Geistpförtchen 248
Krankenhaus Frankfurt am Main-Hoechst 234
Kratz, P. 138, 142
Krause, Christoph 164, 229
Kreutz, Heinz 277
Kreuzigungsgruppe auf dem Peterskirchhof 124
Kreuzigungsgruppe vom ehemaligen Domfriedhof 125
Kricke, Norbert 69
Kriegerdenkmäler 76, 94, 139
Krüger, K. 134, 143, 146, 225
Krupp, Hermann 263
Kuben in der Nordweststadt 126
Kubenbrunnen 48
Kugelbrunnen 12
Kühn, M. 256
Kuhhirtenturm 118, 126, 264
Kuhn, Erich 12
Kunst am Bau 179, 301
Kunst am Industriebau 234
Kunstverein 136
Kurhessischer Posthof 146

Lachhannes 71
Läuferin am Start 127
Lammeyer, Ferdinand 278
Lander, Helmut 246
Landesarbeitsamt Hessen 138
Landeskonservator 220, 224
Landgraf Wilhelm IX. 102
Landesgrenzsäule 128
Land- und Forstwirtschaftskammer Hessen-Nassau 298
Lange, Hanna 6
Langer 6

Langer Franz 251, 254
Langhans 115
Laubenberg, kleiner und großer 152
Lebdor 190
Lechler, Alf 167
Lederer, Gustav 175
Lederer, Hugo 55
Legner 6
Lehmann, Kurt 263
Lehrstatue 128
Leinwandhaus 128, 135
Lennartz, C. 57
Leopold II. 102
Lenz-Gerharz, Franziska 28, 69, 95, 225, 227
Leonhardi, Friedrich 272
Lercher 7
Lerner, Franz 6, 256
Lersner, August Achilles von 76, 146, 250
Lessing, Gottfried Ephraim 279
Lessingdenkmal 130
Letocha 213
Lichtigfeldgedenktafel 131
Liebhard, Johann Andreas 49
Liebfrauenbergbrunnen 48
Liebieghaus 50, 135, 290
Liebieghausbrunnen 69
Liebieghaus-Garten-Skulpturen 236
Liebig, Justus von 279
Lieser 115
Liegende 131
Liegende am Wasser 131
Liegende in der Freßgasse 132
Livingstonscher Pferdestall 253
Löhrhof 33
Löwenbrunnen 50
Löwengepanzerter Brunnen 51, 291
Löwenstein 251
Lübbecke, Fried 100, 118, 155
Lübbecke-Job, Emma 118
Lucae, Richard 69, 241
Ludischer Brunnen 69
Ludwig der Bayer 249

Ludwig der Deutsche 207
Luftfahrt 277
Luftangriffe 100
Luftschifflandung 172
Luther 297
Luthergedenktafel 132
Luthmer, Ferdinand 18

Mack-Flinsch, Gustav 134
Mack, Heinz 22
Madonna Jutta 239
Mäckler, Hermann 180, 203, 207, 231
Mägdeleinsbrunnen 51
Märchenbrunnen 5, 52
Märchenoper Hänsel und Gretel 263
Mahnmal für die Opfer des Naziterrors 132
Mahr, Georg 86, 96
Manskopf, Gustav Dominikus 39, 44
Manzu 254
Marchesi, Pompeo 76
Marcks, Gerhard 118, 134, 147
Marshall-Brunnen 5, 52
Marx 250
Mašek 7
Massing 220, 224
Mayer, Aloys 84
Mayr, Hans 16, 53, 182
Maximilian II. 249
Mecklenburg-Strelitz, Georg von 35
Mehlwaage 298
Meier-Ude, Klaus 6
Meier, R. 135
Melanchthon, Philipp 279
Melber, Tante 32
Mendelssohnruhe 133
Menken 226
Merian, Maria Sybilla 108
Merian, Matthäus 76, 146, 250, 281
Merianplan 79
Merian-Platz-Brunnen 54
Merkur-Brunnen 54
Merz, Elisabeth 222
Mettel, Hans 119, 203, 209, 231, 233

Mettenheim, Heinrich von 117
Meunier, Constantin 112
Meyerle-Sobeck 56
Michel, J. M. 290
Michlersbrunnen 20
Milberg 155
Miller, F. von 153
Mittelinsel am Eschenheimer Turm 247
Mörderbrunnen 66
Montfort, Salins de 30, 133
Montfortsches Gartenhaus 133
Moore, Henry 292, 293, 294
Mozart 243
Mozartdenkmal 134
Müller, Architekt 212
Müller, Edwin 158
Müller-Renz 250
Münzkabinett 136
Munk 222
Museum für Kunsthandwerk 135
Museum für moderne Kunst 136
Museum für Völkerkunde 135
Museum für Vor- und Frühgeschichte 135
Museum für zeitgenössische Kunst 135
Museumspark und Museumsufer 7, 18, 100, 135
Musikmuseum 135
Mutter und Kind 136, 241
Mutter und Kind und weitere Skulpturen von Peter Knapp 136, 267
Mylius, J. 201

Nachwort 301
Napoleon 159
Napoleon-Bonaparte-Gedenktafel 138
Nassau, Herzog Adolf von 140
Nassau, Herzogtum 128
Nassauer, Siegfried 6
Nationalversammlung 1848 224

Naturmuseum und Forschungsinstitut Senckenberg 158
Natursteinreliefs 239
Nau 6
Nazarenerschule 208
Naziterror 224
Nebbiensches Gartenhaus 30
Nenter 124
Neu-Renaissance-Brunnen 239
Neuer-Arnsburger-Born 55
Neuberger, Ericus 205
Neumann, Werner 204, 222, 234
Nicol 232
Niebergall 104
Nieder-Brunnen 56
Nieder-Faulbrunnen auch Selzerbrunnen 57, 64
Niobe 269
Nizza 138, 151, 290
Noack, Gießerei 81, 115
Nordensche-Klinik, von 248
Nordheim, August von 157, 208, 290
Nordweststadt 240
NS-Opfermal 119
Nürnberger-Hof-Erinnerungstafeln 139
Nutriabeckenbrunnen 73

Obeliskbrunnen 57
Oberschweinstiege 168
Oblak, Slago 54
Oberräder-Feldpumpe 58
Obst, L. 175
Old 244
Oehler 222
Opel-Familie 128
Opernhaus 106, 241, 243
Opernhausfiguren 243
Opernhausruine 7
Opferdenkmal 95, 139
Optophonium 274
Orgelpfeifen 140
Osthafenbrunnen 58

Paar 140, 241
Palais Mülhens 161
Palais Rothschild 103
Palais Thurn und Taxis 244
Pallenberg, Joseph-Franz 175
Palmengartenbrunnen 58
Palmengartenplastiken 140
Panther-Quadriga 243
Papilia 143
Paradies, Siegfried zum 60
Paradiesbrunnen 9, 30, 59, 265
Paradiesgärtchen 128
Parktor am Oederweg 244
Parrandier, Wilhelm 54
Paulskirche 116, 122, 123, 132, 143, 158, 161, 172, 223
Pegasus 243
Pelikan auf dem Bolongaropalast 245
Pelikanbrunnen 20
Perseus und Andromeda 142
Peschke, Christian 213, 259, 266
Peter, Leo 6, 219, 232
Peterskirchhof 108
Petraschke, Richard 142
Petry, Heinrich 122, 151, 208
Pferdestandbild 144
Phönix 251
Pick, Joachim 229
Planschbecken auf der Bürgerwiese 21
Planschbecken auf der Spielwiese an der Unterschweinstiege 22
Planschbecken im Waldspielpark Goetheruhe 22
Plastik am Frankfurter Schwurgericht 246
Plastik mit Wasserspielen 145
Plastik vor dem Parkhaus Hauptwache 247
Plastische Komposition vor der Bank für Gemeinwirtschaft 246
Platzgestaltung der Mittelinsel am Eschenheimer Turm 247
Pluto 142

Poelzig, Hans 131
Poensgen, Jochem 219
Pomodoro, Gio 168
Poppe, Georg 226, 282
Portal am Hospital zum heiligen Geist 248
Portikus der Stadtbibliothek 145
Postreiter 146
Prack 142
Presse- und Informationsamt 6, 7
Prima vera 147
Priemel, Kurt 175
Privatkrankenhaus Sachsenhausen 248
Prometheus 249
Propstei 213
Puhl und Wagner 226
Putzender-Schwan-Brunnen 20, 262

Quirinsbrunnen 60

Radfahrweg 100
Radrennfahrer 127
Ratgeb, Jerg 201
Rathaus in Bergen 147
Rathaus-Römer 249
Rauch, Christian Daniel 144
Raumwand und Posthorn 251
Raum-Zeit-Gnomonen 167
Rau, Günther 216
Recha 243
Rechneigrabenweiher 109
Rehn, Ludwig 296
Reich an der Stolpe, Siegfried 253, 259, 261, 264
Reichauer, Lotte 282
Reichskristallnacht 164
Reichwein, Adolf 256
Reiffenstein, Carl Theodor 126
Reisdenkmal 149
Reitbauer 7
Renaissancebrunnen 62, 239
Rententurm 253
Reuterweg 100, 253
Riedhofbrunnen 10, 62

Riedisser, W. 174
Riehle, E. R. Nele 275
Ring der Statuen 149
Rinz, Sebastian 79, 109, 182
Rinzdenkmal 150
Ritterbrunnen 9, 63
Robeck 101
Roderpforte 10
Röder, Emy 234
Röder 207
Röhrenborn 20
Röhrenbrünnchen 64
Röhrig, August 229
Römer 251
Römerberg-Ostseite-Bebauung 151
Römerbergsgraffito 253
Römerhöfchen 38
Rohrer 213
Rosemeyergedenkstätte 152
Rosenzweig-Porträt-Relief 168
Rossebühel 48
Rossmann, Max 250
Rothschild, Amschel Mayer
  Freiherr von 103
Rothschild, C. M. von 142
Rothschild, Meyer Carl 24
Rothschild, Luise von 24
Rothschildpalais 136
Rothschild-Palais-Gedenktafel 152
Rothschildcher Pferdestall 253
Rotkäppchenbrunnen 64
Rückergedenktafel 152
Rüppell, Eduard 76, 146
Ruf, Josef 219
Ruhl, Johann Christian 115
Rummel, Carl 222, 225, 229, 231
Rummel, Hans 226, 231
Rummel, Hans und Christoph 222
Rumpf, Friedrich 80, 133, 146,
  186, 248
Rumpf, Karl 183

Saalhofkapelle 253
Saalig, Heinz 143, 275, 281, 285
Sachsenhausen 42

Sachsenhäuser Berg 106
Sachsenhäuser Bezirksverein 171
Sachsenhäuser Brunnenfest 9
Sachsenhäuser Symbolfiguren 253
Sachsenhäuser Warte 136, 254
Sämann 112
Säulen des einstigen
  Löwensteinschen Palais 152
Sallmann 6
Salzhaus 251
Sandgasse, die Skulpturenstraße
  152
Seelig 282
Seelöwenbrunnen 20, 258
Seepferdchenbrunnen 59
Seidl, Karl 295
Seiler, Paul 98
Seippel, H. 185
Seitz, Gustav 294
Selzerbrunnen 57
Senckenberg 157, 242, 288
Senckenbergdenkmal 157
Senckenbergmuseum 288
Senf, Hermann Ernst 187
Seufferheld, Marquard 163
Siedlung in Bockenheim 289
Siegfried zum Paradies 59
Siesmayer, Heinrich 59, 141
Siesmayer, Philipp 103
Silberner Ephebe 289
Sindlinger-Pumpen-Brunnen 65
Sittmann 47, 205, 240
Sitzende 158
Skulpturen 158
Slutzky, Ernst 185, 257
Sömmering 76, 250
Sommer, Oskar 142, 185
Sossenheimer Sprudel 64
Sozialstation Eschersheim 290
Sozialstation-Eulengasse-Brunnen
  66
Sparre, Wigel 251
Speer, Büro 136
Spener, Philipp Jakob 76, 144,
  146, 224

Spenergedenktafel 158
Speyer-Haus, Georg- 167
Spielende Bären 158
Spranger 99
Spreng, Aloys 196
Springende Fische 159, 241
Sprühfeld im Freibad Eschersheim 22
Sprühfeld im Schwanheimer Waldspielpark 22
Sprühfeld im Stadtpark Höchst 22
St. Georgen 151
Sund, Anneliese 73
Sutor, Emil 216
Sutor, Matthias 184
Synagoge 291
Synagoge im Westend 51
Synagogengedenksteine 164
Szilviny von 169

Schablitzki 219
Schäfer, Edgar 220
Schaeffer & Walker 143
Schamretta, Arnold 281
Schanty, Rudolf 216
Schauspielhaus 104
Scheibe, Richard 82, 94, 127, 150, 224, 277
Scheinpflug, Gustav 19, 212
Scherer-Neufahrt, Marianne 266
Schermulybrunnen 64
Schierholz, Friedrich R. 44, 87, 146, 154, 163, 186, 208
Schiff, Moritz 163
Schiffers, Egon 99
Schild 214
Schiller 76, 105, 285
Schillerdenkmal 55, 152
Schillerruhe 153
Schindler-Gedenktafel 90
Schlittschuhläuferin 254
Schlotter, Eberhard 182
Schmelzer 256
Schmick 250
Schmidt, Christian Ludwig 187

Schmidt von der Launitz, Eduard 83, 84, 109, 110, 248, 250
Schmidt, Walter 280
Schmidt, Willi 103, 132, 197
Schmuckplastik
 Ecke Stift- und Brönnerstraße 256
Schneewittchendenkmal 154
Schnitzler, Christa von 152
Schöffer, Peter 110
Schönert, Johannes 231
Schönhofbrunnen 69
Schöppenbrunnen 64
Scholz, Werner 20, 268, 277
Schomann, Heinz 7, 76
Schopenhauer, Arthur 76, 146
Schopenhauerdenkmal 154
Schranz 59, 72
Schreib, Werner 264
Schreitende, Der 234
Schubö 6
Schützenbrunnen 6
Schugar, Siegfried 42

Schulen
 von 252 bis 286
 Adolf-Reichwein-Schule 256
 Albert-Schweizer-Schule 20, 256
 Albrecht-Dürer-Schule 257
 Anne-Frank-Schule 257
 August-Jaspert-Schule 20, 258
 Bergiusschule 258
 Berthold-Otto-Schule 258
 Bettinaschule 259
 Carl-Schurz-Schule 259
 Carl-von-Weinberg-Schule 260
 Carlo-Mierendorff-Schule 20, 260
 Dahlmannschule 261
 Eduard-Spranger-Schule 261
 Elsa-Brandström-Schule 261
 Else-Sander-Schule 20, 262
 Engelbert-Humperdinck-Schule 262
 Ernst-Reuter-Gesamtschule und Grundschule II in der Nordweststadt 263, 290

Frankensteiner-Schule 20, 264
Friedrich-Ebert-Schule 265
Friedrich-Fröbel-Schule 265
Friedrich-Stoltze-Schule 265
Gerhart-Hauptmann-Schule 266
Goethe-Gymnasium 20, 266
Goldsteinschule 266
Grundschule Eschersheim 267
Gruneliusschule 20, 268
Gutenbergschule 268
Heinrich-Kleyer-Schule 179, 268
Heinrich-Kromer-Schule 269
Heinrich-Steul-Schule 269
Heinrich-von-Gagern-Gymnasium 180, 269
Helene-Lange-Schule 274
Helmholzschule 274
Hermann-Herzog-Schule 274
Johann-Hinrich-Wichern-Schule 275
Karl-Oppermann-Schule 275
Kerchensteinerschule 20, 275
Klingerschule 276
Konrad-Haenisch-Schule 276
Kuhwaldschule 20, 277
Leibnizschule 277
Lessing-Gymnasium 278
Liebfrauenschule 20, 279
Liebigschule 279
Linnéschule 280
Ludwig-Richter-Schule 21, 281
Merianschule 281
Michael-Grzimek-Schule 281
Minna-Specht-Schule 281
Mühlbergschule 21, 34, 282
Münzenbergerschule 282
Musterschule 282
Peter-Petersen-Schule 282
Philipp-Holzmann-Schule 282
Riedhofschule 21, 282
Rödelheimer-Grundschule 285
Römerstadtschule 285
Robert-Schumann-Schule 282
Sachsenhäuser-Oberrealschule 259

Schillerschule 21, 285
Walter-Kolb-Schule 286
Wittelsbacherschule 280
Wöhlerschule 286
Ziehengymnasium 286

Schulmeyer 7
Schultheis 226
Schultze, Bernhard 189, 241
Schurz, Carl 259
Schuster, Franz 179, 240, 264
Schwab, Walter 199
Schwagenscheidt, Walter 47, 205, 240
Schwanthaler, Ludwig von 105
Schwarzenburger, Johann Bernhard 197, 205
Schwarzer Stern 151, 289
Schwatzende Hausfrauen 156, 241
Schwedes 6
Schwind 186
Schwindgedenktafel 156

Staatliche Landesbildstelle Hessen 6
Stadion 45, 67, 127, 128
Stadler, Christine 246
Stadler, Hubert 115
Stadler, Toni 53
Stadtbefestigung 191
Stadtbibliothek 76
Stadterweiterung 230
Stadtwaldbrunnen 66
Städel 135
Städelsches Kunstinstitut 290
Stalburg, Johann Maximilian von 297
Staufenmauer 159, 220
Stausberg 6
Stehendes Mädchen 160
Stein, Heinrich Friedrich Karl von und zum 95, 144, 172, 224
Steinbrenner, Hans 54, 102, 126, 152, 241, 261, 263, 277
Steingedenktafel 160

Steinernes Haus 239
Steinhausen, Wilhelm 166, 220, 253, 269
Steinhausengedenktafel 162
Steinplastik im Japanischen Garten in Höchst 162
Stichs 216
Stier 162
Stiglmayer 105
Stock, Carl 123, 220, 256
Stöppler 213
Stoltze, Friedrich 42, 51, 116, 187, 250, 265
Stoltzedenkmal 33, 162
Stoltze-Denkmal-Brunnen 70
Stolpe, Siegfried Reich an der 20
Straßacker, Ernst 74
Straßen, Hermann zur 243, 274
Straßennamenschilder 164
Strebungen III 234
Streicher, Andreas 153
Streichholzkarlchen 298
Ströher-Sammlung 135
Struwwelpeter 120
Struwwelpeter-Hoffmann 71
Struwwelpeterbrunnen 67
Struwwelpeterbrnunen, Neuer 69
Stubenvoll 6
Stürmergedenkstätte 164
Stumpfbrunnen 66

Tannenwald 21
Tanzpaar 166, 241
Tau, Max 117
Teplitz-Schönau-Gedenksäule 166
Teuto-Rocholl 135
Textor 196
Textor, Catharina Elisabeth 107, 279
Textor, Johann Wolfgang 279
Theaterdoppelanlage 292
Thomagedenktafel 166
Tinguely, Jean 69
Todt, Herbert 233
Töpferöfen des römischen Nida 167
Tomada, Hermann 222

Topographia 108
Treppenhauswandgestaltung 295
Treser, Georg 298
Tritonbrunnen 18, 295
Triumph des Guten über das Böse 209
Trumpfheller, Karl 20, 21, 158, 258, 275, 282, 297
Türkenmusikanten 18, 295
Tugendbrunnen 37
Turnvater Jahn 144

U-Bahn-Bau 36, 44, 45, 54, 68, 69, 100, 197, 198, 247
Ueter 6
Uhl, Hugo 16, 22, 78, 82, 136, 156, 159, 166, 168, 241
Uhl, Hugo und Rainer 68
Uhland, Ludwig 144
Uhrtürmchen 167
Umbach, Heinrich 203
Umweltakzente 167
Ungers, O. M. 135
Universitätskliniken 296
Unterschweinstiege 22

Varrentrapp, Georg 76, 146
Vater des Pietismus 158
Vater und Sohn 275
Veit, Philipp 250
Venizianerbrunnen 67
Vierwaldstättersee 121
Völkerkundemuseum 27
Vogel Strauß 297
Vogt, Günther 7, 180, 292
Volhard, Franz 296
Vorbemerkung zu Teil II 76, 77
Vorbemerkung zu Teil III 179 ff.
Vorhaben Brunnen und Wasserspiele 68
Vorhaben Denkmäler und Gedenkstätten 167
Vorwort zur 1. Auflage 5, 6
Vorwort zur 2. Auflage 7

Wach, Karl 18
Wäldchestag 44
Wagner, Karl 73, 142, 175, 234
Wahl- und Krönungskirche
 der Deutschen Kaiser 207
Waldstadion 45, 67, 127, 128
Wallmann, Walter 151
Walter 6
Wandbrunnen an der
 Liebfrauenkirche 70
Wanebach, Katharina von 279
Wanebach, Wigel von 220
Wappen des Kurfürsten Diether
 von Isenburg 168
Warmuth, Rudi 20, 222, 266
Warnecke 220
Wassersprühanlage
 Scheerwald Nähe Goetheturm 22
Wassersprühanlage
 Tannenwald 22
Wasserwand bei den
 Städtischen Bühnen 70
Wasserweibchen 126
Wasserspenderin 297
Waßmann, Karl 298
Weber, Andreas 138
Weber, Martin 216, 217, 225, 226, 227
Weber-Hartl, Otto 204, 216, 285
Weckmarkt 298
Wegebezeichnungen im Stadtwald
 168
Wegekreuz 169
Weibleinsbrunnen 65
Weidlich, Richard 28
Weinbauerdenkmal 169
Weinberg, Arthur von 169
Weinberg, Carl von 30, 62, 260
Weinberggedenksteine 169
Welker, Albert 220
Welsch, Maximilian von 205, 206
Weltkugel mit Friedenstaube 170

Werner, Richard Martin 127
Werth 7
Westendpumpenbrunnen 70
Westhausener Friedhof 170
Wiesenhütten 76
Wieser 6
Wilder Mann 152
Willemer, Johann Jakob von 104
Willemer, Marianne von 104, 163
Willemerhäuschen 171
Wimmenauer 214
Wimmer, Hans 53, 132, 224
Winkelsee, Hans 192
Winter, Harold 41, 95, 161, 224
Winzerbrunnen 71
Wirth, K. 290
Wissel, Hans Oskar 182, 266, 285
Wobelinsborn 65
Wolters, Alfred 81
Wotruba, Fritz 234, 290
Württemberg, Herzog von 153

Zach, Thomas 261, 268
Zadkine, Ossip 249
Zehntgassebrunnen 72
Zeiher 6
Zeller, Franz 57
Zeppelingedenkstein 172
Ziehbrunnen 10
Zinn, Georg August 144, 224
Zinn-Porträt-Relief 172
Zisterne auf dem
 Höchster Schloßplatz 72
Zobel, Kurt 15, 50, 243
Zoltan, Kemeny 292
Zoobrunnen 72
Zoologischer Garten 174
Zunftbrunnen 9, 73
Zwei Götter in der
 Bockenheimer Landstraße 298
Zwerger, Johann Nepomuk 71

Bildnachweis

Ahrlé, Ferry 84
Atelier Geist 205, 212 unten, 213, 215 oben, 216, 217 oben, 221 unten, 262 oben
Bertram, Ingeborg 44, 153, 160
Delkeskampplan 90
Deutsche Bundespost 97
Dörries, Bernhard 53
Edelmann, Ursula 257
Foto-Hartig 31
Foto-Köhler 59
Göllner, Max 242
Goethemuseum 35
Heierhoff, Heinz 259, 261, 263
Historisches Museum Frankfurt 15, 32 rechts, 61, 68, 89, 99, 108, 109, 113, 128, 129 unten, 138, 140, 154, 161 unten, 162, 188, 195, 252 unten, 254
Hochbauamt 272, 291 links
Hoinskis, Ewald 189
Ihle-Werbung 155
Jäger, Sepp 250
Jaenicke, Anselm 49, 70, 80, 88, 117, 121, 130, 146, 148 oben, 192, 196, 215, unten, 221 oben, 224, 230, 244, 245 oben, 249, 288
Kern, Aloys 199, 252 oben
Klar, Willi 19
Knüttel, Wilhelm 268, 269 oben
Krämer, Georg 240
Krankenhaus Frankfurt-Höchst 235, 236
Lichtbildstelle Oberpostdirektion Frankfurt 182
Liebieghaus-Museum 237, 238
Lorenzer-Walter, Gabriele 271, 274
Meier-Ude, Klaus 9, 14, 17, 19, 23, 24, 25, 26, 28, 29, 33, 34, 36, 37, 38, 40, 42, 43, 46, 47, 48, 51, 54, 56, 58, 60, 62, 67, 71, 72, 74, 78, 85, 86, 92, 94, 98, 101, 102, 103, 111, 116, 118, 119, 123, 124, 126, 127, 129 unten, 131, 132, 134, 137, 141, 142, 145, 150, 158, 161 oben, 163, 165 oben, 166, 169, 170, 173, 183, 184, 185, 186, 187, 190, 191, 193, 197, 200, 201, 203, 204, 212 oben, 217 unten, 218 unten, 223, 225, 226, 228, 229, 233, 241, 247, 248, 251, 255, 256, 260 unten, 262 unten, 264, 265, 266, 267 unten, 276, 278 unten, 282, 284, 285, 286, 290, 292 oben, 294, 298, 299, 301
Moche, Margit 66
Noeller, Hermann 11, 63, 91, 93, 133, 165 unten, 210, 211 oben, 227, 246
Olencziak, Axel 22, 30, 41, 45 oben
Oscidlo, Wilfried 81
Pampel 110, 295
Peter, Leo 232
Pomplitz, Ursula 258, 267 oben
Rangnow, Ingrid 112, 143, 144, 211 unten
Rempfer, Hans 245 unten
Roth, Christian 198
Seitz, Ursula 231, 296, 297
Schröder-Kiewert, W. 13, 27, 32 links, 39, 47, 50, 52, 55, 64, 65, 125, 147, 149, 202, 206, 218 oben, 219, 260, 273 unten, 275, 277, 283, 287
Staatliche Landesbildstelle Hessen und Stadtbildstelle 16, 18, 57, 83, 87, 107, 114, 122, 148 unten, 157, 172, 300
Städtische Bühnen 292 unten
Stadtschulamt 279
Tierbilder Okapia 73, 174
Tüllmann, Abisag 281

Wagner, Heide 139
Weiner, Karl 106, 270, 273 oben
Werth, Inge 291 rechts
Wieseler, Heinz 95, 105

Winkler, Horst 278 oben
Witzel, Helmut 79, 82, 156, 159, 176, 194, 289
Woscidlo, Wilfried 214

Nachtrag zur zweiten Auflage

In der im Jahr 1982 erschienenen zweiten erweiterten Auflage dieses Handbuches ist auf dessen Seiten 68 bis 70 der Versuch unternommen worden, einige Vorhaben zur Erstellung neuer Brunnen und auf den Seiten 167 und 168 auf zu erwartende Aktivitäten auf dem Gebiet Denkmäler und Gedenkstätten hinzuweisen. Vor Aufbinden der Restauflage besteht nun die Möglichkeit, am Schluß dieses Handbuches einen Nachtrag zu fertigen, der dem Leser den neuesten Stand der Dinge vermittelt. Gerade in den letzten Jahren sind eine Reihe neuer Brunnen und Denkmäler entstanden, die ihre Aufnahme in die beabsichtigte Zusammenfassung erfordern. Verlag und Autor hoffen, dies mit den nachfolgenden Ausführungen erreichen zu können.
Die Ausführungen 1 bis 11 auf den Seiten 68 bis 70, die Errichtung neuer Brunnen betreffend, sind im einzelnen wie folgt zu berichten beziehungsweise zu ergänzen:

Zu 1 auf Seite 68:

Brunnen vor der Alten Oper, heute:

Lucae-Brunnen.

Endgültig ist am 14. Juni 1983 am Opernplatz, unmittelbar vor der Alten Oper, die Brunnenanlage, die auf einen früheren Entwurf des Architekten Richard Lucae, schließlich aber auf den Entwurf des Frankfurter Bildhauers Edwin Hüller zurückgeht, der Öffentlichkeit übergeben worden. Das kreisförmige Brunnenbecken hat einen Außendurchmesser von 17 m, die Brunnenschale von 5 m und eine Höhe von 3,20 m. Aus der aus einem ursprünglich 120 Tonnen schweren Reinersreuther Edelgelb-Granitblock errichteten Anlage entspringt eine 6 m hohe, kegelförmige Wasserfontäne, und über den Schalenrand ergießt sich ein gefächerter Wasservorhang in das Brunnenbecken. Der ursprünglich einmal geplante „Wasserwald" des Düsseldorfer Bildhauers Norbert Kricke kam nicht zur Ausführung.

Zu 2 auf Seite 69:

Gespaltene Marmorsäule, heute:

Frankfurter Figuren-Brunnen.

Dieses Vorhaben ist im Zusammenhang mit der auf Seite 167/168 unter der Nummer 4 aufgeführten „Gruppe von drei Raum – Zeit – Gnomonen – Frankfurter Himmelshaken" zu betrachten. Der Hamburger Bildhauer Ulrich Beier hatte zwar mit seinem Vorschlag einen 1. Preis gewonnen, aber seine Gnomonengruppe wurde nicht gebaut. Mehr Glück hatte der aus Berlin stammende, in Darmstadt tätige Professor Lutz Brockhaus. Aus einem ursprünglich 38 Tonnen schwerem Block aus weißem Carrara-Marmor, an dem die für den erkrankten Lutz Brockhaus tätigen Mitarbeiter, die Steinmetzin Manuela Meyer und Christoph Kappesser, die Hauptarbeit leisten mußten, ist nach jahrelangen Bemühungen ein Brunnen auf der Kreuzung Hasengasse–Zeil–Stiftstraße entstanden, auf dem ein aus den Wolken stoßender Jumbo-Jet, ein Computer-Mann und eine Dame aus der Kaiserstraße zu erkennen sind. Der im Jahr 1984 eingeweihte Brunnen, der von der klassischen und modernen Bildhauerei ziemlich weit entfernt ist, hat, ähnlich wie der vor ihm von dem Bildhauer Toni Stadler geschaffene Marshall-Brunnen, heftige Passantenreaktionen ausgelöst.

Zu 3 auf Seite 69:
Gutenberg-Denkmal.
Das Denkmal am Roßmarkt hat eine leidvolle Geschichte. Es darf hierzu auf Seite 110 verwiesen werden. Nach 1945, seiner Brunnenfunktion beraubt und verkehrsbedingt im Randbereich des Platzes wasserlos neu errichtet, wurde es 1982/83 restauriert. Im Zuge der Platzerneuerung wurde es an seinen historischen Standort in der Mittelachse Roßmarkt–Goetheplatz rekonstruiert und als Brunnen erneuert. Für die Restaurierung der Bronzen und der Galvanoplastiken engagierte die Stadt den Frankfurter Bildhauer Edwin Müller.

Zu 4 auf Seite 69:
Liebieghaus-Brunnen.
Zu diesem Vorhaben ist auch heute noch keine endgültige Entscheidung getroffen worden.

Zu 5 auf Seite 69:
Ludischer Brunnen.
Die Schließung der Baugruben über den U- und den S-Bahnröhren hat die Chance gebracht, eine Brunnenachse von der Konstablerwache bis zum Opernplatz zu schließen. Jean Tinguely, der Schweizer Bildhauer, war von der Stadt gebeten worden, auf die Konstablerwache seinen Ludischen Brunnen zu stellen. Er hat dies abgelehnt; den Platz fand er zu „gräußlich".

Zu 6 auf Seite 69:
„Neuer Struwwelpeterbrunnen".
Der Brunnen ist auf der Brunnenachse – wie vorgesehen – am 23. 08. 1985 eingeweiht worden.

Zu 7 auf Seite 69:
Alte Schalenbrunnen am Opernhaus.
Sie stehen, wie in alten Zeiten, zur rechten und zur linken Seite der Alten Oper als kleine aber gern gesehene Springbrunnen und dies seit der Wiedereröffnung der Alten Oper.

Zu 8 auf Seite 69:
Schönhofbrunnen.
Es ist aus Kostengründen noch keine Entscheidung zu diesem Vorhaben gefallen.

Zu 9 auf Seite 70:
Stoltze-Denkmal.
Das Denkmal steht nun auf seinem dafür vorgesehenen Platz. Die drei Tauben sprühen unermüdlich Wasserstrahlen in kleine Muschelbecken.

Zu 10 auf Seite 70:
Wandbrunnen an der Liebfrauenkirche.
Hier, in der Neuen Kräme, ist — wie geplant — ein einfacher Wandbrunnen entstanden.

Zu 11 auf Seite 70:
Wasserwand in den Kammerspielen.
Dieses Vorhaben kommt nicht zum Tragen.

Über diese in der zweiten erweiterten Auflage des Handbuches genannten Vorhaben hinaus sind, nach dem Redaktionsschluß im Jahr 1981, folgende neue Brunnen entstanden:
Ein „Brunnen für Astronomen, Mathematiker und Ästheten von Gio Pomodoro, Mailand:

Gnomon auf dem Goetheplatz.
Der aus Bronze gegossene Gnomon wurde in Lucca, Italien, gefertigt. Das 14 mal 14 m große Becken haben Frankfurter Steinmetze aus Reinersreuther Granit hergestellt. Die bronzene Stele ist 7 m hoch, die Wasserfontäne am Fuße der Stele sprudelt 80 cm hoch. Die Gestaltungsidee geht auf präkolumbianische Sonnenstelen zurück. Am 28. 05. 1983 konnte das Werk der Öffentlichkeit übergeben werden. Zum astronomischen Mittag verläuft der östliche Schatten des Gnomonen genau in Süd-Nord-Richtung, zur Sommer-Sonnenwende fällt der Schatten der Stele auf den Punkt an dem die Seiten der großen und

der kleinen quadratischen Beckenflächen an der Wasserfläche zusammentreffen. Die Stele deutet auch die Tag- und die Nachtgleiche an. Dies ist nur ein kleiner Hinweis auf die Möglichkeiten dessen, was diese Stele alles veranschaulichen kann.

Minerva-Brunnen auf dem Römerberg.

Der Brunnen, während der Bombenangriffe auf die Altstadt arg mitgenommen und später bei den Aufräumungsarbeiten abgeräumt, hatte, seit 1750 zur Pumpensäule umgewandelt, immer nahe dem Gerechtigkeitsbrunnen gestanden. Nach der Fertigstellung der historischen Häuserfront der Römerberg-Ostseite ist er auf dem Samstagsberg, nach den Plänen des Architektenbüros Dr. Schirmacher von dem Bildhauer Georg Hüter erneuert und mit Schild und Schwert wieder aufgestellt worden.

Neuer Arnsburger Born-Brunnen am Bornheimer Uhrtürmchen.

Es darf auf die Seiten 55 und 56 verwiesen werden. Dieser Brunnen hatte nur einen Nachteil, er erregte heftigen Unwillen bei den Bornheimer Bürgern. Sehr schnell war die Plastik als „Sarg" abqualifiziert worden. Schließlich wurde der Brunnen entfernt und ein von dem Frankfurter Bildhauer Edwin Hüller geschaffener Brunnen aus rotem Sandstein am 01. 12. 1983 den Bornheimer Bürgern übergeben. Die 3 m hohe Brunnensäule steht in einem runden Becken. Vier Köpfe dienen als Wasserspeier. Die Brunnensäule endet in einem umlaufenden Fries. Sie trägt folgenden Spruch:

> Weil immer schon
> Des Wassers Kraft
> In aller Welt
> Es Lewe schafft
> So mag auch dieses
> Brünnlein fließe
> Und alle Welt
> Aus Bernem grüße.

Quirinsbrunnen.

Dieser Brunnen ist auf den Seiten 60 bis 62 beschrieben und nicht nur, wie dort schon angedeutet, wieder ein Brunnen mit fließendem Wasser und einer Brunnenschale in Muschelform geworden, sondern darüber hinaus von Edwin Hüller insgesamt restauriert worden.

Trinkbrunnen.

Bei der Altstadtsanierung von Bockenheim ist der Brunnen aus Basaltlava und Bronze nach einem Entwurf des Hochbauamtes an der Ecke Basalt- und Grempstraße entstanden.

Der Springbrunnen vor dem Zoo

im Alfred-Brehm-Platz, ist, ebenfalls nach einem Entwurf des Hochbauamtes, in etwa an der Stelle des von dem Bildhauer R. Eckart in den Spätjahren des vorigen Jahrhunderts errichteten Schützenbrunnen, Enthüllung am 25. 08. 1894, der den Zweiten Weltkrieg nicht überstanden hat, aus französischem Kalkstein, Courville, aufgestellt und im September 1986 eingeweiht worden.

Kaskadenbrunnen.

Aus rotem Sandstein steht er seit August 1986 in der Ortsmitte von Harheim. Den Entwurf hat das Architektenbüro Carsten Henze geliefert. Die Bildhauerarbeiten an der Brunnenfigur, dem Heiligen Jacobus, stammen von Reiner Uhl.

Zeilsheimer Froschbrunnen.

Ein Frosch aus Bronze, das Wappentier des Stadtteils, thront über einem Brunnenbecken an der Ecke Welschgrabenstraße und Klosterhofstraße. Er wird mit Trinkwasser gespeist, so daß dort an heißen Tagen jedermanns Durst unbedenklich gestillt werden kann.

Brunnen am Dalbergplatz.

Höchst hat seit Mai 1984 einen neuen Brunnen aus Buntsandstein. Er steht, geschaffen von Reiner Uhl, an der Hostatostraße. Im Volksmund hatte der eigenwillige Wasserspender schnell den Spitznamen „Blumenkohl" weg.

Brunnen vor dem Poseidonhaus.

Der holländische Bildhauer Jits Bakker hat, angeregt von griechischer Mythologie, über einzelne Podeste verteilt, figürliche Motive, Menschen und Tiere darstellend, geschaffen. Sie wurden in der Theodor-Heuss-Allee gegenüber der Kongreßhalle der Frankfurter Messe im April 1986, leicht von Wasser überrieselt, aufgestellt.
Das waren sowohl die Berichtigungen zu den Ausführungen 1 bis 11 auf den Seiten 68 bis 70 als auch die seit 1981 neu entstandenen Brunnen.

In der Planung befindet sich nur ein Projekt und zwar eine
Brunnenanlage am Weißen Stein,
praktisch der Wiederaufbau einer alten Anlage, die vor Jahren der neuen Verkehrsregelung, durch den Bau der U-Bahn, zum Opfer gefallen war.

Zusammenfassend darf festgestellt werden, daß sich der Nachtrag zur zweiten Auflage des Handbuches in Sachen Brunnen durchaus gelohnt hat.

Auch die Ausführungen 1 bis 7 auf den Seiten 167 und 168, die sich mit damals, also 1981 folgende, neu zu errichtenden Denkmälern befaßten, müssen berichtigt beziehungsweise ergänzt werden.

Zu 1 auf Seite 167:
Betonplastik von Jaques Delahaye.
Dieses Vorhaben ist nicht ausgeführt worden.

Zu 2 auf Seite 167:
David und Goliath.
Wie bereits angekündigt, ist die von dem Darmstädter Bildhauer Richard Heß an dem Schnittpunkt Zeilende—Hauptwache—Neue Kräme geschaffene Bronzeplastik inzwischen aufgestellt worden. Hier, am Anfang der Zeil, der umsatzträchtigsten Einkaufsstraße in Deutschland, wollte der Künstler sich zum Kommerzdenken äußern. Der Sieg des alttestamentarischen Hirtenknabens David über den mächtigen Philister Goliath soll ein Denkmal für den erhofften Sieg des Geistes über die rohe Brutalität der Welt einerseits und der Kultur über den Kommerz andererseits sein. Die Plastik wächst aus einer Vertiefung empor.

Zu 3 auf Seite 167:
Paul-Ehrlich-Porträt-Relief.
Zum 67. Todestag des Medizin-Nobelpreisträgers Paul Ehrlich ist am 20. 08. 1982 auf dem Westendplatz, in der Nähe seiner früheren Wohnung ein Denkmal aufgestellt worden. Die Skulptur, geschaffen von dem Bildhauer Hans Daniel Saier, aus Untersberger Forellenmarmor, zeigt eine sphinxartige Gestalt und auf dem umlaufenden Fries einzelne Bilder, die assoziativ mit der Persönlichkeit von Paul Ehrlich und mit seinem Werk in Verbindung gebracht werden können.

Zu 4 auf den Seiten 167 und 168:
Gruppe von
drei Raum — Zeit — Gnomonen — Frankfurter Himmelshaken.
Dieses Denkmal wurde nicht gebaut. Es darf hierzu auf die Ausführungen zu 2 auf Seite 69 (siehe oben) verwiesen werden.

Zu 5 auf Seite 168:
Neubau Rathenauplatz.
Das Denkmal des Italieners Gio Pomodora ist als Brunnen, beschrieben — ebenfalls oben — unter dem Absatz: neue Brunnen nach dem Redaktionsschluß 1981, inzwischen errichtet worden.

Zu 6 auf Seite 168:
Rosenzweig-Porträt-Relief.
Anneliese Sund hat die Franz-Rosenzweig-Büste in der Zwischenzeit gefertigt. Sie befindet sich zur Zeit mit einer Wanderausstellung in Kassel unterwegs.

Zu Seite 7 auf Seite 168:
Steingruppe von Michael Croissant.
Dieses Vorhaben ist nicht verwirklicht worden.

Über diese in der zweiten erweiterten Auflage des Handbuches genannten Vorhaben hinaus sind, nach dem Redaktionsschluß im Jahr 1981, folgende neue Denkmäler und Gedenkstätten entstanden:

Schwarzer Violinschlüssel.
Für Kenner ist sie schlicht die „Jazzgasse", die Kleine Bockenheimer Straße, in der am 19. 11. 1982 der von dem Frankfurter Bildhauer Taro Hans Peter Miygahe geschaffene Schwarze Violonschlüssel enthüllt wurde.

Four-Rectangles-Oblique.
Der Campus der Frankfurter Universität besitzt seit Mai 1985 eine neue Attraktion, eine von dem Amerikaner George Rickey geschaffene abstrakte Skulptur, deren Einzelteile ständig in Bewegung sind.

Luftbrücken-Denkmal.
Nach nur 30 Tagen Bauzeit ist im Mai 1985 das Frankfurter Gegenstück zum Berliner Luftbrückendenkmal, im Volksmund „Hungerkralle" genannt, fertiggestellt und der Öffentlichkeit übergeben worden. Das dreizackige Mahnmal aus Stahlbeton symbolisiert die Flugbahnen der Maschinen, die während der Berlin-Blockade 1948/49 die Bürger der eingeschlossenen Stadt mit Lebensmitteln und Kohle versorgt haben.

Die Plastik „Der Krieg".
Richard Biringer war sicher der bedeutendste Höchster Künstler der Zwischenkriegszeit. Eine seiner ausdrucksvollsten Arbeiten, die Plastik „Der Krieg", 1914 entstanden, 1928 in Höchst aufgestellt und zu

Beginn des Zweiten Weltkriegs verschwunden, konnte im April 1982 in einer Nachbildung am Höchster Marktplatz vor der ehemaligen Synagoge wieder aufgestellt werden.

„Der Tänzer".

In nächster Nähe zur Frankfurter Hypothekenbank, am Rande der Taunusanlage, zwischen Junghofstraße und Opernplatz, steht seit Anfang 1986 die von der Stuttgarter Künstlerin Doris Schmauder geschaffene liebenswerte Figur mit bronzeglänzender Haut, gut 2 m hoch und von einem spitzen Dach geschützt.

Die Plastik „Die Welt".

Die Freifläche zwischen dem City-Hochhaus und dem Neubau der Deutschen Genossenschaftsbank am Platz der Republik ziert seit Juni 1986 die von dem Spanier Andreu Alfaro in geometrischem Schwung der Edelstahlstäbe geschaffene Plastik, 10 m hoch, 7 $^1/_2$ m breit, 6 m lang. Sie steht auf einem Fundament in einem Teich und überspannt von dort aus einen ebenfalls edelmetallenen Fußgängersteg.

Uhrtrümchen auf der Zeil.

Das ehrwürdige Stück im Stil der Gründerzeit mit üppigem Rankenwerk, darunter der Frankfurter Wappenschild, zeigte 113 Jahre lang zwischen Friedberger Anlage und dem Sandweg in allen vier Richtungen die Zeit an. 1985 mußte es den U-Bahnbauten weichen und konnte nun im September 1986, von Grund auf restauriert, wieder aufgestellt werden, nun allerdings nicht an seinem alten Platz, sondern auf einer neuen Verkehrsinsel 10 m weiter südlich.

Adolf-Stoltze-Gedenktafel.

Am 19. 04. 1933 starb Adolf Stoltze. Zu seinem 100. Geburtstag, am 10. 10. 1942, wurde am Wohn- und Sterbehaus Miquelstraße 1, heute Bockenheimer Landstraße 92, eine Gedenktafel geschaffen von dem Frankfurter Bildhauer August Bischoff, angebracht. Im Krieg verschollen, wurde sie nun wiedergefunden und konnte am 19. 04. 1983, dem 50. Todestag von Adolf Stoltze an alter Stelle wieder angebracht werden.

Kontinuität — Unendliche Schleife.

Die im Auftrag der Deutschen Bank von dem Schweizer Architekten, Maler und Bildhauer Max Brill in dreijähriger Arbeit geschaffene 125 Tonnen-Plastik — herausgebrochen aus einem Steinbruch auf Sardinien —, ist im September 1986 vor derem Neubau, in der Taunusanlage, aufgestellt worden. Die Idee zu diesem außergewöhnlich geformten Granitmonolith, der seiner Form wegen schon in die Lexika eingegangen ist, ist bereits 1947 entstanden und dem Ansehen und der Bedeutung der Spenderfirma, das diese in der ganzen Welt genießt, adäquat, wenn von einem solchen Vergleich überhaupt gesprochen werden darf.

Drei Skulpturen für die Wallanlagen.

An der Einmündung der Krögerstraße in die neugestalteten Wallanlagen, östlich des Eschenheimer Turms, sind in Material und Stil völlig unterschiedliche Objekte aufgestellt worden: eine von Wanda Pratschke modellierte Bronzefigur mit ausladenden Hüften, ein aus rosa Sandstein gehauener, grimmig blickender „Sitzender" von Michael Siebel und eine von Dietz Eilbacher aus Mahagoniholz gefertigte senkrecht stehende Holzstele.

Mann in Drehtür.

Die an der Bockenheimer Warte, auf dem Weg zur Universität, von dem Bildhauer Waldemar Otto in Bronze geschaffene und dort im Oktober 1986 aufgestellte Arbeit, zeigt zwei überlebensgroße Männer, die ohne einander anzusehen, durch eine spiegelnde Messingplatte von einander getrennt, ohne Kommunikation aneinander vorbeistreben.

Ein Haus für Goethe.

Seit dem 17. 09. 1986 bietet sich im Grün der Taunusanlage, in etwa auf der Höhe des Beethovendenkmals, frei und offen jedem dar, der es betreten will, „Ein Haus für Goethe", eine mehr als 8 m hohe, 6 m lange und 3 m breite begehbare Architektur-Skulptur des in San Sebastian lebenden baskischen Bildhauers Eduardo Chillida. Im Grundriß handelt es sich um eine Kapellenform, seitlich geschlossen und in eine Art von Apsis auslaufend, nach vorn und nach oben offen. Gestiftet wurde das Kunstwerk von dem 1977 gegründeten Förderverein Schöneres Frankfurt. Damit folgt nach dem vor 3 Jahren installierten Brunnen des Italieners Gio Pomodoro am Roßmarkt jetzt die Hommage des Spaniers an Goethe.

Bronzeplatte mit den Wappen der Partnerstädte:

Lyon, Mailand, Birmingham. Im Juni 1982 ist am Ende der Hasengasse, zur Zeil hin, in der Fußgängerzone, eine von dem Bildhauer Michael Siebel geschaffene Gedenktafel eingelassen worden.

Das nun waren sowohl die Berichtigungen zu den Ausführungen 1 bis 7 auf den Seiten 167 und 168, als auch die seit 1981 neu entstandenen Denkmäler. In der Planung befinden sich zur Zeit nur die folgenden zwei Objekte:

In den nächsten Jahren wird der schon lange Zeit erforderliche
Ausbau der Städtischen Galerie
im Liebieghaus durchgeführt werden. Die Sanierung und Erweiterung des Liebieghauses soll in zwei Bauabschnitten erfolgen.

Bulle und Bär.
Die beiden lebensgroßen, von dem Bildhauer Reinhard Dachlauer geschaffenen Bronzeplastiken wurden 1985 von der Frankfurter Wertpapierbörse aus Anlaß ihres 40jährigen Bestehens gistiftet. Sie werden in vielleicht zwei Jahren, nach dem Ende der Bauarbeiten an der Börse, vor dieser aufgestellt werden.

Auch zu diesem Kapitel Denkmäler darf festgestellt werden, daß ein Nachtrag zur zweiten Auflage des Handbuches durchaus angemessen war.

Es erscheint zweckmäßig, außer auf die Behandlung der Brunnen und Denkmäler einzugehen, abschließend auf einige erledigte, wesentliche Bauvorhaben hinzuweisen, die nach dem Redaktionsschluß im Jahr 1981 entstanden sind. Es sind dies vor allem:

der Wiederaufbau der Alten Oper,
siehe hierzu die Ausführungen auf den Seiten 241 bis 243, mit deren Eröffnung im Jahr 1981,
die auf den Seiten 151 und 152 besprochene und nun durchgeführte

Römerberg — Ostseite Bebauung.
Die Bauarbeiten haben am 30. 01. 1981 begonnen, das Richtfest fand am 14. 08. 1982 und die Einweihung am 24. 11. 1983 statt. In diesem Zusammenhang darf darauf hingewiesen werden, daß die die Frankfurter Bürger so sehr beschäftigende

Kulturschirn, zwischen Römer und Dom,
nach den Plänen des Berliner Architektenteams Bangert, Jansen, Scholz und Schultes gebaut, am 28. 02. 1986 eröffnet werden konnte. Damit dürfte der Wiederaufbau der kriegszerstörten Stadtmitte abgeschlossen sein.

Neuer Mittelpunkt für die Jüdische Gemeinde.
Im traditionsreichen Frankfurter Westend, in der Savignystraße, wurde am 14. 09. 1986 in einer feierlichen Zeremonie das neue jüdische Gemeindezentrum eingeweiht. Die hiesige jüdische Gemeinde ist mit ihren heute wieder rund 5000 Mitgliedern die größte in der Bundesrepublik.

Festhalle

Sie wurde 1907/08 von Prof. Fr. v. Thiersch erbaut, im Zweiten Weltkrieg schwer beschädigt, danach wieder aufgebaut und nun zu ihrer Neueröffnung am 08. 11. 1986 mit 36 Millionen DM erneut auf Hochglanz gebracht.

Auch diesmal ist für die so freundliche Unterstützung bei der Zusammentragung der mannigfaltigen Ergebnisse der Dank an eine ganze Reihe zuverlässiger Helfer auszusprechen, eine Verpflichtung, der besonders gern nachgekommen wird. Es sind dies, wie schon mehrfach zuvor, Herr Kirschberg mit seinen Mitarbeitern vom Hochbauamt, insbesondere Herr Schulmeyer und die Dame Werth, die Herren Prof. Dr. Klötzer, Lotz und Ackermann. Das von dem Magistrat der Stadt herausgegebene Heft „Frankfurter Brunnen, Schmuck und Kunst für Straßen und Plätze", eine Dokumentation des Hochbauamtes durch Herrn Ehrlich, war eine besonders wertvolle Stütze.

Hans Lohne

Frankfurt am Main, Weihnachten 1986

Frankfurter Bücherschätze
aus dem Verlag Waldemar Kramer

Frankfurt-Chronik
Hrsg. von Dr. Waldemar Kramer.
480 S. mit 300 Bildern.

Frankfurts Geschichte
Von Prof. Dr. Hermann Meinert.
160 S. mit 105 Bildern.

**Kostbarkeiten im Stadtbild
von Frankfurt am Main**
Ein Bildband mit Farbaufnahmen
und dtsch., engl. und franz. Text.

Das Einzigartige von Frankfurt
Von Dr. h. c. Benno Reifenberg.
208 S. mit Bildern von M. Beckmann
und F. Ph. Usener.

Francofordia
Fotografien von Anselm Jaenicke.
Texte von
Dr. h. c. Benno Reifenberg.
216 S. mit 166 Bildern.

Genius loci
Photographien von Anselm
Jaenicke. Texte von Dr. Günther
Vogt. 200 S. mit 150 Bildern.

Francofordia sacra
Fotografien von Anselm Jaenicke.
Hrsg. von Dr. Waldemar Kramer.
200 S. mit 128 Bildern.

Frankfurt und sein Theater
Hrsg. von Heinrich Heym. 288 S.
mit 300 Bildern und 10 farbigen
Bühnenbild-Entwürfen.

Friedrich Stoltze: Werke
in Frankfurter Mundart,
hrsg. von Fritz Grebenstein.
640 S. Roter Halblederband.

**Ausgewählte
Frankfurter Mundart-Dichtung**
Hrsg. von Dr. Waldemar Kramer.
576 S. Blauer Halblederband.

Frankfurt um 1850
Nach Aquarellen von
C. Th. Reiffenstein und dem
Delkeskamp-Plan,
hrsg. von Hans Lohne. 464 S.

Das Frankfurter Anekdoten-Büchlein
Von Dr. Karlfriedrich Baberadt und
Robert Mösinger. 128 S.

Die alt-frankfurter Art zu leben
Anhand von Zeichnungen
der „Kleinen Presse" aus den
Jahren 1885—1912 dargestellt
von Dr. Waldemar Kramer.
304 S. mit 264 Bildern.

Das Geheimnis der Bethmännchen
Von Dr. William Freiherr von
Schröder. 232 S. mit 12 Tafeln.

**Frankfurt am Main —
Augenblick und Ewigkeit**
Gemälde und Schriften ausgewählt
von Dr. Waldemar Kramer. 304 S.
mit 52 Gemälde-Reproduktionen.

Musikleben in Frankfurt am Main
Von Prof. Dr. Albert R. Mohr.
405 S. mit 225 Bildern.

Mit offenen Augen durch Frankfurt
Ein Handbuch der Brunnen und
Denkmäler von Hans Lohne. 272 S.

Bauen in Frankfurt am Main
seit 1900. Ein Architekturführer.
Hrsg. von H. Braun, H.-G. Heimel,
H. U. Krauss und H.-R. Müller-
Raemisch. 350 S. mit einem
Stadtplan.

Die Kronberger Malerkolonie
Hrsg. von Dr. August Wiederspahn
und Helmut Bode. 680 S. mit
840 Bildern, davon 200 farbig.

Frankfurt-Bildband
Kleine Ausgabe mit 80 Bildern.
Große Leinenausgabe mit
112 Bildern.

Fachwerk in Frankfurt am Main
Von Manfred Gerner. 120 S. mit
372 Bildern.

Das Frankfurter Opernhaus
1880-1980. Dokumentarwerk zur
Jahrhundertfeier. Von Prof. Dr.
Albert R. Mohr. 372 S. mit
530 Bildern.